此书出版获得
创价大学中日友好学术研究资助

回帰と超越
回归与超越

HUIGUIYUCHAOYUE

池田大作和平文化思想研究

◎曲庆彪／等著

辽宁师范大学出版社
·大连·

图书在版编目(CIP)数据

回归与超越——池田大作和平文化思想研究/曲庆彪等著．—大连:辽宁师范大学出版社,2007.11
ISBN 978-7-81103-693-0

Ⅰ.回…　Ⅱ.曲…　Ⅲ.池田大作-思想研究
Ⅳ.K833.137=5

中国版本图书馆 CIP 数据核字(2007)第 178099 号

出 版 人:程培杰
责任编辑:刘月娜
责任校对:张晓芳
装帧设计:李小曼

出 版 者:辽宁师范大学出版社
地　　址:大连市黄河路 850 号
邮　　编:116029
营销电话:(0411)84206854　84215261
印 刷 者:大连金华光彩色印刷有限公司
发 行 者:全国新华书店

幅面尺寸:170mm×230mm
印　　张:15.25
字　　数:216 千字

出版时间:2007 年 12 月第 1 版
印刷时间:2007 年 12 月第 1 次印刷
书　　号:ISBN 978-7-81103-693-0

定　　价:32.00 元

目录

回/归/与/超/越

池 田 大 作 和 平 文 化 思 想 研 究

目录

回/归/与/超/越

池田大作和平文化思想研究

前言

思想的华光能够照彻灵智世界，行动的力量可以改变人生况味、人类方向。当一个人，一个组织，把充满东方智慧的思想和具有世界意义的行动统一起来的时候，便创造了一种蔚为壮观的文化与生活景观。

这个人，便是池田大作。

这个组织，便是创价学会。

多年来，池田大作以《法华经》的基本教义为核心，以广宣流布为己任，遵循大乘佛教普度众生的利他精神，积极倡导世界和平，推动文化教育，追求人生幸福，播扬人类福祉。创价学会在他及历任会长的带领下，国内会员已逾千万，国外会员也数以百万。从幼儿园到大学的创价教育体系、高品位的文化艺术场馆和机构、卓有成效的各种文化教育活动等等，无不昭示着创价学会规模的宏大、影响的深远、前景的广阔。

以如此卓越的思想和行动为研究对象，发掘和整理其中带有普遍意义的哲学内涵以及社会规律，是我们几年来的愿望。深入研索之后，我们对池田大作和平文化思想有了较全面的认识和把握，其中以下几个方面令我们感触尤深：

其一，他为世界和平奔走呼号，对话交流，决意要在地球上消灭战争，消灭疾病、贫困及各种不平等现象，使人的尊严得到彰显。从 20 世纪 60 年代就任日本创价学会会长开始，他的和平思想便稳固确立。除了每年在 SGI 纪念日、在创价学园和创价大学开学典礼等各种场合不断强调和平思想、倡导世界和平之外，他与各国政要、文化与学术界代表人物进行对话、交流达 1700 余次，出版了数百种文集、著述。同时，他还在各国家、各地区进行演讲，倡导、祈愿世界和平，成为举世公认的“民间外交家”、“和平斗士”。

其二，他为中日友好殚精竭虑，贡献卓著。池田大作是中国人民的老朋友，一向称中国为日本的“大恩之国”。他先后十余次访华，奔走于两国之间，积极推动中日邦交正常化的进程，促进中日两国的经济、政治、文化交流和两国人民的友好往来。1968 年 9 月，他毅然发表《日中友好倡言》，主张中日世代友好。1974 年 12 月与周恩来总理的历史性会见，定格了他为中日友好罄尽毕生心力的使命。新中国第一批赴日留学生在创价大学留下了青春轨迹，两国间的多种文化艺术交流活动也在他的推动下蓬勃开展。他曾受到过新中国历代领导人的接见，2007 年 4 月在被称为“融冰之旅”的温家宝总理的访日行程中，也安排了与池田大作的会见。就在数月前，他还在致本研究所的贺信中诚恳表示，要尽心竭力向年轻一代传授真正的友谊之心。

其三，他为世界文化交流作出积极贡献。他从不把目光局限在日本国内，也从不将思路拘囿于宗教这一个领域。“文化是波，政治是船，经济是载荷物”的比喻，形象地说明了他借助形式多样的文化活动推动世界政治、经济发展的大思路、大视野。作为世界桂冠诗人、作家、具有专业水准的摄影家，他为我们贡献了卓越的艺术才情；作为东京富士美术馆、民主音乐协会等机构的创办人，他在世界各国之间，在政治、经济、文化等各个领域之间，在宗教、哲学、伦理、教育等各门学科之间，在音乐、美术、文学等各种艺术门类之间，架设金桥，联结纽带，将美与爱广泛地传播于当今社会。

其四，他对宗教现代化有着高屋建瓴的思考，对大乘佛教的把握达到了至高境界，在弘扬教义方面作出历史性贡献。从整个世界的“现实利益”出发，针对宗教发展中的各种悖论，结合本国与当今世界的实际状况，池田大作对佛教进行了从个人到组织、从仪式到内容、从形而上到形而下的全方位现代化发展。尤其是对《法华经》的基本精神作出了与时偕行、顺应人心的阐述。化繁冗为简易，变枯燥为生动，改深奥为浅直，充满时代气息和生命活力的阐释，使古老的《法华经》焕然于世，在人们心中产生律动与共鸣。

其五，他着眼于人的一般性的教育，强调人的尊严，重视人的幸福，对人的素质进行全方位提升，真正做到了“以人为本”。脱胎于教育组织的创价学会，不仅有严密完整的现代化的教育体系与教育理念，培养各种高级专门人才，而且在生活、工作中时时处处体现对人的普遍性的教育，将人生哲理、历史文化、艺术教育、百科常识等融入异彩纷呈的沟通、交流和文体活动中，使创价学会会员在坚定信仰的同时增加修养，提高能力，深切感受并积极创造生命的尊严和人生的幸福，也使广大的读者、研究者和友好人士受到濡染熏陶。

至伟厥功，难以尽述；高山仰止，心有所怡。在研究过程中，我们深深感受到，池田先生的和平文化思想，是超越世间一切樊篱的真诚而无畏的精神求索，是超越小我塑铸大我的生命更新，是超越过去开创未来的人间革命。他全部的追求和努力，不是虚幻缥缈的镜花水月，而是扎根于现实主义的大地上，立足于浩大时空中的地球生命；也不是止于概念的玄思冥想，而是进入到人的灵魂深处，着眼于改变人类整体中每个人的精神与物质生活。因此，无论怎样的超越，他的和平文化思想，都围绕着人性与人生，都回归到人这一原点，都是为了人的尊严与幸福。

基于对池田先生渊深博大的思想体系和波澜壮阔的实践途程的深刻理解和全面把握，我们从佛教现代化、和平主义原点、东方哲学与佛教思想、教育理念与艺术实践等多个维度，对池田先生的理论与实践，尤其是和平文化思想进行了融会贯通的研究。归纳、提炼之中，也不揣冒昧，融入了我们的思考与识见，期待以此进一步丰富和提升这一博大渊深的思想体系。毕竟，求真、向善、爱美，是人类普遍的价值追求。力有不逮，尽心而已。

以文集的形式表达这些研究成果，其实也是表达我们对和平文化事业的关注。池田先生一生所致力的，是以佛法为基础的和平、文化与教育的运动。他把地球本身当成一个生命体来认识，把全部热情、智慧、财富、精力都付之于使这个生命体和谐共荣的实践，付之于为实现世界和平而进行的奋斗。作为研究者，我们愿与智者伟人共勉，为世界和平，为人的尊严和幸福，作出我们的贡献。

前書き

思想の光は知の世界を照らし、行動の力は人生乃至人類の方向を変えていく。一人の人間として、また一つの組織として、東洋の知恵に満ちた思想と世界的意義を持つ行動とを一つに結びつけた時、どれほど素晴らしい文化と価値ある生活の創造が出来るであろうか。

この人こそ、池田大作氏である。

この組織こそ、創価学会である。

長年、池田氏は、『法華経』の基本教義を基調として、広宣流布を我が使命とし、大乗仏法の衆生救済と利他の精神に則り、積極的に世界の平和を提唱、文化教育の向上を推進し、人生の幸福の追求と人類の福祉を宣揚してこられた。創価学会は、池田氏をはじめ、歴代会長のリードのもと、国内会員は1千万人を上回り、海外の会員数は数百万人に達している。幼稚園から大学院までの体系的な創価教育施設、格調高き文化芸術機関、そして成果大きい文化教育交流活動など、学会の規模の大きさ、その影響の深さと未来の明るさを物語っている。

このような卓越した思想と行動を研究の対象とし、其の中から普遍的意義をもつ哲学思想及び社会法則について発掘し整理することは、われわれの宿願であった。これまで深く研究することによって、池田氏の平和文化思想について幅広く認識することが出来、感銘深かったことが以下のようにまとめられる。

一、世界平和のために奔走し、提言、対話と交流を続け、地球上の戦争、病気、貧困、不公平などを消滅し、人間の生命尊厳を宣揚したこと。

池田氏は20世紀60年代に創価学会の会長に就任して以来、固く平和

思想を確立させた。毎年のSGI記念日、創価学園と創価大学の入学式、卒業式など、あらゆる場で平和思想を強調し、世界平和を提唱するだけでなく、既に各国の要人、文化と学術上の代表的な人物とは1700回以上の対談、数百種余りの出版を行った。また、氏は各国と各地域でのスピーチを通して世界の平和を提唱し、「民間外交家」、「平和の闘士」と称されている。

二、中日友好のために命をかけて丹精と工夫を凝らし、優れた貢献をしたこと。

池田氏は中国人民の古き友人であり、いつも中国は日本にとって「大恩の国」であると言う。氏は、両国の間を奔走、10回以上中国を訪問し、中日の国交回復を積極的に推し進め、両国の経済、政治、文化交流と民間の友好往来を促進した。1968年9月、氏は有名な『日中提言』を毅然と発表し、両国の国交回復と友好関係を主張した。1974年12月の周恩来総理との一期一会の会見は、池田氏が中日の友好事業を我が使命として一生涯心血と精力を捧げていくための歴史的な会見となった。新中国から派遣された初の日本留学生は、よく受け入れてくれた創価大学で青春の足跡を残した。池田氏のご推進の下、中日両国の多種多様の文化芸術交流活動が盛んに展開されてきた。氏は、新中国歴代の指導者と会見を行った。今年の4月、氷を割る旅といわれる温家宝総理の日本訪問中にも、温総理は池田氏との会見を日程に入れて実現できたのである。つい最近、本研究所への池田氏のメッセージには、「青年たちへ真の友情の心を伝えるよう尽力する」と、強い決意を示されている。

三、世界の文化交流のために積極的な貢献をしたこと。

池田氏は、国内だけに、また宗教という枠内だけに留まらず、多種多様な文化活動を通して世界の政治と経済の発展を推進する大きな思考と巨大な視野の持ち主である。「文化は大海原、政治は船、経済は荷物」と氏はいつも言う。世界桂冠詩人、作家、プロ並みの写真家として、池田氏は優れた芸術才能を示して見せた。また、東京富士美術館、民主音楽協会などの創立者として、氏は宗教、哲学、倫理学、教育など各学科の間に、政治、経済、文化など各領域に、そして音楽、美術、文学など各芸術分野の間に金の橋を架け、固い絆を結び、世界に美と愛の花を大きく咲かせた。

四、宗教の現代化について巨人の視点を持って深く思索をし、大乗仏法に関する把握が最高の境涯に達し、仏法の宣揚において歴史的な貢献をしたこと。

世界全体の「現実利益」から出発し、宗教発展途中に現れたいろいろな矛盾に対し、池田氏は国内外の実際状況を結びつけて、仏法を個人から組織まで、形式から内容まで、形而上から形而下まで、全方位に現代的な発展をさせた。とりわけ、『法華経』の基本精神に関して、時代の進歩と共に、人々の心に順応するような解釈をした。複雑なものを簡単にし、無味乾燥の内容を新鮮なものにし、難解のものを分かり易く、時代の新しい息吹と生命の活力に満ちた解釈をすることによって、古き『法華経』を世に輝く哲学思想として蘇生させ、人々の心に響くものにしたのである。

五、人間の一般教養教育に着目し、生命の尊厳性を説き、各人の幸福の達成、全人格の向上を強調し、正真正銘の「人間主義」に徹したこと。

教育団体から脱皮した創価学会は、厳密で完成した現代的な教育体系と教育理念を持ち、高度の専門人材を育てるばかりでなく、生活や仕事など至るところに普遍性のある人間教育を貫き、人生の哲理、歴史文化、芸術教育、あらゆる学問など、多種多様の交流と社会活動の中に融合させた。学会員は自然に信仰への確信を深めると同時に教養と能力の向上も達成でき、生命の尊厳と人生の幸福を目指して自覚的に価値創造の道を歩むことになる。一般の参与者も研究者及び友好団体のメンバーもその中で陶冶と薫陶を受けられる。

池田氏の功績の偉大さは言葉で言い尽くせず、我々の敬慕の情は高山を仰ぎみるようである。勉学と研鑽を通じて、池田氏の平和文化思想について益々深く感ずるものがあった。先生の思想は、世間すべての枠を乗り超えた誠実で勇気ある精神的追求であり、小我を乗り越えた新しき大我の生命の創造であり、過去を乗り越えて未来を開拓する真の人間革命であるといえよう。彼のあらゆる追求と努力は、俗世間から離れた幻の影ではなく、しっかりと現実の大地に根を下ろし、大宇宙に生きる地球上の生命に立脚するものであり、また、抽象的概念に留まるような曖昧模糊の冥想ではなく、人間の魂の奥深いところまで入り込み、人類全体の一人一人の精神的及び物質的生活に着目するものである。その意味において、どのような超越であっても、先生の平和文化思想はつまるところ、人間

と生命を中核にして、人間の尊厳と幸福のための、「人間」という根本的な原点に帰着するものである。

池田氏の広大深遠の思想体系と波瀾万丈の実践活動に対する理解と把握をした上で、当研究所では仏法の現代化、平和主義の原点、東方哲学と仏教思想，教育理念と芸術実践など多角的に、先生の理論と実践とくに平和文化思想について全方位の考察をした。我々の未熟な思考と見識をまとめたこの書を通して、先生の広大深遠なる思想体系に関する研究の一層の充実と向上を図ることを期待する。真、善、美という人類共通の価値追求——この願いを込めて、力至らぬことは十分承知しながら出版したものである。

ささやかな研究成果を出版することは、人類の平和文化事業への我々の熱き思いを伝える一つの形でもある。池田氏は一生涯、仏法哲理を根本とした平和、文化と教育の創造を推進する実践に尽力してこられた。彼は、地球そのものを一つの生命として認識し、自己の情熱、智恵、財産、精力のすべてを、この生命体の調和と繁栄のための実践に尽くし、そして世界平和の達成のための奮闘に捧げたのである。池田思想の研究者として、我々はこの偉大な知者と共に、世界の平和、人間の尊厳と幸福のために一生懸命貢献していきたいと思う。

河出潼关[1]

——曲庆彪校长与池田大作名誉会长对谈录

【题记】

2001 年 10 月 23 日，辽宁师范大学建校 50 周年之际，校长曲庆彪博士代表学校赴日本东京授予池田大作先生辽宁师范大学名誉教授的荣誉称号。同日，在圣教新闻总社与池田先生围绕毛泽东缔造新中国的一生为主题举行畅谈。本文根据圣教新闻(2001 年 10 月 25 日)登载的内容翻译整理，并由曲庆彪博士校对。

池田名誉会长：贵校拥有培养教育工作者的优良传统，培养的人才如繁星闪耀。我非常敬重辽宁师范大学光辉的教育历史。

曲校长：池田先生是享誉世界的思想家、哲学家，在学术领域功绩卓著。同时，您也是一位卓越的桂冠诗人。今天，您能够成为我校的名誉教授，是我校无上的荣誉。我谨代表学校 10000 名师生[2]向您表示衷心的感谢！

池田名誉会长：您过奖了。作为贵校的一员，我将不负众望，为贵校的发展尽微薄之力。

今年，辽宁师范大学建校 50 周年。建校以来，培养了近 70000 名人才，一直发挥着为辽宁省培养教师和推进科研的重要教育基地的作用。您作为一校之长，年轻有为，听说您本月刚刚满 47 岁。正因您年轻，所以才能活力四射。

曲校长：谢谢！今天，我不仅代表学校向池田先生授予“名誉教授”称号，同时，也是以一个学生的身份，以个人名义向池田先生请教。

我拜读了池田先生的多部著作，其中，您与金庸先生的对谈录《探求一个灿烂的世纪》，是金庸先生亲笔签名赠送给我的。我也阅览了池田先生的摄影集和《图片 SGI》，已经在照片中多次见到池田先生，所以觉得今天有一见如故之感。(笑)

池田名誉会长:您这样了解我,真让我汗颜至极。(笑)但是,从您至诚求索的精神风貌中,我找到了贵国取得巨大发展的原因所在。

21世纪,中国的发展越来越受到世人的瞩目。从本月20日起,在上海举行了APEC(亚洲太平洋经济合作组织)首脑会议。在全世界受到恐怖袭击困扰的混乱之时,中国却成功地举办了本次首脑会议。并且,本月7日,中国国家足球队在明年韩日主办的足球世界杯上首次出线,这成为继2008年北京奥运会申办成功的又一喜讯。

毛泽东在45年前(1956年)展望21世纪时说:"中国……必须为人类作出巨大的贡献","那时,中国将发生翻天覆地的变化,中国将成为社会主义工业强国,中国应该如此。"几十年前,我曾对贵国领导人说:"贵国一定能取得巨大的发展,将会超过日本,成为能和美国并驾齐驱的世界强国。"

您是研究毛泽东和邓小平的专家,出版了《从毛泽东到邓小平——有中国特色社会主义的成功之路》、《超越乌托邦——毛泽东的社会主义观》等著作。最近,您又在编撰《邓小平社会主义依靠力量研究》。我首先请问,您选择研究政治学的契机是什么?

曲校长:在我的成长过程中,最喜欢做的就是读书。在阅读各类书籍时,我对影响社会发展进程的政治家产生了浓厚的兴趣。所以,在大学期间主修政治学专业,开始学习政治家的思想。

池田名誉会长:那么,政治学的魅力是什么?

曲校长:其实我的经济学和哲学成绩一直是"优",但是作为政治学的专业课却并不总是这样,有两次考试是75分左右,是班级的最低分。(笑)当时,大学文科有些考试,只要把政治家所写的文章整个背下来就能得高分,而我答的是自己的见解,所以成绩不高。但我认为,与其死记硬背政治家的文章,不如去了解每个政治家,分析他们的所思所想,研究他们所拥有的智慧和能力。并且,通过这样的学习,我想将这些力量转化为自身的东西……但是,始终未如我愿。

池田名誉会长：您谈到了钻研学问的关键所在。

曲校长：为全社会工作并非易事，即使是政治家也很少有人能够做到。要想做到这一点，重要的是要具备正确的思想和理论这两点。在中国，达到思想和理论的制高点的状态称作“浩然之气”，也就是孟子所说的“养我浩然之气”。“浩然之气”无比强大，如果自己的行为光明正大，无愧天地，这种气就会自然而然地充溢全身。

池田名誉会长：要说毛泽东的最大功绩，应属建立新中国。您认为，除此之外，还有什么？

曲校长：正如您所讲，建立新中国是毛泽东的最大功绩。毛泽东的另一伟大功绩是他奠定了中国的社会主义基础。当然，毛泽东身上也有缺点，也犯过错误，关键在于我们如何把握。它可以作为经验教训，给中国的改革开放以强有力的影响。从这个意义上讲，它也同样是一笔财富。

池田名誉会长：换个话题，请问毛泽东的兴趣爱好是什么？

曲校长：我认为他最爱好读书。他涉猎甚广，是一位大读书家。我想池田先生也是如此吧！大凡伟大的思想家，都要刻苦钻研古今中外的学问，并为己所用。

池田名誉会长：我的事姑且不谈，毛泽东作为无与伦比的读书家是名副其实的。据说他读的书从哲学、经济、政治、军事、历史到生命科学、天文学、物理学、土壤学，涉及了科学的各个专业领域。他对宗教也很重视，浏览过佛经和《圣经》等。另外，听说他也读过《罗密欧与朱丽叶》、《简爱》等小说。我想博览群书对毛泽东的思想影响是很大的。我想问的是毛泽东受谁的影响最深？

曲校长：毛泽东在人生的各个阶段，受到了不同人物的影响。首先是曾国藩，他也出生于湖南，是清末洋务运动的领军人物。其次是孙中山。毛泽东进入师范学校读书期间，给他最大影响的是他的第一任妻子杨开慧的父亲杨昌济，他在该校教授伦理学。师范毕业后，毛泽东到了北京，在北京大学开始接受和研究马克思列宁主义。毛泽东最终取百家之精华为己所用，创立了自己独特的思想体系。也就是说，他受了某人或思想的影响，然后超越，再受别的影响，再超越——通过这样反反复复的过程，形成了自己独特的思想体系。我想这是伟大的思想家都要经历的过程。

池田名誉会长:的确如此。真是有深度的见解。不满足于现状,不断向着更高、更远前进才能终成大器。

池田名誉会长:毛泽东出生在湖南农村,他的双亲是怎样的人?

曲校长:他的父亲务过农,当过兵,后来开始经商,生意上取得了一定的成功。但他是个目光短浅、刻薄专横的人。而他的母亲却是善良、贤惠、宽容、谦让的人,属于"贤妻良母"型的女性。因此,毛泽东对母亲的感情比对父亲要深,他常说自己像母亲。这句话除了能看出毛泽东对母亲的爱外,同时也能看出他自己从母亲身上继承了刚柔相济的性格。我个人认为毛泽东从母亲那里继承下来的刚强与温柔,赋予了他先天性的才能,对其日后成长大有裨益。

池田名誉会长:对于一个人的成长,母亲的作用的确很重要!

池田名誉会长:曲校长,您怎样评价"文化大革命"?

曲校长:可以肯定地说,"文化大革命"是错误的。但我认为,这或许是新中国探索国家建设过程中难以避免、必然要发生的事情。虽然"文革"造成了巨大的灾难,但中国人正是渡过了这个灾难后才步入新的发展阶段。从结果上看,"文革"是使中国脱胎换骨的一个推动力。大自然的演化是直线发展的,而人类的进步却是曲折发展的。我认为"文革"是新中国发展的一个转折点。中国有这样的诗句:"河出潼关,因有太华抵抗,而水力益增其奔猛;风回三峡,因有巫山之隔,而风力益增其怒号。"同样的道理,中国正是经历了"文革"的洗礼,才取得了更大的发展。

(当日,作为聘任名誉教授的纪念,曲校长向池田名誉会长赠送了装饰在人民大会堂的《报春图》的复制图。)

曲校长:这幅《报春图》描绘的是梅花报春。春天代表池田先生对推动世界和平的贡献,也代表我们祝愿池田先生及家人身体健康的真诚。

池田名誉会长:梅花是贵国的国花,日本的樱花开放后很快凋零,乍看上去很美,但也有虚幻的一面。而梅花不畏严寒,生命力旺盛,象征着忍耐、纯洁和胜利。

曲校长:中国有"梅花香自苦寒来"的诗句。

池田名誉会长:您怎样评价毛泽东的思想?

曲校长:毛泽东在哲学、政治、革命、军事方面的思想精深,如果将它们放到中国当时的环境中,堪称完美。然而,他在领导经济建设方面却美中不足。这并不是因为毛泽东不努力,处在当时的历史条件和思维状况下,谁都难以从中摆脱出来一心一意搞经济建设。

第一,毛泽东过于重视思想政治工作。他认为只要思想政治沿着正确的轨道前进,经济会自然而然地随之发展起来。

第二,毛泽东认为,社会主义国家越是贫穷,就越要变革生产关系的现状来实现更快的发展。

上述两点与重视经济发展的列宁形成了鲜明的对比。

池田名誉会长:你有非常敏锐的洞察力。

曲校长:毛泽东最终忘记了"和"的哲学,站在了偏颇的立场上。

池田名誉会长:曲校长,您也在研究毛泽东和邓小平二者思想的关联性,编纂了超过100万字的大作《邓小平理论与现代中国》。该书从政治、经济、文化、教育等角度对邓小平理论做了精细的论述,这部著作作为划时代性的研究专著得到了高度赞誉。提起邓小平,我们在1974年12月和1975年4月两次见面。那么,邓小平理论对中国的文化教育有怎样的影响呢?

曲校长:邓小平理论是补充完善毛泽东思想的伟大理论。中国有"天理补拙"的说法,意思是补充天理的不足之处,所有的东西因而才趋于完善。邓小平理论提出了毛泽东以后的时代中国应该如何发展,是同毛泽东思想一脉相承的理论体系。其理论的基本精神适用于中国的政治、教育、文化等各个领域。

池田名誉会长:中国突飞猛进的发展,有力地证明了该理论的伟大之处。

曲校长:大凡伟大的哲学思想,一旦达到理论制高点,便可以用几句简单的语言来表达,所谓大道至简。那么,邓小平理论该如何用简单的语言来表达呢?就是"实事求是"。用浅显的话来讲,就是"不管黑猫黄猫,抓到耗子的猫就是好猫"。这是邓小平常说的名言,说明现实的结果重于一切。最高的哲学思想,不是通过长篇大论的文字来让人们理解的,而是用简单的语言表达出来,让任何人都能理解、实践的东西。我认为池田先生的哲学思想

即是其中的典范。您赠给创价学会女子部的随笔中提到:"'哲学'就是为了更好地活下去的智慧。"这确实言简意赅。我刚才提到的"浩然之气",要是充溢、扩展到最高的人格中就成为整个宇宙,要是浓缩,就可以归纳在最小的范围之内。"舒之弥宇宙,卷之不盈分。"最高的哲学,如果扩展开来就适用于整个宇宙;如果凝缩就可以用简单的语言表达出来。

池田名誉会长:您的话具有普遍的启发意义。邓小平理论的主干是改革开放。邓小平倡导的改革开放路线给中国经济带来了突飞猛进的发展。另一方面,也出现了贫富差距扩大、拜金主义等弊病和矛盾。请问邓小平理论是如何克服这些弊端和矛盾的?

曲校长:在经济社会发展的过程中,必然会出现这样那样的弊病。这是难以避免的。当然,在邓小平理论中也论述了解决这些问题的方法。但是,解决这些问题需要时间。短时期内,这些弊病是难以消除的。但是,只要遵循天理,一定会走上正路,只要走上正路,就一定能够成功。中华人民共和国建国之初,在经济发展方面虽十分落后,但人们有非常高的精神境界和道德水准,洋溢着为祖国、为人民作贡献的激情。现在恰好相反,虽然经济发展了,人们的道德观念却有滑坡的倾向。要两方面同时取得成功,我想还很困难。随着时间的推移而存善去恶——这是必然要经历的过程,这才是发展过程中的必然。放远眼光,一点一点除去发展带来的弊端——这正是我们现在的努力目标。

池田名誉会长:我确信中国能够建设引领世界的伟大的精神文明。邓小平先生三起三落,每次他都能像不死鸟一样复活。这种不屈不挠的生命源泉是什么?

曲校长:首先是他拥有"想为中国的繁荣和发展做点什么"的诚意。中国有句谚语说"精诚所至,金石为开",意思是说只要真心诚意,不可能也会变成可能。另外,还有邓小平自身非凡的素质。这可以用几个词来概括,一是"知几",他能够正确把握时代状况并作出判断,该退则退,该进则进,该屈则屈,该伸则伸。二是"趋时",他了解时代,能够敏锐地把握时代和世界的潮流。孙中山也曾说要“了解世界，了解民众的愿望”。

池田名誉会长：抓住民众的心是作为领导人的必要条件。

曲校长：此外，还有“执中”，即奉行中道主义。中国的历史反复经历了“左”倾主义和右倾主义错误，而重要的是中道，就是走中间大道。我认为“诚意、知几、趋时、执中”这8个字才是中国文化的精髓。

池田名誉会长：我的老师叫户田城圣，是一位堪称天才的人物。他能把复杂的理论简洁明了地概括起来，让每个人都能理解，他是真正的教育家。刚才曲校长说的话简洁明快，让我想起了户田先生。

曲校长：惭愧！

池田名誉会长：据说APEC开会期间，上海市民获得了特别的假期，有报道说去得最多的旅游地是大连。问卷调查也表明，上海人最想去的地方中，排第一位的就是大连。大连吸引了众多的国内外人士，其魅力何在？

曲校长：有人说大连“山美、水美、人更美”。我认为大连最大的魅力是大连的文化。大连的城市建设吸收了全世界的文化。无论是哪国人到大连，都能找到他所向往的地方。所以，我再一次诚心诚意邀请池田先生偕夫人到大连访问。

池田名誉会长：谢谢！谢谢您的盛情。近来世界经济不景气，而大连却持续高速发展。2001年1月～9月，大连的GDP增长了11.2%。在本月《经济日报》发表的中国主要城市排名中，大连的“竞争能力”排名第五位，“经济发展环境”排名第六位。您是怎样看待这种惊人的发展的原动力呢？

曲校长：我认为这是大连市的活力问题。在国内的众多城市中，大连的对外开放较早，与外界进行交流，不断吸收优秀的文化、教育和经济成果。通过引进、消化、吸收，将其化为自己的力量。换句话说，推进国际化是大连的活力所在。人也一样，只要运动，血液循环就会畅通，就会充满活力。这是同样的道理。但也不能过于自满，(笑)还要更加努力。

会谈结束后，曲校长向池田名誉会长赠送了《邓小平理论与现代中国》一书。在扉页上，曲校长题写了赠言：“春风大雅能容物，秋水文章不染尘。”

曲校长解释说:“春风和煦,能够包容万物。文章就像秋水一般,一尘不染,我怀着对池田先生的敬意,写下了这两句赠言。”

【注释】

①本文由崔学森、朱俊华编译,翻译时参照了辽宁师范大学外语学院关春影翻译的初稿。

②至 2007 年 9 月,在校师生总数已经超过 20000 人。——编译者

佛教现代化与池田大作

曲庆彪

回望历史的途程，宏阔宇宙中的人类一直不曾停止对生命本原的追索、对存在意义的探寻，一直都在积极踊跃地思考天、地、人的关系以及人类理想的心灵图景。正是在追索与思考的过程中，宗教发展成为一种重要的社会历史现象和精神文化成果。

亿万斯年奔来眼底，万古洪荒汇聚于今，曾经在人类发展史上产生重大影响的宗教，面对当前的经济全球化、政治多极化、文化多元化浪潮和科学技术日新月异的局面，其地位、功能和趋向都产生了非同寻常的变化。简而言之，"宗教现代化"已成为一种迫切需要、一个重大命题。

"现代化这个名词，它代表着进步、迎新、适应、向上的意义。不管国家、社会、宗教等等，都会随时代空间、时间的转换，不断地寻求发展，不断地趋向所谓的现代化。"① 从这一意义上讲，宗教现代化是一个动态概念，它不是哪一个时代的特定产物，而是伴随宗教发展的不断更新的过程。"穷则变，变则通，通则久"，变与常是一个矛盾同一体。从形式、手段到内涵、本质，宗教总是处在革故鼎新顺应完善的过程中，只不过我们把讨论的着眼点落在20世纪以降。

以公元前6世纪中叶迦毗罗卫国王子悉达多在菩提树下证悟为标志的佛教，同样需要现代化，而且必须现代化。而为此殚精竭虑作出开拓性贡献的，无法越过国际创价学会（SGI）会长、日本创价学会名誉会长池田大作先生。他致力于探索、阐述并传播佛教经典《法华经》的奥义，以思考和解答现代世界所面临的各种问题为己任，与1700多位政治领袖和文化名人进行了内容广泛的对话，以宗教为基础而超越宗教，同时也超越国家、民族、意识形态、文化习俗等的差别，在世界范围内开展了影响深远的和平、文化与教育运动。高擎和平大纛，执著"人间革命"的池田大作，使古老的大乘佛教焕然

于世，趋时务实地创造了佛教现代化的崭新境界。

一、宗教的人本认识及宗教现代化的理由

马克思对宗教有着精辟的论断："宗教里的苦难既是现实的苦难的表现，又是对现实苦难的抗议。宗教是被压迫生灵的叹息，是无情世界的感情，正像它是没有精神的制度的精神一样。宗教是人民的鸦片。"[②]

鸦片既有药用价值，又有毒品特征。精神鸦片是否也有这种功能上的双重性？如果从人的本身出发，我们该如何认识宗教呢？

人作为一种灵物，是有思想感情、有精神活动的高级生物。恰如法国哲学家帕斯卡尔所说："人只不过是一根苇草，是自然界最脆弱的东西；但他是一根能思想的苇草。用不着整个宇宙都拿起武器来才能毁灭他；一口气、一滴水就足以致他死命了。然而，纵是宇宙毁灭了他，人却仍然要比致他于死命的东西更高贵得多；因为他知道自己要死亡，以及宇宙对他所具有的优势，而宇宙对此却是一无所知。因而，我们全部的尊严就在于思想。"[③]

宗教，正是思想的硕果，是与人类进化途程齐步的一种精神现象，是伴随人的生存过程的心灵抚慰。它积极的一面显而易见：

宗教首先是作为一种思想，对历史文化产生过并仍将产生重大影响。就思想的丰富性和深刻性而言，宗教涵蕴着人类思维所能企及的高度、深度和宽广度，凝聚着哲学之智、伦理之善、艺术之美，并在超现实的神秘外衣下包裹着非常现实的秩序和规范。宗教无疑是伟大的，它所追寻的是人类整体的精神归宿，是人类文明的硕果。已成定论的是，宗教对于人们克服某些自然和社会现象以及自身死亡所带来的恐惧感、对于人们寻求精神寄托和建立伦理道德、对于协调天人关系和促进社会和谐起着无法替代的作用。在人类的孩提时代，原始巫筮文化的产生，带动了早期宗教的萌芽，给生产力极不发达的先民以规范和德行，以希望和力量。在物质文明与精神文明高度繁荣的今天，人类对外在世界的探索已超

乎想象，而对内在世界——对人性的探索、了解，对心灵的洞察、体会，对精神的皈依、建构，对德行的滋养、匡正等，仍显得稚弱与不足。尤其是进入21世纪，年轻一代由于过分驰骛于客观外在的精彩纷呈而忽视了内心的成长，很容易丧失自己的精神家园，造成心态失衡、价值观混乱、目标错位等精神现状。此时，宗教或宗教性因素就可以在人的心理调适、道德整合等方面发挥一定的作用。尽管绝大多数宗教都是舍自信而信他、舍自力而依他力的信仰力量，但经过所谓神的导引，最终起作用的还是信仰者自己的内在力量。让这种内在力量带着特定的使命感向善的方向发展，去"自度度人"、"自觉觉他"，去"荣神益人"、"饶益众生"，不仅能给个人提供精神庇护，减轻痛苦、平和情绪、体验幸福，也能协调人与自然、人与社会的关系，稳定秩序、维护和谐、促进交流。

当然，宗教在发展过程中产生了很多负面的东西，如门派、利益之争引起大规模的流血冲突乃至延续几百年的地区分裂与局部战争；迷信成分使人丧失独立思考和判断能力而沦为"神"的玩偶；不恰当的组织动员形成对世俗社会政权之类的组织机构的钳制与威胁；依附统治阶级而成为高高在上的精神控制工具；脱离时代环境、背离科学精神的某些教义和仪式愚弄和麻痹广大信众等等。人们不会忘记中世纪天主教设立的宗教裁判所，很多接受科学思想的人被迫害致死；人们也不会忘记西欧封建统治者利用宗教发动的十字军东征，造成尸横遍野、赤地千里的惨状。直到今天，在导致中东混乱局面的众多复杂因素中，宗教因素仍占据很大的比重。另外，一些宗教信仰不乏消极遁世思想，信众把幸福寄托于来世和彼岸，而忽略了对现实的改造和建设，反倒容易产生失落感，因为"虚幻的太阳"尽管也有光芒，却不一定能照亮和温暖旅人当下的行程；"虚构的花朵"尽管也显娇艳，却不一定能芬芳和装点现世的人生。同时，封闭自足的知识圈、人际圈，也不利于人们以开放的精神、积极的态度去探索和创造。另外，神职人员的腐败堕落、迷信的沉渣泛起、别有用心者的肆意歪曲和滥用，虽然不是宗教本身的弊端，却与宗教有着难以厘清的关系，也使宗教带上了难以预知的危险因素。这些都是宗教消极的一面。

康德认为，人类许多重大灾难来源于未经加工的粗糙的思想和精神的泛滥，因此他说"位我上者，灿烂星空；道德律令，在我心中"——人必须有所

敬畏、有所遵循，宗教同样如此。虽然宗教并非“未经加工”，也未必“粗糙”，但存在“泛滥”的可能。毫不夸张地说，不管向哪个方向迈歪一步，宗教都有可能成为洪水猛兽，并因其具有控制心灵的力量而使这种泛滥显得可怕。一旦正信、智信转化为迷信、邪信，变了味儿的宗教就会给人生和社会带来极大危害。

宗教本身所具有的积极和消极的双重作用使人们感受到宗教现代化的必要性，宗教在漫长的历史发展过程中形成的深刻悖论，进一步显示出对宗教进行现代化阐释和发展的必要性。这些悖论包括——

其一，宗教与迷信之间的悖论

我们可以毫不怀疑地确认，宗教不是迷信。正如世界宗教研究所何光沪教授所指出的，宗教与迷信有很大的区别。区别之一在于态度不同：迷信是狂妄的，它企图制造事端并控制其发展；宗教是谦卑的，它旨在接受世界并敬畏其根基。区别之二是目的不同：迷信是功利的，它要“神力”服务于人的利益，使“圣洁者”世俗化；宗教是道义的，它要人的利益符合于“神意”，使世俗者“圣洁化”。区别之三是关切不同：迷信关切的是世间的事物和自我的安乐，非终极者；宗教关切的是世界之根或万有之源，是超乎此生此世的人生意义或价值根基，是终极者。

由此可知，迷信往往事故庸俗、狂妄混乱、荒诞不经，而宗教则是博大精深、慎远追终、超凡脱俗。但由于宗教自诞生之日起便与神灵有着割不断的血脉联系，一些荒诞不经、愚昧无常的“怪力乱神”便附会而来，鱼龙混杂，良莠难分。“一切宗教，或多或少都有运用逻辑无法彻底说明的神秘性要素，而且具有哲学所没有的宗教特质。这些要素和特质有时会唤起超越理性的愿望和情动，产生良好的效果，但有时也会带来悲惨的结果。”[4]也就是说，宗教认同并利用某种超自然、超社会、超人间的力量，极有可能走上迷信之途，产生事与愿违的结果。宗教世界的灵性之旅，应该是一条不断超越自我、超越迷信的心路历程，在哪一个方向上走失，都意味着迷信的胜利。

失之毫厘，谬以千里。虽然本质不同，宗教和迷信之间却有着很多相似的形式和内容。因此，宗教很难走出迷信的暗影，理性和智慧的光芒很可能被其深深地遮蔽。

其二，宗教与世俗之间的悖论

一提到佛教，人们就会想到深山古刹，青灯黄卷，剃度的僧人打坐念经，寂寞伴佛旁的情景。虽然四众弟子除出家的僧尼外也包括在家修行的男女居士，但他们的生活也和世俗社会的人生百态有着很大不同。从饮食起居到言谈举止，从情感态度到观念精神，宗教与世俗之间，仿佛存在着一道看不见的墙。

这道墙不仅仅局限于佛教，其他宗教也或多或少存在着类似的情况。在出世与入世之间，宗教与世俗的关系没有很好地结合，虽然谈不上泾渭分明，却也有着明显的分野。这主要表现在教徒的身份意识、使命感、深层信念、价值观和行动的规条上。对一个由理性和技术性结构支配的现代社会来说，宗教世界俨然是一个独立的精神王国，诞生于世俗却在脱离世俗的路上走得很远，各种深奥的教义和苛严的戒律挡住了世俗对宗教世界的探求，而世俗社会中膨胀的欲望与疯狂的拜物主义也使自身与宗教之间产生隔膜，属于宗教的灿烂感性与深厚仁爱没有更广泛地裨益于社会人生。

其三，宗教与人本之间的悖论

无论宗教中的神有多么广大的神通、多么崇高的地位，无可否认的是，宗教是由人所创立、应该服务于人的。以人为本，才能体现对人的终极关怀，才是宗教的根本旨归。但恰恰相反，神的地位一经确立，就成为高高在上不可违抗的象征，无论精神上还是行动上，人作为信徒都需要绝对遵从神的教示，不能越雷池半步。宗教内部各种清规戒律的设立以及位阶制的形成，也使制度成为一种枷锁，最鲜活的人的需要，反而越来越退居到次要地位。神威与权威导致了人的异化：人的创造物成为人的束缚。宗教无论在历史上还是在现代，很多时候都背离了以人为本的精神。

从人出发是一种最朴素的常识，却也是一个最容易迷失的原点，因为单个的人，相比于庞大的精神体系、教义规范或者组织制度，显得何其渺小、何其微不足道。没有"生命至上"、"人的尊严第一"的观念，人的正当的物质与精神的需求就无法得到充分尊重和满足。一级一级的组织、机构或某个职位上的人会找出无数个冠冕堂皇的理由来泯灭人性、人情乃至人的生命。

在线性的时间链条上由一代代难以计数的个体的认知与行为概括综合而成的某种规范——习俗、信仰或制度——再来关照一个个发展了的、存在巨大差异的个体时，显得多么麻木而缺少灵活性。“人的宗教”逆转为“宗教的人”，显示出事物发展中宿命般的必然。打破这种必然性，要靠更多的觉悟了的人从原点出发传播和实践现代化了的宗教。

其四，宗教与国家之间的悖论

宗教产生之后，与国家的关系应该是协调一致的，这种一致性既体现在目标上——为了人的生存安全、物质满足和精神幸福，也体现在部分手段上——教育引导、组织动员、社会控制等。虽然在其性质与功能上稍有重叠而差异居多，但如果国家与宗教、政权与神权之间能相互协调、彼此增益，必将促进社会的和平与繁荣，使人的利益最大化。

事实却并非如此。历史上不乏政教合一、同一民族或多个民族统一信仰一种宗教的例子，更不乏统治阶级借助宗教发动战争、巩固政权、加强统治的事例。国家统治与宗教信仰合而为一时，结果并不像统治者意愿和民众期待的那样给社会带来益处，而是出现了更多的难以协调和处理的利益与关系。现代社会同样如此，尽管在多数国家，宗教越来越成为个人的事情，或者与国家的联系仅仅是象征性的，但宗教与国家之间的矛盾依然存在，这种矛盾有时也会以比较激烈的对抗的形式出现。

宗教与迷信、与世俗、与人本、与国家之间的种种悖论，并不是纯粹意义上的两种事物的矛盾与对抗，而是人类社会整体向前发展过程中出现的不和谐现象。悖论与矛盾不同，它深蕴于事物发展的内部，解决悖论要从扬弃与整合自身做起。宗教现代化其实就是一种对于自身的扬弃与整合，可以摒弃宗教中那些危险的、混乱的、消极的因素，弘扬宗教中那些文明的、向善的、积极的因素。

思想和精神是人类幸福的总的根源，但思想和精神是需要依托、需要把握、需要矫正、需要引导、需要超越、需要提升的，理性把握人的思想和精神，才能创造人的幸福。对宗教来说，如果没有扬弃，没有现代化的阐释和升华，它的积极作用就得不到有效发挥，而它的消极作用，则有可能带来灾难性的后果。在这一点上，池田大作对宗教现代化的贡献是当今世界无可比拟的，他对大乘佛教的把握达到了至高境界。

二、池田大作对佛教现代化的重大贡献

“并非所有的宗教都是鸦片，也有为了使民众觉醒，对任何权力也不屈服，为了使人能自由自在地活得更有意义而拼命奋斗的宗教。”[5]池田所指的，就是他致力于传播和发展的以《法华经》为中心经典，“上求菩提，下化众生”的大乘佛教。

池田大作认为，不能改变现实生活的宗教，只能说是没有力量的宗教。他始终把佛教现代化的使命担承在肩，把广宣流布的焦点放在对现实的挑战与改变上。他说：“真实的佛法并不是与时时进步、变化的社会相脱离的。毋宁说是与政治、经济等不可分开的，具有重要的社会性使命，即经常给这些行为以生气勃勃的活力，并将其引向赋有价值的方向。”[6]“背离时代或民众的现实状况，便无佛法。”[7]因此，他从整个世界的现实利益出发，针对宗教发展中的各种悖论，结合本国与当今世界的实际状况，对佛教进行了从个人到组织、从仪式到内容、从形而上到形而下的全方位现代化发展。

1. 他以弘扬纯正的大乘佛教为基点，超越了宗教中的偶像崇拜，摒弃了佛教中的落后成分，划开了宗教与迷信的界限，提升了佛学的教化功能。

池田大作毕生致力于全新的佛学研究和佛法实践。他首先走出语言和概念的迷宫，采取“依义判文”、“六经注我”而不是“因循文辞”、“死于言下”的方法，从文（经文字面）、义（经文字义）、意（经文原意）三种含义的最后一个层面去理解，全方位地站在现实的立场、人的立场，回到释尊本来的精神上释发经文，融通一贯，空无所碍，对《法华经》的精神作出了与时偕行、顺应人心的阐述。比如对“地狱”的理解，认为地狱不在他处，而在“蔑视父亲，疏忽母亲的人”的心内[8]；再如解释“不老不死”的境界，是不受老苦、死苦的折磨，“在克服烦恼的同时，每天都处于享受人生的境界”[9]。他认为，宗教教义中应该批判的东西，就必须加以批判，应该把这样的思想方法作为普遍的原则。这就使某些已经过时的的东西得以剔除，纯化了《法华经》的内容，升华了《法华经》的精神，增加了其理性和科学的成分，使原本高深莫测、晦涩神秘的《法华经》有了与更多的民众对接的机缘，鲜活易懂地走进人们心里。

"思想要具有生动活泼的力量，才会使人们在愉快的心情中加以接受。当然，要正确理解像佛法这样深奥的哲学，并不是一件轻而易举的事情。但是，为了使它融入民众心中，就至少必须使之以民众喜闻乐见的形式出现。"[10]从我们所能见到的文献和音像等资料中可以容易地作出判断：他是这样说的，也的确是这样做的。大量阐释佛典的著作都采用对话的形式，紧密结合现实生活，采用生动真实的生活事例，简洁明了，灵活自在。其他著述中也随处可见对佛典因时因境的活用。他还非常重视科学技术新成果对舆论宣传的影响，指导会员充分利用报纸、杂志、电视、网络等多种大众传播媒介来宣传学会的主张，弘扬佛法精神，在此方面取得了丰硕成果。

上述看法和做法，不仅是对佛法语言的现代化，也是对佛法内容和传播形式的现代化。

对佛教中一向以严苛著称的清规戒律，他同样采取了因顺时势、灵活自便的态度。他说："真正的戒律，必须是自律，不受外来的束缚。只有从内心自发确立的戒律，才能成为向外的实践的基础。封闭性产生戒律，其戒律就更增强封闭性。"他把佛道修行看做是调节身心的健康之法，认为祈求并无一定形式，信心程度主要是由自己控制。这种形式上的宽松并不意味着对信仰的亵渎，从人出发，解决人实际存在的各种问题，正是一种真诚务实的态度。在实际生活中我们看到，创价学会既是一个钢铁般严密的组织，又给会员极大的自由空间。会员都是在家的信徒，在饮食起居、人际交往、工作态度、精神面貌、宗教活动等各个方面，都与其他佛教团体的信徒有极大的不同。简单如唱题时的姿势，为照顾老年会员，改跪姿为坐姿，体现了对会员的人性化关怀；复杂如结婚生育、照顾家庭，以户为单位计算会员，并倡导会员首先要使自己、使家人过得成功快乐等等；会员们敬拜的人法一体的御本尊，也与其他的偶像崇拜决然不同。由此可见，形式上的入会并不是这个组织最重视的事情，真的信仰并通过信仰而创造价值才是最重要的。

在宗教与迷信的关系问题上，池田大作可以说是旗帜鲜明。

迷信是纯粹非理性和反理性的，池田先生在与汤因比博士的对谈中，恰恰把是否能容纳理性的介入作为判断高等宗教的标准之一。“高等宗教本来就不会轻侮理性，因为宗教不会靠遏制理性来取得人类的普遍依赖。尤其被誉为‘智慧的宗教’——佛教更是一个极为理性的宗教，因为佛教不相信超越人的人神等之存在。”[11]池田说：“在以服从神的教导和命令为根本的唯一神的崇拜中，人类的理性的确被看做是对神的叛逆。然而，佛教却与此不同，佛陀本身就是最大限度地运用了理性和智慧，从而确认了宇宙和生命的真理所在。佛教同时也教导人类达到与佛陀同样的境界。哲学在佛教中是不可缺少的部分，佛陀的教义本身，就是非常具有哲学性的。”[12]释尊是以崇高的“佛的人格”赢得人心，死后却一度被神格化，被列于诸神之中，丧失了原有的精神。池田大作还原了佛的最初面貌，视佛为一个觉悟了的充满大智慧的人。他认为，佛教不承认有超越众生之上的全能的、超绝对的神，如基督教的上帝之类的存在，佛教世界中的神灵都跟人一样只是众生之一。心、佛、众生三者无差别的平等观，以及自作事业、自受果报的因果法则，更与“创世主权利高于一切”的迷信说法完全相反。在解释诸多与神灵有关的教义和典故时，他都采用了内心视像、精神契合、文学象征等手法，从人的灵魂、境界、生命力上去挖掘，而不是一味宣扬灵异与神力。

从世界观来说，人类社会存在着无神论和有神论、唯物论和唯心论两种不同的思想体系，也存在既非唯物又非唯心而又融合唯物唯心为一炉的中道思想，池田所持当是后者。虽然他也积极探索到目前为止人类能力还无法认识的一些能量与现象的存在，虽然在阐释和传播《法华经》的过程中绕不开一些神灵之类的说法，但他全部的思想都是扎根于现实主义的大地上，都是为现世的人生服务的。与其说池田大作照单全收些微不差地信仰和传播宗教，毋宁说他致力于宗教的改革与发展，把对人、对社会有益的宗教性因素提炼并发挥到了极致，提升了佛教的教化功能。

2. 他整合了宗教与世俗的关系，把避世与入世有机结合起来，把此岸与彼岸有机结合起来，对世俗进行改造和提升，使之逐步摆脱低劣，走向高尚。

通常在人们心目中，宗教尤其是佛教总是与消极避世的思想联系在一起。法性空寂、法相如幻、学佛证悟的终极境界一般人很难体验，而对于“地狱”的恐惧和对于“西方净土”、“极乐世界”的向往却普遍地存在于民众心

中。面对个人力量很难与之抗衡的现实的苦难，更多的人把希望寄托在“来世”，寄托在“彼岸”。

其实这是一种误解，真正的佛法并非教人远离凡尘、不问世俗，也并不无视健康、安宁、成功、幸福等人生追求。大乘佛法尤其如此，四摄六度、悲智双运、入世救世、自度度人，是典型的人间佛教，充满温暖的人性光辉和乾健进取的精神。释尊教弟子对国言忠，对亲言孝，对子言慈，对友言信，守五戒，行十善，修六度万行，在在处处都是要人先处理好一切俗世的事物，再去修出世的法门。池田大作弘扬佛法的目标，其实也正是在此岸而不在彼岸，在今生而不在来世。他说：“我们并非追求远在彼岸的理想。让我们使自身放射光辉，在可称为自己立足地的家庭和工作岗位里显示信仰的实证，成为社会的灯塔。”[13]“离开现实生活的信仰不是佛法。我们不会因为入信而使烦恼的‘污泥’主动消失，而是透过信仰产生不再受烦恼束缚的生命力，并能承担更多的烦恼。若想提升自己的生命境界，就要向烦恼挑战。”[14]他通过佛法研究和弘法实践，不仅为世俗提供了一种认识世界的方式，一套评判世俗行为的价值观念和道德体系，同时把创价学会作为一种社会实体，为世俗提供了一种组织社会的形式，一套整合力量、凝聚会员的机制和体系。

在1993年召开的世界宗教议会大会上提出的《走向全球伦理宣言》中，世界上大多数宗教道德被归纳为四项准则：一是坚持一种非暴力与尊重生命的文化；二是坚持一种团结的文化和一种公正的经济秩序；三是坚持一种宽容的文化和一种诚信的生活；四是坚持一种男女之间的权利平等与伙伴关系的文化。这些准则与池田大作所倡导和奉行的创价精神高度吻合，都体现了21世纪人类理想中的宗教精神。创价精神中涵盖着几种尤为伟大的精神，是池田大作格外重视并着力推行的——

其一，强调人的尊严，每个人应该在没有战争、疾病、贫困、倾轧的社会环境下平等地享受资源、享受生活，生命的尊严高于一切，它不仅仅是生存权，更是安宁权、幸福权。“生命的尊严就是绝对的标准。维护这种生命的尊严，为这种生命所追求的幸福尽最大的努力，这就是善，反之则为恶。我认为这是任何时代、任何社会都不变的标准。如果有一种社会把破坏生命当做是善——这种社会在各个地方、各种时代确实有过——那就应该说这个社会本身就是恶。”[15]

其二，倡导人们学会感恩，用释尊的话说就是要报四重恩——国土恩、父母恩、众生恩、佛恩。池田大作认为当代社会很多弊端的产生都是由于感恩精神的失落，所以他一直称“中国是日本的大恩之国”，一直对牧口先生和户田先生言必称“恩师”，一直带着一颗感恩的心去观照大千世界和芸芸众生。这种感恩能让人与世界建立符合系统良知的连接，拥有更多的虔敬精神和奋斗勇气。

其三，坚持不懈的奋斗精神，直面各种邪恶和苦难。与传统中的消极避世观完全相反，池田认为不同权力魔性、邪佞势力及自身与他人的各种恶习作斗争，就无法使正法广布，无法建立和谐的秩序和有尊严的生活，所以必须要立下大目标，要发出“狮子吼”，要生气勃勃地燃烧着生活。

其四，自利利他的价值取向，他教导会员首先要维护好自己最大的利益——健康，让自己过上富足、满意的生活，同时要尽力奉献，在减恶生善的行动中获得自他一同幸福的随喜功德。

其五，注重发挥女性的作用。他认为女性是21世纪的太阳，是家庭幸福、社会和谐的决定性力量。女性的美丽、慈爱、坚韧、平和，应该在现实生活中发出灿烂的光辉。

以上所举当然挂一漏万，但足可管中窥豹。若能实实在在将种种精神应用于人情世故方面，应用于学问思考方面，应用于服务群众、利益人生等等方面，都能得其大用，续佛慧命，利乐有情，形成积极健康、明朗乐观、圆满自足的人生。

正是这种种创价精神，净化并提升着现实中的世俗生活。事实证明，他所领导的宗教团体没有形成封闭自足的圈子，没有丝毫脱离现实生活的倾向，而是充满着浓浓的人间烟火气，与社会有着广泛深入的联系。他们就生机勃勃地扎根在大众之中，以自己的虔敬、昂扬、乐观、从容的幸福姿态昭告世人这种信仰的力量。

3. 他升华了《法华经》的哲学内涵，把爱和美作为根本，从“人”这一原点

出发，启发人的内在觉悟，挖掘人的潜能智慧，进行创造价值的人间革命，使人摆脱异化，回转自身。

当尼采惊呼“上帝死了”的时候，人们可能并没有感受到歧路亡羊的现代文明在歧路上走得有多远，直到21世纪的钟声震荡而来，越来越多的人发现，不仅“上帝死了”，而且“心”也死了。“理论信仰”、“制度信仰”、“效率信仰”等纷纷步上神坛，而活生生的人，则被物质异化、被技术异化、被权力异化，被各种各样使人徒增烦恼的欲望所异化。

池田大作深刻揭示了文明发展中的悖论，揭示了现代人当下心灵状况的深层根源。他认为，造成当代信仰缺失、心灵麻痹状况的根源，在于缺乏从人的角度来思考问题这一点上。“当人们像酒醉一般不断追求‘进步主意’的梦想时，事实上已变得为‘蓝图’而蔑视‘现实’、为‘未来’而蔑视‘现在’、为‘增长’而蔑视‘环境’、为‘理论’而蔑视‘人’。”[16]他认为无论是宗教、政治、经济，都是为实现人的幸福的“手段”而已。“离开具体的人，以‘抽象化的思想’独唱于天下，反而会发生予人伤害的不幸情况。总之，为人民、为国家、为民族、为自己，也为世界，不管有否利益或是其他什么，人的幸福总是比抽象的‘真理’或‘意识形态’更为重要。”[17]

要改变这种“神死”与“心死”的状况，池田认为必须从人这一原点出发，首先实现人自身的革命，继而以人自身的改变带动社会的变革。

佛教对人生和社会有着深刻的洞察，认为“人人皆为佛子”，每个人都平等地具有“佛性”，即具有形成理想人格的种子、可能性。这种佛性，超越感性与理性的存在，是和大宇宙生命相连接的秩序感，是和深层次意义相沟通的清白感，是对生存的根本规范的确知感。当其得以开显时，它就能作为“自身之主人”，决定人生幸福。人间革命就是要唤醒人的生命中所蕴藏的“佛性”、“大生命力”，摆脱生老病死的烦恼，获得圆融丰满的喜悦，实现平衡自足的人生。“尊重每一个人，使内在的善性和创造性生命得以发挥，不被欲望和环境支配，筑起百折不挠、坚如磐石的自身，我们就称之为‘人间革命’。”[18]“人间革命”的旨归，是要把每一个人变为优秀的“地球市民”——“具有深刻认识生命相关性的‘智慧之人’；对人种、民族、文化的差异，不畏惧、不排斥，而是去尊重、理解，并视这些差异为成长资源的‘勇敢之人’；对受苦受难的人，无论远近，都能给予关怀提携的‘慈悲之人’。”[19]池田大作是如此看重人的尊严，如此相信人的可能性并鼓励人们开发自己内在的可能性。他曾引用释尊“以己为岛，以己为归；舍己而外，他无所依”的名言，教人自尊自爱、自信自强，充满希望地按照宇宙与人生的大规律去创造生命的价值。

当然，仅止于此还不够，从“人间革命”走向“社会革命”，才能真正实现世界范围内的和平与幸福。池田指出，要坚决建设起以“人性尊严”为基石的“希望”与“调和”的文明，要通过“软能”协调社会，改变世界。“我们需要构筑起面对任何困难、任何恶劣环境都不动摇的内心，即坚定的‘汝自身’。从内在生命的变革，即‘人间革命’走向社会革命，才是开辟‘永久和平’和‘为了人的安全保障’的真正道路。”基于这种观点，他提议把迈向 21 世纪所不可避免的思想改革归纳为三点：第一，“从知识转向智慧”；第二，“从单元化转向多元化”；第三，“从国家主权转向人的主权”[20]。他深信人的现实的实践，是同国家和人类的命运联系在一起的，在一个人的身上所进行的人的革命，很快会使一个国家的命运发生转变。说到底，就是一切从人这一原点出发，着力于人与自身，人与社会，人与自然、宇宙的整体平衡，最后实现人的和平与幸福。

无论是人自身的革命还是社会的革命，池田大作在进行精神建构和佛法实践时，都是以《法华经》的哲学内涵为基础的，都是以“爱和美”贯穿始终的。他说，“《法华经》摄一切江河为大海”，“是究极的东西，具有扬弃其他东西的本源的哲学意义”[21]。其根本精神就是抵抗宗教的“非人性化”和“脱离现实”的倾向，一再力求使人回归到原点——人。它把众生作为本佛，把佛陀作为迹佛，颠覆了神在人上的宗教传统，发出了最彻底的“以人为本”的宣言；它的“空”的概念，囊括了跃动不息、蓬勃盎然的“生命活力”，指示着超越小我投向大我、跳脱有限进入无限的阔达境界；它的很多教义，综而括之便是“智慧”与“慈悲”，让人彻底觉悟生命的意义，极力释放生命的能量，让爱和美的花朵绚丽地绽放。

池田说："《法华经》本身就是在呈现'美的价值'，这份美的根源是什么呢？一切优秀文化的根源是什么呢？那就是人的跃动生命。"[22]而池田说过"美是爱的孩子"，"没有比慈爱更强的力量，没有比慈爱更能令人心服，没有比慈爱更强大、明朗、持久。慈爱带来希望的光芒，照亮人的内心，是真正的'软能'"。本着这种美与爱的精神，池田大作把自己变成一个拥有真正"诗心"的斗士，把智慧与慈悲洒向世界。马克思曾说："宗教把人的本质变成了幻想的现实。"[23]池田大作恰恰是通过宗教手段挖掘、凸显、强化、升华人的本质，力求把幻想变为理想，把理想变为现实。

4. 他高扬佛法民主主义的旗帜，以文化、艺术、教育等为载体，介入社会政治生活，提供间接的精神指导，对国家和社会发展产生良性推动作用。

同为上层建筑，政治与宗教所倡导的理念不同，但所担负的社会责任相同。同为人的联合体，政党、国家与教会、教团管理方式不同，但所努力的方向一致。孙中山先生曾说："政治能治外在，宗教能治人心。宗教能辅助政治，政治能拥护宗教。"实际上，统一到人的本质属性，回归到人的原点上去考察，宗教与国家、社会、政治、经济等是不可分的，尤其是以人的心灵为作用对象的宗教，与人的一切社会活动有着千丝万缕的联系，宗教对社会生活的介入、对国家政治的影响不应视为一种僭越，而应视为一种必须和必然。

备包有无的佛法，不仅对政治有精辟的主张，对其他方面亦有详说细举。它给受欲望困扰和生老病死折磨的人们带来希望，鼓励人们平等相待、慈悲为怀，通过彻悟产生大智慧，使一切烦恼迎刃而解，因此它具有积极性、平等性、包容性、互摄性、圆融性等特质，对政治、经济、教育、科技、伦理道德、环境保护等产生积极影响。诚如庐山慧远大师所说："佛道济俗，亦为要务。何则？百家之乡，十人持五戒，则十人淳谨；千室之邑，百人修十善，则百人和睦；传此风教，以周寰区，编户一千，则仁人百万。夫能修一善，则去一恶；一恶既去，则息一刑；一刑息则万刑息于国，此所谓坐致太平者是也。"

池田大作深刻认识到佛法无边的特性和佛教的济世功能，总是在思考并实践如何“投入”、“参与”、“变革”现实社会。他旗帜鲜明地提出创价学会的理念——佛法民主主义、人性社会主义、地球民族主义，也就是所谓“第三条道路”、“第三文明”，并以创价学会为母体组建了公明党，成立了各种教育、文化、科研机构，更广泛更深入地介入国家和社会生活。

在通过组建宗教政党的方法参与政治的问题上，池田吸取政教合一的历史教训，采取了灵活变通的态度，即提供间接精神指导而不直接插手政党事务，让政党独立自主地开展活动、处理一切事务。他认为，“不持有无形的精神权威(宗教)，便很容易顺从有形的权威(体制)”[24]，而要树立精神权威，靠的不是神权，也不是教团利益，而是对全世界民众的平等与幸福的重视。

他从不把目光局限在日本国内，而是一直心怀天下，关注全球，采取对话的方式，与各国政要和杰出人士一同探讨全球性的问题群，对环境污染、生态破坏、物种灭绝、人口爆炸、新疾病产生、淡水资源缺乏、不同文化冲突等等提出自己独到的见解。他说：“所有这些世界性的危机，有一个共同点，那就是全球性和整体性。面对共同危机的人类，已经逐渐意识到超越民族、国家和地区的人类共同利益。人类的所作所为已经使20世纪末的人类走到了文明的十字路口，人类必须以维护人类一致的、根本的利益为出发点。”[25]“我们将推进‘社会繁荣和个人幸福一致’的种种政策，不单决心实现日本国民真正的幸福和繁荣，并广泛要为实现世界人类永久和平而努力。”[26]为此他指出：“国际间的问题也不应是站在一个国家、一个民族的立场上，而是应当通过如何掌握今后地球人类的方向这一视点的转变，寻求各个国家、各个民族共存共荣的道路。”[27]他一直重视发挥联合国的功能，“联合国要成为真正的‘人类议会’，应该透过以彻底的对话而产生‘同意’和‘理解’这‘柔性动能’为基轴，放弃过去以军事为轴心的安全保障观念”[28]。

为实现世界和平、人类幸福的理想，以“投入社会”、“在社会里脉动”为宗旨的创价活动，并不局限于政治层面。他们的运动跨越社会一切领域，经济就是其中之一。他曾形象地比喻“文化是波，政治是船，经济是载荷物”，以各种方式激励会员战胜贫穷，开创殷实富足的生活。另外，从幼儿园一直到大学的创价教育体系，为孩子和青年们提供了富有活力的教育；鼓笛队、文化节、运动会等丰富多彩的文化体育活动，使会员在交流中凝聚力量，在习练中提高修养、获得精神愉悦；东洋哲学研究所、民主音乐协会、东京富士美术馆等文化教育机构的设立，以及广泛开展的各种文化艺术交流，包括遍及世界各地区、各领域的对话与慈善活动，打开了广阔的研究和交流空间，为学会走向世界，实现人类和平与幸福的理想开辟了通衢。

5. 他把学习作为升华人本的根本途径，在大乘佛教与当今学术领域各学科之间架构起精神的桥梁，使佛教进一步走向现代化。

创价学会原名创价教育学会，原本与教育有着千丝万缕的联系。前两任会长皆为教师出身，对教育有着深刻理解，到第三任会长池田大作，更加重视教育问题。“人要受教育才能算是人。人并非一出生就是人，须透过教育才能成为人。所以，教育非常重要。”[29]“例如陀螺一旦静止，就会倒地，能保持安定速度，是因为快速旋转。人并非出生为人就算人，而是由于拼命想成为‘像样的人’，才成长为人。”在与罗马俱乐部会长的对谈中，他十分欣赏霍夫莱特涅尔关于学习的论断：“不断学习——我相信人生的意义就在于此。”“时代变动迅速，所以，如果忘记了学习，马上就会掉队。不学习等于是没有责任感。”[30]由此可见，他把学习视为人之所以成为人的必要条件，把全部知识修养、境界革命、佛道修行，都寄托于教育之中。学习，成为升华人本的根本途径，是走向和平的必由之路，是人本主义的原动力。

他首先以学习润泽自身，从少年时代便保持读书思考的习惯，据说青少年时期便阅读上千部书籍，且时时着意把学习的成果转化为内心的喜悦，在勤奋刻苦的求学中度过了大半生，同时把教育事业作为自己一生为之不懈努力的主要使命。

他学习的对象，不唯书本，不唯师匠，而是时时处处人人——向苍穹学习一份深邃，向海洋学习一份博大，向孩童学习一份天真，向小草学习一份顽强。他曾说过，活的教育是在人与人的交流中，尤其心灵的丰富、人格、人性等是在教师与学生之间以及学生与学生之间的交流和接触中得以培育形成的。扩而言之，学习不仅是在人与人的交流中，也在人与自然、人与社会的交流中。他总是怀着热情和好奇，与他人、与自然进行着沟通和交流，并在沟通和交流的过程中丰富、提升自己。这份学习热情也带动了周围的人，影响了很多会员。“信”、“学”、“行”，是创价会员对于佛法的真诚态度，不断地感悟、修炼、信仰、践行佛法，都依赖终身学习的过程。

他学习的内容，不局限于知识、技能，而是全方位的人生智慧。池田认为，既不能把学问变成政治和经济的工具，也不能从唯有实利才有价值的角度出发而把人变为知识和技能的奴隶。在池田心目中，教育的最大目的不在于培养出医生、律师、经济师等专门人才，而在于培育“人”，成就生命的尊严。教育中最重要的是塑造人格，让人学会爱人，具备创造价值、感受幸福的能力。因此他强调终身学习的理念，强调与现实相结合的灵活地学习和运用知识。“脱离现实社会中的生活基础，只是掌握知识、学习理念，往往陷于为知识而知识，导致在概念的世界中游戏的结果。在与现实相结合中来领会学到的知识时，知识就不会是暂时死记硬背的知识，而成为给智慧带来营养的源泉，变为该人自身的血肉。”[31]他重视外语的学习，认为通过语言的工具可以更好地实现世界市民之间的交流，学好外语不仅可以了解其他国家和民族的风俗习惯，还可以掌握异国文化的思维方式，从而打开视野，拓展思维；他重视艺术的修为，认为文学、音乐、美术、摄影等艺术形式能够陶冶情操，提升境界，超越种族、政治、意识形态等界限，传递友好与和平的信息，帮助人们化干戈为玉帛；他重视潜能的开发，认为人的潜力是无限的，“一切皆在我们的灵魂深处”，因此他罄尽心力去耕耘人的心灵，用不断的学习去激发人的热情，促使人全面发展，自我完善，以内在自觉引发大智慧、大慈悲。

这种学习观成就了他渊深广大的思想体系和波澜壮阔的实践途程，同时，也在大乘佛教和当今学术领域各学科之间架设了精神桥梁，使佛法的精神和智慧渗透到教育学、心理学、政治学、社会学、人类学、伦理学、新闻传播学、环境科学乃至物理学、经济学等等，进一步促进了佛教的现代化发展。

6. 他把和平作为世界未来发展的基础，并为此而奔波演讲、对话交流，收到实效。其形而上的思想与形而下的实践都从不同方面提升了佛教的社会功能。

池田先生一生所致力的，是以佛法为基础的和平、文化与教育的运动。

他把地球本身当成一个生命体来认识，把全部热情、智慧、财富、精力都付之于使这个生命体和谐共荣的实践，付之于为实现世界和平而进行的战斗。“创价学会的目的，正如《立正安国论》所示，是实现和平的社会。把战争、贫困、饥饿、病痛、歧视及所有的‘悲惨’二字，从地球上连根拔除，就是我们的使命。”[32]

他的和平观念，深深植根于佛教这种为全人类谋求幸福的无缘大慈、同体大悲之中。佛法本来就是万物协谐、平等大慧之法，带有非暴力的和平的特质。佛教的“缘起观”认为万事万物因缘和合，相互关联。人与人、人与自然在和谐共生的秩序中，应彼此尊重，互相发挥，共存共荣。佛法的本意即为“任持自性、轨生物解”，尊重本然的特性，强调众生的平等，否定一切暴力，维护万事万物的宝贵协调。当今世界，恐怕只有佛法，能指导人们超越一般政治的局限，跨过人与人、种族与种族、国家与国家的藩篱而达到世界和平。

秉持佛法的本意，就不能不把和平摆在第一位。池田大作既继承了佛法的和平主义思想，又发展了牧口与户田两位恩师“利、善、美”的价值论，随着时代的发展和实践的深入，而使和平主义思想有了更完善的系统和更深入的发展。他在《新人间革命》的开篇赫然写下发自他灵魂深处的声音：“没有比和平更尊贵的东西，没有比和平更幸福的东西。和平应该是人类前进的根本性的第一步。”[33]他根深蒂固的和平观念和坚决彻底的和平运动，始于青少年时代对战争的残暴与痛苦的深刻体验，成于对和平内涵的深刻洞察与思考。

池田大作所倡导的世界和平，首先是要“缔结一个保障将来没有战争的状态，即将来不会发生战争的世界”；“废除所有的常备军”；“从根本上变革人与人互相残杀的生命的倾向”；“超越现代的‘国家’的概念，地球上所有的民族自治体一方面发挥各自的特性，同时组成世界联邦政府，从而在制度上建立一种永久保障真正和平的体制”[34]。他对战争已经达到深恶痛绝的程度，以多种方式描述过战争的反人类性、残暴与恐怖的景象，尤其是对非正义的、侵略性的战争，义正辞严地进行谴责，决意要在地球上消灭战争。

其次，和平还要使人权受到重视，人的尊严得到彰显。贫困、饥饿、环境破坏、人权压制等和战争一样是戕害人性尊严、威胁人生安全稳定的各种形态的暴力。池田认为不行善便是助长恶，一定要与这些战争以外的暴力进行斗争，并在根除暴力的过程中实现自己。他说："人类所要解决的课题，不单是实现没有战争这一消极的和平，而是要实现积极的、一种能从根本上改变威胁人性尊严的社会构造的和平。只有这样，我们才可以明白并享受到和平的真正意义。"[35]

最后，和平要达到"灵魂和精神的文明状态"[36]，使"每一个人都光辉灿烂"[37]。也就是说，安全、稳定、温饱、彼此尊重只是部分地实现了和平的理想，最高的和平状态其实就是我们所倡导的整个社会的和谐与繁荣，每个人的全面的自由的发展，是成功幸福的终极状态。

为了实现这层层深入的和平理念，我们每一个人都要播撒和平的种子、幸福的种子、信赖的种子和成为真正的人的存在的人类的种子。[38]从 20 世纪 60 年代就任日本创价学会会长开始，他的和平思想便稳固确立，提出"建立世界不战和持久和平"的口号；70 年代广泛开展起以佛法为基调的渐进的和平文化运动，数次倡言废除核武器、否定一切暴力战争；80 年代开始更广泛地出访世界各地，出席国际裁军会议，开展各种文化活动，提升了国际影响；90 年代直至今天，对世界和平问题给予更广泛、更深切的关注，影响力也日渐扩大。除了每年在 SGI 纪念日、在创价学园和创价大学开学典礼等各种场合不断强调和平思想、倡导世界和平之外，他从 1960 年起，就开始与各国政要、文化与学术界代表人物进行对话、交流，怀着敞开心扉、平等待人的态度，阐述自己对和平的见解，消除彼此的文化差异及政治、种族等隔阂，力求从人这一原点出发建立更多的共同价值观，谋取世界范围内的和平。同时，他还在各国家、各地区进行演讲，倡导祈愿世界和平，成为举世公认的"民间外交家"、"和平使者"。可以说，池田大作是一直走在实现世界和平的使命之路上。他以推行"菩萨道"的大无畏的勇气、伟大的目标和精力，推动人类不断地从分裂迈向结合，从对立迈向统一，从战争迈向和平。来自世界各国各机构的 200 多个荣誉头衔，体现了整个世界对他的努力的钦敬、对他的成就的褒扬。

随着社会的发展，人类面临的共同的问题群的扩大，他的和平思想与和平运动也在不断丰富和发展，不管时代风云怎样变幻、新情况、新问题如何增多，池田大作始终以佛法中的非暴力的和平主义为基轴，紧扣时代脉搏、洞察时势变化，既进行了高瞻远瞩的战略思考，又开展了广泛多样的和平实践。也就是说，他的和平运动，同样浸透着佛教现代化的精神。

西方现代物理学之父阿尔伯特·爱因斯坦曾对佛教有过很高的评价，他认为，佛教具有人们所期望的未来宇宙宗教的特色：它超越个人化的神，无需教条主义和神学，它涵盖自然和精神两个方面，而它的基础是建立在将所有的自然和精神世界作为一个有意义的整体来经历时所获得的那种宗教意识之上。这即是说，佛法精神是无始无终地弥散在宇宙时空中的，它将在促使国家和社会打破樊篱走向融合方面，在促使人与自然和谐共荣方面，在促使人们追求真理并以此建树人生方面，发挥极大的作用。池田大作不仅意识到这种作用，并且探索出一条行之有效的道路，这就是以和平、文化、教育为核心的创价之路，是以非暴力的方式与权力魔性、黑暗势力不懈斗争的道路，也是打开心灵传播美与爱的道路。正是这条道路，提升了宗教慰藉人生、教化民众、整合并稳定社会、完善价值体系、协调人与自然关系、进行组织动员和社会控制等一系列功能，这是从理论到实践进行得全面而透彻的佛教现代化之路。

（作者为辽宁师范大学校长，池田大作和平文化研究所所长）

【注释】

①星云法师：《星云法师释佛》，中国长安出版社，2005年8月，第249页。

②马克思，恩格斯：《马克思恩格斯选集》，第1卷，第2页。

③帕斯卡：《思想录》，商务印书馆，1985年，第158页。

④池田大作，B·威尔逊：《社会变迁下的宗教角色》（梁鸿飞，王健译），三联书店（香港）有限公司，1995年，第26页。

⑤池田大作等：《法华经的希望》，创价学会译，明报出版社有限公司（香港），2002年，第254页。

⑥《我的佛教观》,潘桂明、业露华译,四川人民出版社,2001 年,第 4 页。

⑦同⑤,第 95 页。

⑧池田大作等:《法华经的寿量》,香港创价学会译,明报出版社有限公司(香港),1998 年,第 93 页。

⑨同⑤,第 4 页。

⑩池田大作:《我的佛教观》,潘桂明、业露华译,四川人民出版社,2001 年 2 月,第 137 页。

⑪池田大作等:《法华经的慈光》,香港创价学会译,明报出版社有限公司(香港),1998 年,第 39 页。

⑫池田大作,B·威尔逊:《社会变迁下的宗教角色》,梁鸿飞、王健译,三联书店(香港)有限公司,1995 年,第 70 页。

⑬池田大作等:《新·人间革命》,第 5 卷,创价学会译,天地图书有限公司(香港),1999 年,第 177 页。

⑭池田大作等:《法华经的欢喜》,创价学会译,明报出版社有限公司(香港),2000 年,第 65 页。

⑮蔡德麟:《东方智慧之光》,天地图书有限公司(香港),2003 年,第 107 页。

⑯池田大作:《和平世纪的倡言》,天地图书有限公司(香港),1997 年,第 108 页。

⑰池田大作,金庸:《探求一个灿烂的世纪》,北京大学出版社,1998 年,第 40 页。

⑱池田大作:《新·人间革命》,第 5 卷,创价学会译,天地图书有限公司(香港),1999 年,第 11 页。

⑲池田大作:《和平世纪的倡言》,天地图书有限公司(香港),1997 年,第 144 页。

⑳池田大作:《21 世纪文明与大乘佛教》,创价学会编译,台北正因文化事业有限公司,第 65 页。

㉑池田大作:《我的佛教观》,潘桂明、业露华译,四川人民出版社,2001 年,第 191 页。

㉒同⑤,第 37 页。

㉓马克思,恩格斯:《马克思恩格斯选集》,第 1 卷,第 1 页。

㉔同⑤,第 119 页。

㉕季羡林,蒋忠新,池田大作:《畅谈东方智慧》,商务印书局(香港),2004 年,第 229 页。

㉖池田大作:《新·人间革命》,第 5 卷,创价学会译,天地图书有限公司(香港),1999 年,第 237 页。

㉗池田大作,松下幸之助:《人生问答》,商务印书馆(香港),2001 年,第 158 页。

㉘池田大作:《21 世纪文明与大乘佛教》,创价学会编译,台北正因文化事业有限公司,第 71 页。

㉙同⑧,第 97 页。

㉚池田大作:《我的世界交友录》,卞立强译,第一卷,湖南师范大学出版社,2006年,第69页。

㉛池田大作,奥锐里欧·贝恰:《21世纪的警钟》,中国国际广播出版社,1988年,第213页。

㉜田大作:《新·人间革命》,创价学会译,第4卷,天地图书有限公司(香港),1999年,第193页。

㉝池田大作:《新·人间革命》,创价学会译,第1卷,天地图书有限公司(香港),1996年,第10页。

㉞池田大作,松下幸之助:《人生问答》,商务印书馆(香港),2001年,第486页。

㉟池田大作:《第25届SGI之日纪念倡言:和平文化、对话硕果》,2000年1月26日。

㊱《为时未晚》,第70页。

㊲池田大作:《希望对话——给21世纪的青少年》,明报出版社有限公司(香港),2003年,第179页。

㊳参见《我眼中的池田大作》,第121页。

软能：对话的力量①

孙立川

当人类由类人猿进化到完成双脚行走的独立的“类人孩”时代，那是人的思想还未臻成熟的阶段，由发声至形成意思的表达也经历了漫长的阶段。对话，是人与人之间沟通的最原始手段。对话较于肢体对抗与弱肉强食而言是人类文明出现的一个大进步。

远古时代不必去追溯了，当人类中的思想睿智者开始将思考的结晶宣之于口，真理的传播在那一刻就已嵌入我们人类的生命年轮。我们可以从史书中看到，由于文字的发达是为了记录智者的语言，在佛祖释迦牟尼的时代，他与其弟子们的对话就形成佛教的教义与道理。在释尊涅槃之后，他的弟子们将释尊与他们的对话、宣讲的内容以文字形式记录下来，形成为浩大的佛教经典。在佛典中，我们常可看到“佛说……”、“如是我闻”，这其实就是释尊与弟子们的对话。而弟子们在驳难中真理越辩越明，这种对话在佛经中比比皆是。譬如，《维摩经》描述的就是维摩诘与文殊师利菩萨对话的场景。即使在中国的佛教传统中，重视语言更甚于文字，禅宗还主张“不立文字”。顿悟也好，渐悟也好，对话始终都是一种心灵思考的交流，论辩能激发出对真理的追求，消弭误解及动辄诉诸肢体的冲突，甚至如战争一样大规模的人为灾难，所谓“不战而屈人之兵”，许多场合归功于言者的如灿莲花之舌。

在以语言为中心而进化的西方文明中，我们也可以从《圣经》中读到耶和华的种种言论，牧师们宣讲《圣经》，也正是以不同时代的语言来诠释当年耶和华的讲道。古希腊哲学家苏格拉底是以他的雄辩的口才而征服当时无数听众的，《问答法》就是一篇绝妙好辞。他的弟子柏拉图所记录下的《对话录》就是最好的说明。中国翻译家、作家杨绛先生在近 90 岁高龄时翻译了苏格拉底被处刑前与他的弟子们最后的对话，书名为“柏拉图对话录之一斐多篇”，有一个副题叫做《或谈灵魂》②。此书是苏格拉底在赴难当日，与其门徒

就正义与不朽的讨论。德国著名的文学研究家莫宜佳教授在此书的中译本的序言中就指出："在西方文化中，论影响的深远，几乎没有另一本著作能与《斐多》相比，因为信念而选择死亡，历史上这是第一次。"③

在中国的文明进程中，象形文字的发明与西方以拼音为主的文字出现虽然不同，但是，中国古代的圣贤也是十分重视对话的。春秋战国时代为什么思想界如此活跃，为什么会出现那么多的思想家、理论家、军事家、论辩家，都与对话不无干系，我们读《论语》，有《鲁论》20篇（今之《论语》）、《齐论》22篇（比《鲁论》多了《问天》、《知道》2篇）、《古论》21篇。这些都是孔门弟子所撰集的，记录的大都是孔夫子与他的门人的对话，所谓"子曰诗云"，至今仍为今人所津津乐道。魏晋时代的玄学也注重语言的刻意使用，"将无同"的故事即是一个典型。

由此可见，对话在我们人类的生命史、文明史上曾产生了十分重要的作用，即使时至今日，对话仍然深刻地影响着世纪交替时代人类的和平进程。在20世纪的百年沧桑中，人类社会曾经历了两次世界大战和无数的杀戮、流血事件，人为灾难，宗教冲突与种族屠杀。这些天灾人祸造成了数以亿计的人的非正常死亡，人类的文明进程也因而被延误，而贫富差距、环境破坏的恶果也正日益显现。这些被某些政治家、军事家及野心家们弄得一塌糊涂的世局，在21世纪的开始就已呈现继续恶化的趋势，"9·11"恐怖袭击及随后引发的阿富汗、伊拉克战争，还有科索沃战争、以巴冲突以及非洲国家中此起彼伏的局部战争，仍使得单边主义、贸易保护的保守主义、针对平民的恐怖主义、南北差距及资源的掠夺纠纷，依然深重地蔓延在我们这个地球上。那么，以暴易暴，以牙还牙，单边行动，以强凌弱，就能枚平战祸，消除误解，达到和平吗？答案是否定的。今日伊拉克的混乱，血腥场面无日无之，联合国维和部队在各地仍疲于奔命。

近些年来，愈来愈多的贤哲者纷纷提出多种解决的"救世纪"方法。法国哲学家、科学家阿尔伯特·加歌尔（Albert Jacquard）在

《了解世界的小哲学》中就主张对话的重要性。20世纪犹太人道主义哲学家马丁·布伯(Martin Buber)在80年代前所出版的名著《我与你》中,就以对话的篇章对此"救世良方"作了详细的诠释。他以"我—它"(I-It)和"我—你"(I-You)的两种不同表现来区别我们跟周围世界的两种关系。"我—它"在这里代表了主体和客体的一般关系,这也是近代世界最普遍的主客关系。而"我—你"双方则都是主体的关系,指一种超越了上述的表层关系,一种涉及人性的更深层的接触。④

近来,有一种呼应这种对话的声音出现了,那就是主张:长期以来以战争、暴力等手段在支配人类历史,以军事力量为代表的"硬能"(hard power)应该逐渐被完全相反的"软能"(soft power)所代替,只有日积月累的对话及促进地区性合作才是人类社会所期待的巨大推动力。这个呼吁者是谁?其实,几十年来,一直身体力行强调以对话这种软能来取代以暴力、军事手段为代表的硬能的倡导者就是国际创价学会会长池田大作先生。据不完全统计,池田大作会长几十年来与世界各国及日本国内的各阶层代表人物的对谈已有数千场,有记录的在1700次以上,出版了35本对谈集。对话的对象有各国贤哲和著名人士,包括哲学家、科学家、作家、诗人、政治家、宗教研究家、企业家、大学校长、艺术家、历史学家以及医生、教师、和平主义者、宗教信徒、青年学生和一般的市民。所谈有纵论天下太平,有涉及东西文明的异同,文学及历史,科学与宗教,男女平等及反战、反核,旁及艺术审美,摄影美学,诗魂心智,健康人生等等。像如此大面积地同全球各种肤色不同的人对话,这可说是池田大作的一大创举。在人类文明史进程中,这种格式特别的对话可谓一道绝佳的风景,我这里不揣浅陋,将之分成几个部分进行管窥式的略介。

一、超越国界的哲者对话:调和鼎鼐,祈求和平

从20世纪60年代起,池田大作开始将目光投向世界,针对"冷战"时代的东西方对立,他就鲜明地提出对话与和解的看法。他以苏格拉底的"我乃世界公民"的信誓为理念,⑤在60年代末就与奥地利著名政治家、欧洲共同体(即今日之欧盟的前身)的创始人库登霍夫·卡列尔吉会谈,卡列尔吉早在1923年就提出欧洲统一的必要性。后来,两人的对话集以"文明·西与东"之名结集出版。这是池田大作的对话之旅的第一步。此后,他与罗马俱乐部创始人裴撤对话，与和平学倡导者约翰·卡尔顿科博士交换过结束东西方“冷战”的可行性方法。又与美国著名和平主义活动家、曾荣获联合国和平奖的诺曼·卡智恩知博士深入交谈，发行出版以“世界公民的对话”为题的对谈集等等。

而最为著名的是他与汤因比和保林博士的对谈。在1972年5月，池田大作与英国著名历史学家A.J.汤因比进行长时间的对谈，他们的对谈集《眺望人类新纪元》（中译简体字版为《展望二十一世纪》）以多种文字梓行，在全球引起巨大的反响。20世纪80年代，此书的中译本在中国内地首次出版，那时正值中国改革开放的思想解放时期，人们对国外学术思想孜孜以求，因而本书的出版在中国学界，尤其是中青年学者中产生了震撼性的效应。多年来，此书一版再版，在中文版里，就有大陆简体字版，台湾繁体字版，香港新校订繁体字版三种版本行世。在这本对谈集中，两位贤者围绕“人生与社会”、“政治与世界”、“哲学与宗教”三大命题展开坦诚的切磋与对论，提出了许多在当时可谓匪夷所思的前瞻性论见。其中有些话题与结论，已为后来的事实所证实，为这本对谈集的预见性看法提供了雄辩的证明。金庸先生在为此本对谈集的香港版(2000年)撰写的序文中指出这本著作的许多要素，他最后缩结这些特点，画龙点睛地说道：“这本《对话录》在佛教与基督教两大宗教之间找到了共同点，建立了沟通的桥梁，佛法由慈悲而将‘小我’通入‘大我’，沟通佛教与伊斯兰教个体生命和宇宙融而为一近于儒家的‘天人合一’理想，这是对人生哲理的重要贡献，值得我们在21世纪的开端重读并加以深思，欢喜之余，信受奉行。”

另一本著名的对谈集是池田大作与诺贝尔化学奖、和平奖得主保林博士的对谈集《为了世界的和平》。保林博士先获诺贝尔化学奖，后因反核武器的和平运动，功绩卓著，深得爱好和平人士的赞誉，又被颁授诺贝尔和平奖。这位集科学家、和平主义者为一身的美国学者与池田大作一见如故，引为知音，于20世纪80年代初出版了两人的对谈集。英文、中文繁体字版乃由牛津大学出版社出版，保林博士去世之后，其家眷将其获颁的诺贝尔和平奖奖章、生前的办公桌、书籍等赠送给了池田先生，以为他们的深厚情谊作一纪念。在他身后，池田大作不断地提起这位友人的遗愿，并以他的事迹勉励与教育青年们要献身世界的和平事业。

池田大作还与前苏联总统戈尔巴乔夫，美国前国务卿基辛格，印度已故总理拉吉夫·甘地，中国领导人周恩来、邓小平对话，与前苏联总理柯西金，德国总统魏茨泽克，泰国国王普密蓬，马来西亚的马哈迪总理，古巴国家主席卡斯特罗，菲律宾的阿基诺夫人、拉莫斯总统会谈。他被誉为民间和平大使，并为推动世界和平不停地与各国政要对话，他希望借此形式化解"冷战"的硝烟，推动世界和平的早日到来。

二、跨越宗教、种族的隔阂：以人为本，面向未来

自美国学者亨廷顿提出"文明冲突论"以来，西方文化的宗教代表基督教与东方的伊斯兰教的冲突似乎日益尖锐化和白热化，"9·11"恐怖袭击事件爆发之后，这种冲突造成了更大的壁垒与对立，车臣战争、科索沃战争、阿富汗反恐战争，以美军为首的联盟国家对伊拉克的战争等等，都突显出以基督教为代表的西方国家与伊斯兰教国家之间的裂痕正在恶性地扩大，伊斯兰"圣战"的狂热分子不惜以人体炸弹及各种恐怖手段制造针对平民的袭击，而美国决定以暴易暴的制压，也使这个局势不断地恶化。这种矛盾与冲突已取代了20世纪东西方"冷战"中西方资本主义与共产主义的对垒，这个趋势亦使世界重新笼罩在一片阴霾之中，似乎也在印证亨廷顿的"文明冲突论"的认受性。当然，除了宗教信仰、文化价值差异之外，种族差别，贫富国家之间的摩擦，贸易保护主义的抬头，也从其他方面为世界经济的发展以及和平环境带来恶性的改变。

池田大作主要从两方面去为化解这些矛盾与消灭差别而努力。他不断地与各种不同宗教信仰、不同文化背景的学者和宗教家对谈，探讨消除隔阂、求同存异之道。也就是说，作为一个佛教哲学家，他希冀在平等的基础上与基督教、东正教、天主教、犹太教、伊斯兰教等进行良好的沟通与讨论。早在与汤因比的对谈中，他们就已经指出基督教与佛教有着更多的共通之处，是一种殊途同归的宗教追求。而在世纪之交，尤其是"9·11"事件之后，他更专注地与伊斯兰教学者坐下来认真探究。2000年，他与伊朗出身的和平学家，夏威夷大学教授特拉尼安(Prof. Majid Tehraian)一起比较了佛教与

伊斯兰教的教义，并将其编成对话集出版。在对谈中，特拉尼安博士强调指出："圣战"（jihad）这一词语本身的意思是人为追求更高的精神性而作的内心的搏斗。他们从历史的事实中指出，伊斯兰文明绝非不宽容，相反地拥有"普遍性"及"尊重多样性"的美德。[6]自 2005 年 2 月起，池田大作又与土耳其出身的文化人类学家哈佛大学教授亚曼（Prof. NurYalman）开始连续对话，其中也触及伊斯兰社会的实象与精神。他曾多次主张并实际参与协办基督教、佛教、犹太教与伊斯兰教的"四大宗教间的对话"，共同摸索宗教如何为和平作贡献之路。他更在与戈尔巴乔夫的对谈中讨论佛教与东正教的历史与文化，提出"成为 21 世纪的世界宗教的条件"就是将"为了宗教的人"，"为了人的宗教"去发展的命题。任何人，都不应该将自己的宗教信仰强加于其他民族的头上，宗教信仰自由不应当成为向其他不同宗教信仰的人们动辄诉诸暴力手段或武力的借口，而应该以对话来加以沟通，以谈判的途径解决双方的诉求与权利的分配，要追求一种共存共生的和谐局面。

对于种族主义、旧殖民主义残留的种族歧视等问题，池田大作也对之深恶痛绝。他与南非著名人权活动家，原总统曼德拉的两次会谈，不仅涉及这个主题，更对非洲美好的未来予以新的展望。2001 年，联合国在南非召开"关于种族主义、种族歧视、仇外心理和有关不容忍问题世界会议"[7]。池田大作曾在致文中特别指出，要根除那些丑恶的现象，有必要持续地进行世界人权教育，这个世界计划，旨在培养世界公民，也就是将"战争文化"转变为"和平文化"的强有力武器，而这个计划应该通过 SGI 等 NGO（非政府组织）、联合国机构以及各国政府的相互合作。因此，于 2005 年 1 月开始实施的联合国"人权教育世界计划"（World Program for Human Rights Education）是具有重要意义的活动。

综上所述，我们可看到池田大作注重对话的实质内容，而这个内容的核心之所在就是"以人为本"。他在 2005 年国际创价学会纪念日（1 月 26 日）所作的和平倡言（每年同一天都要发表一个倡言）

的题目就叫做“面向新世纪的人本主义的对话”。他在《二十世纪的精神教训》一文的文末曾指出，20 世纪末的今天面对的最大的课题并非“体制危机”，而是“人的危机”，可以归纳为“人的尊严危机”。这就点破了当今世界面临的危机主要是对人权的践踏，是对人的生命价值的无视，是对无助贫穷的人的一种剥夺和凌辱。正如他的对谈者之一戈尔巴乔夫先生所指出的那样：“全人类的价值是建基于一种立足现实，构成不同文明的融合与互相理解之上的。”这就是对话所赋予的历史责任。这些对谈所要达到的宗旨就是谋求全人类的平等与和平，这是何等深刻的真知灼见。

三、与中国大作家、大学者的对谈

在池田大作的对谈集系列中，占绝大多数、有分量的内容是与世界著名学者的对谈。其中有天文学家、著名大学的校长、哲学家、科学家、作家、诗人、艺术评论家等。这里特别要提到的是他注重同中国学者们的对谈。他曾经访问中国大陆 10 次，也曾 20 次访问香港，两次访问澳门。他曾与周恩来、邓颖超、邓小平、廖承志、华国锋、李先念、胡耀邦、江泽民、胡锦涛有过长短不一的交谈。他在中国也有各界的老朋友，尤其与巴金、冰心、常书鸿、金庸、季羡林、饶宗颐、钱伟长、方召麐等结下了深情厚谊，并且与常书鸿、金庸、季羡林、蒋忠新先生等出版对谈录。常书鸿先生是中国著名的画家、敦煌学研究家。《敦煌的光彩》是他们两人自 1988 年以来的对谈结集，结集出版后（有日文版、中文简体字版、中文繁体字版）受到中国学术界的重视。在对谈进行之前，池田先生创办的日本富士美术馆在日本各地巡回举办“敦煌展”，引起很大的轰动，日本因此掀起了一股“敦煌热”。与金庸的对谈时间进行了 1 年多，时值香港回归祖国的 1997 年前后，笔者有幸参与翻译工作，此书以“探求一个灿烂的世纪”为题出版，该书出了 4 种版本[日文版、中文繁体字版（又分为台湾版、香港版）、中文简体字版]。这个对谈在日文杂志上连载发表后，因涉及钓鱼岛问题，池田先生赞成邓小平提出的“搁置争议，共同开发”的建议，因而引起日本右翼团体的仇视，他们将高音喇叭宣传车开到创价学会总部附近，围攻谩骂。这是后话，正是“沧海横流，方显出英雄本色”！

与季羡林、蒋忠新二位先生的对谈是以“东方的智慧”为题进行的，季先生是在北京大学副校长任上与池田大作结识的，蒋忠新教授是季老的学生，中国著名的梵文研究家。对谈集跨海进行，季老以已近 90 高龄之身参加对谈，依旧思路清晰，议论有力。令人意料不到的是蒋教授未及看到此书出版即因病去世，令人扼腕。池田大作现在正在同国学大师饶宗颐教授进行对谈，笔者也因二位大师的错爱，叨陪末座，以早聆二位先生的高论为幸，古人所谓“小子蔑予，未敢赞一辞”是也！对谈内容主要是围绕艺术来进行的。

四、从“人的对话”延伸到“与自然的对话”

最后，想谈一谈池田大作的对话形式及其揭示的精神内涵。

池田大作同全球各国、各地域及各领域的人对话，或以面对，或以笔谈，或以文通，或以诗歌（撰写长篇诗歌咏物，赠人），或以长篇演讲，当然都是基于心灵的沟通，更特别的是他以摄影机为笔，让镜头中展现的风景来“与自然对话”。池田大作的对话一般分为两种，一是多方、长时间的对谈，以连载、连续的对谈录来倾谈一个主题，然后结集出版，另一种是一场、一次性的对谈，由长谈、专题或泛谈组成，这些对谈录以文章的形式发表在报纸、杂志上。他的这些独具特色的对话是其思想中智慧结晶的对白与独白，是他对和平渴望的热烈倾诉，即便是无言的表达，也是一种富有哲理与饱含诗意的宣泄和咏叹。

他为什么要提出以对话来改变世界的危局，进而达到和平、和谐社会的王道境界呢？我们可以从他对犹太哲学家布伯的力倡对话中读出其内在的关联。布伯曾指出，世界上有三种相关领域。

第一，与自然相关的生活。这里的关系如同在黑暗中的颤动，未曾达到语言沟通的领域。各种生物在我们跟前来来往往，却不能理解我们的语言。我们面向它们呼喊“你们”时，这也只是停留在语言的入口处。

第二，与他人相关的生活，这里的关系涉及语言的采用。我们可以创出“你”，也可以成为“你”。

第三，与精神性相关的生活，这里的关系像被云层包裹起来，但又会如闪光般给我们启示。这里没有语言，但又产生语言。我们听不到“你”的声音，但是却感受到“你”的呼喊。我们通过创造、思维、行动来回答。[8]

池田在引用了这些论见之后，又提纲挈领地点出其重心所在。"值得注意的是，第一，布伯非常真诚地抓住了'语言人'（Homoloquens）的宿命。语言在对话中是不可或缺的手段，但不应过于重视或轻视。我们当然不应像过去的过激主义或教条主义般，对语言过于信任，但也不应像后来的构造主义体系那样，对语言过分不信。"[9]

他认为，既然语言是人的特征，我们应通过这一媒介，与自然界，甚至与神共创出一种"我—你"的相互主体性关系。池田大作通过这段话强调，正如前苏联作家艾特马托夫所说，即使是石头里也蕴藏着生命。而只有我们人类，才可以通过思索和语言，赋予宇宙万物意义。这就是语言人的宿命。

"第二，作为一名犹太教徒，布伯相信人是神所创而与其他的创造物有着明确的序列区别。这是希伯莱主义的传统，但同时他也主张，如果不把人间与自然界作为一体看待，则不能实现'我—你'的邂逅，也不能体会真正的对话。"

布伯称赞全神论者歌德，他热情洋溢地写道："歌德的完美的'我'是多么美丽调和！这是与自然完全结合而成的'我'。"布伯的论见与德国哲学家海德格尔的生态美学理论颇有异曲同工之妙。

在赞同性地引用布伯的上述论调之后，池田大作将对人权的维护延伸到对自然环境的关怀。他说："每当我拿起相机即兴地拍些自然照片时，就会感到如同与大自然进行着对话，与布伯的时代相比，地球的环境不知恶劣了多少倍，从构筑和平文化这一观点来看，应更重视与自然的对话。"[10]这个想法可以从他于30年前与汤因比的对话中初见端倪，他们曾以大篇幅讨论"人类周围的环境"。话题涉及"人类与自然"、"天灾与人祸"、"为了防止地球的污染"等问题。池田先生在对谈中还提出了佛教的"依正不二"的原理，并依此来阐述他的尊重自然的观念。[11]也许就是从那个理论原点出发，他拿起相机，在世界各地的旅途中、客居中、家的庭院中、户外的自然中拍摄了大量的照片，命其为"与自然的对话"，这些摄影作品或编册出版，或应邀在世界各地巡回展览，也曾在澳门展出过两次，更曾在香港、北京、上海、深圳、广州、福州、厦门、泉州、南京等地展出，吸引了成千上万的市民前往观赏，对于人们提升"爱我地球，推动环保运动"具有良好的、正确的教育意义。

值得指出的是池田大作不仅继续遨游在他的对话世界里，更将万物赖以共生互存的大自然赋予它应有的权利。他说："虽说'21世纪是人权的世纪'，但如果仅把人权看成是近代人道主义的系统，那么绝对不会有任何结果。个人的自由及关乎这一近代人道主义的原理，如果不顾及环境和自然的侧面，使之相辅相成，则这人权绝对不是一个完美的概念。信哉斯言！因为权利不是人的特权，还应包括动物、植物、土地，甚至所有自然的无机物体。"他又说："我们的时代更需要认真地认识到：自然并不是我们可以自由滥用索取的对象。自然也拥有它自身的权利。"

这不是天马行空的痴人说梦，这不是想当然的个人之见。当今人类正面临着污染日甚、臭氧层空洞、地球变暖的环境问题，南亚大海啸、禽流感等，在人居环境条件正面临前所未有的危机之际，池田大作所提出的"与自然对话"正是人类良知的呼喊！

池田大作以他独特的对话形式在各国人民之间架起了友好交流的桥梁，他的业绩受到上至联合国，下到世界上许多国家及地区的赞赏与嘉奖，获颁各类奖章无数。但他最为重视的不是这些名誉及奖赏，而是期待通过这种关系真诚地表达他的和平理念，以文化与教育的交流团结起更多的人投入到"世界市民"运动中去！正如他于2000年在为《眺望人类新纪元》(香港版)撰写的序文中所说的："人不能独自一个而活着，而且，只有通过与其他人的交流才能发现新的自己，因而他才会活得更精彩。同理，文明与文明的对话也会碰撞出更为绚丽多姿的火花，必然也会沿着创造价值的大路发展。"

自莫斯科大学授予他第一个名誉博士学位以来，至今他已获得来自全球一百多个高等学府、研究院的名誉博士、名誉教授等称号220多个，其中就有香港大学、香港中文大学颁授的名誉博士学位，也有澳门大学的名誉博士、澳门东亚大学名誉教授的荣衔。他在哈佛大学、北京大学、莫斯科大学等全球著名学府中发表过35次演讲，这也是他与各国大学、学术界的师生的一场场对谈，正所谓"独步对谈路，知音满天下"。

池田大作集佛教思想家、诗人、作家与社会活动家于一身，著作等身。他的对话彰显出一种良知的豪情及人格的魅力，这是理性和平精神的张扬，这是一种无形却深刻的力量，限于篇幅，只能择其一二作一豹窥之述，有请方家及各位多加批评指教。

（作者为香港天地图书有限公司副主编，辽宁师范大学池田大作和平文化研究所顾问）

【注释】

①本文执笔于 2005 年，部分数字以 2007 年为标准进行了更新。

②该书 2000 年由香港天地图书有限公司出版。

③参见《柏拉图对话录之一斐多篇》。

④转引自池田大作《2005 年 SGI 日和平倡言——面向新世纪人本主义的对话》，东京创价学会。网址：http://sgichn.org。

⑤参见《二十世纪的精神教训》第四章。

⑥池田大作：《面向新世纪人本主义对话》，2005 年 1 月 25 日。

⑦这次国际会议的英文名称为：UN Conference Against Racism，Racial Discrimination，Xenophobia and Related Intolerance.

⑧转引自池田大作《2005 年 SGI 日和平倡言——面向新世纪人本主义的对话》，东京创价学会。网址：http://sgichn.org，第 18 页。

⑨同上。

⑩同上，第 20 页。

⑪孙立川：《"天人合一"与现代生态文化理论》，此文发表于马来西亚 SGM，2004 年 12 月于吉隆坡召开的国际学术研讨会，后略作修改又于清华大学深圳研究生院人文所研究年刊(2005)上刊载。

池田大作世界和平主义思想的原点

崔学森

池田大作世界和平主义思想建立在普遍人性的基础之上，因而超越了一切宗教、宗派、国家、种族、意识形态的界限。池田信奉的宗教和他的战争体验是他深刻理解普遍人性的两个出发点。先前的研究多注重从佛教信仰的角度解读池田大作世界和平主义的理论基础，而忽略了作为感性的战争体验对池田大作世界和平主义思想形成的巨大作用。本文强调残酷的战争体验是池田大作世界和平主义思想的一个出发点，同时也是其不可或缺的部分。

一

世界和平主义思想是池田大作思想的核心内容之一，①众多学者对该理论的研究成果可谓汗牛充栋，他们从池田世界和平主义思想的内涵、理论来源（哲学基础）、方法以及特征等方面加以解析，丰富并完善了池田大作世界和平主义思想。总结起来，大致如下：从内容上看，关于池田大作世界和平主义思想的研究涉及了反战争论、反暴力论、反核武器论、反种族歧视论、和平教育论等；从理论来源上讲，它汲取了东西方和平思想的精华，这包括大乘佛教的普世精神、“宇宙生命论”，儒家学说中的“天人合一”、“和为贵”的思想以及欧美世界和平主义思想等；从方法上看，它独树一帜，突出强调“对话”和“人间革命”在张扬和推动世界和平主义思想方面的特殊作用；从特征上看，包括普世性、绝对性、彻底性等。②

在众多的研究成果中，对理论来源的研究又是池田大作世界和平主义思想研究的重点，学术界在梳理他的世界和平主义思想方面投入了诸多精力。但是，长期以来，一提及池田大作世界和平主义思想，学术界往往将他的思想同他所信奉的大乘佛教以及他所观照的东西方文化中的和平理念联系起来，寻找他的和平主义思想的哲学基础和理论来源。诚然，浸润于儒家文化圈的池田大作是世界著名的宗教领袖，是国际创价学会（SGI）的会长和日本创价学会的名誉会长，又是奔走于世界的卓越的社会活动家。在解读池田大作世界和平主义思想时，学者沿着上述思路进行梳理和概括也是顺理成章的。

确实，日莲佛法本身具有大乘佛教"度己度人"的普世特性，这与和平思想不无联系。户田城圣悟得的"佛即生命"的法理对池田的影响极深。尊重生命（尤其是人的生命）是池田从未动摇过的信念。可以说，池田大作世界和平主义思想因佛法而得到了理论的升华，并让其将理论与行动完美地结合在一起。宗教给池田提供了推广世界和平主义思想的平台。如果没有佛法，池田大作世界和平主义思想不会有今天这样的巨大影响力。

毋庸置疑，池田大作世界和平主义思想是以佛法为其理论基础的。但他的世界和平主义思想超越了佛法本身。它具有超越宗教、意识形态、国家、种族、民族界限的特点。池田所领导的创价学会在佛法传播的基础上开展了广泛的教育文化活动。池田时代的创价学会有一个显著特征，即创价学会由一个单纯的佛教团体扩展为推进教育、文化、和平事业的综合性团体。这也是创价学会之所以有今天如此庞大规模并保持旺盛生命力的原因所在。尽管创价学会的教育文化和平事业是以传教为原动力的，但这些事业开展之时，传教活动已经退到幕后。[③] 尤其是创价学会开展的国家文化教育交流活动，大大淡化了宗教色彩，几乎成为纯粹的国际文化教育交流活动。20 世纪被称作"解魅"的时代，宗教时常被理性贬低为非理性的信仰而遭到人们的怀疑。基于佛教的池田大作世界和平主义思想有效地避免了因人们对宗教的偏见而产生的误解，扩展了其适用范围，提升了在实践中的价值。

黄顺力在解读池田大作世界和平主义思想时，没有停留在佛法分析上，他将池田大作世界和平主义思想纳入了东方思想文化的范畴之中，加深了对池田大作世界和平主义思想的理解。他认为池田大作世界和平主义思想吸收借鉴了传统儒学中的合理成分。他强调："池田大作的和平思想虽然根源于佛教教义，但也深受中国传统文化的影响。"[④] 另外，也有人从"生命至尊论"、"宇宙生命论"和"天人合一论"的哲学基础角度探讨池田大作世界和平

主义思想。[5]从池田大作与杜维明的对话录《对话的文明》[6]也可以看出池田思想中浓厚的东方精神。他在该对话录中多次表达他对中国传统儒学中和平、以人为本的思想的高度认同。

当然，我们也可以从池田的著作中看到他的世界和平主义思想吸收借鉴了西方和平思想的内容。比如基督教的和平精神等。他在与和平学的创始人戈尔通的对话中高度赞扬了西方人对世界和平作出的巨大努力。

不难看出，国内学者理性地分析了池田大作世界和平主义思想的哲学基础和理论来源，解释了其思想的内涵和特征。但是，这些解释在说明池田大作世界和平主义思想超越宗教、意识形态、国家、民族和种族界限，具有强烈的感召力、普遍性等特性方面仍有所不足。笔者认为，池田大作世界和平主义思想是建构在普遍人性的基础之上的。共通的人性是池田大作一切理论的出发点，也是他的世界和平主义思想的出发点。在池田大作访问苏联之前，曾经有人劝阻他不要去，说苏联是一个不承认宗教信仰的国家。但池田说："因为那里有人在。"[7]可见池田大作世界和平主义思想并没有受到宗教和意识形态的左右。他思考世界和平主义的出发点是人本身、人性本身，是对人的尊重、对生命的尊重。对人性的理解不能单纯地依靠理性。他强调生命是不可思议的，理性本身难以理解生命的本质。他同时强调感性的重要性，强调感性和理性的统一。他的世界和平主义思想是感性和理性的高度统一，二者缺一不可。只有从感性和理性的相互作用的角度才能完整而全面地解读池田大作世界和平主义思想。池田大作在探讨西方文明的弊端时，经常强调工具理性的局限性，而主张通过感性弥补工具理性的不足，更多地强调感性的重要意义。

建构在普遍人性的基础上产生的池田大作世界和平主义思想，与池田大作的战争经历息息相关。战争体验让池田从感性和理性这两个角度深刻地理解了人性本身，理解了生命的尊贵。像众多的和平主义思想一样，池田大作的和平主义思想的产生也是以暴力（战争是最大的暴力）环境为背景的。所以，不应该脱离具体时代背景而抽象地进行分析。战争使杀戮合法化，公开化，它是对人性最大的威胁和摧残。残酷而深刻的战争体验对于极富感性的池田大作来说是对他的一生影响最大的经历。

关于池田大作的战争体验，是学术界研究他的世界和平主义思想容易忽略的一个领域。本文强调战争的体验和记忆对构筑他的世界和平主义思想的重要性，认为它是池田大作世界和平主义思想的一个出发点，更是他的世界和平思想的有机组成部分。[8]战争体验和池田所信奉的大乘佛教，是他理解普遍人性的两个渠道。战争体验从感性的角度，佛教从宗教理性的角度使池田对人性的理解达到了制高点。而战争体验又促使池田接触后者，二者具有承上启下的作用。如果没有前者，池田大作未必具有对后者的信仰。如果只有后者的信仰，池田大作世界和平主义思想也未必具有真正的普遍性和实践性。

任何和平主义作为一种思想的同时，更应该是一个过程，应该具有极强的实践操作性，应该减少或缩短理论与实践之间的距离。从池田的战争体验和记忆的角度重新解读池田大作世界和平主义思想，将会凸显池田世界和平主义思想的实践性；将会更好地说明池田大作世界和平主义思想超越宗教、意识形态、国家、民族和种族界限，具有强烈的感召力、普遍性等特性。

二

20 世纪被池田大作等有识之士称为战争与暴力的世纪。回看 20 世纪，两次世界大战以及二战后频仍爆发的地区纷争和冲突，似乎和平离人类社会越来越遥远，尤其是核武器的发明和使用，更使人类面临前所未有的灾难和恐慌。而刚刚进入 21 世纪，恐怖袭击以及美国无视联合国而发动的阿富汗战争、伊拉克战争，车臣和中东等不稳定因素击碎了人们对新世纪世界和平的美梦，和平似乎成了“美丽的神话”。当然，进入 21 世纪后，只爆发了局部战争，应该把这些局部冲突与世界范围的战争区分开来。但是，局部战争和全球范围内的恐怖袭击已经足以使人们的神经高度紧张，可见我们对和平的追寻绝不是一帆风顺的。

和平与暴力是相对的概念，二者似乎一直是孪生姊妹，只不过其中一个扮演了魔鬼，另一个扮演了天使。追求和向往和平，趋利避害，是基本的人性需求。但是，战争时常被戴上追求和平的假面具，被鼓吹和美化。池田大

作说“战争不是美丽的神话”[9]，战争和核武器的使用是暴力的最高表现形式，是反人性的极端表现形式。它们从肉体到精神上给人类带来的痛苦达到了人类承受能力的极限。正是因为战争的残酷性，和平才成为战争时代和战后时代人们追寻和反思的主题。而且，越是在战争动乱的时代就越显出和平的重要性。但是，为数众多的战争往往打着和平的旗号，理所当然地成了寻求和平的手段[10]；更有一些战争把和平当成了掩盖罪恶企图的遮羞布。不管以什么名义和借口，不管如何去美化战争，主动发动战争是最大的罪恶。但是，战争与和平，似乎永远纠缠在一起，由于有为了“和平”的战争的存在，人们必须在上下文中慎重地解读“和平”这个字眼，最终，为了与“为了和平的战争”相区分，反对一切暴力的人们不得不在“和平”这个字眼前强调地添加“真正的”的修饰语[11]。

在战争即将爆发或已经爆发的国内环境中，不顾生命安危坚决反战的和平主义思想，以及反对一切暴力的和平主义思想，一般会被人们称为真正的和平主义。池田大作所坚持的世界和平主义，就是真正的和平主义。他继承了创价学会反战的光荣传统。日本创价学会的第一代会长牧口常三郎和第二代会长户田城圣，就是在日本发动侵略战争的环境中成为坚决反战的和平斗士的，他们与当时的时代氛围格格不入，最终被投入监狱，牧口为了和平而殉难。创价学会的第三代会长池田大作承继了前两代会长的反战风骨，反对以战争和核武器为首的一切暴力，成为20世纪和新世纪反战、推进世界和平运动的一面旗帜。早在20世纪70年代初，他以民间人士的身份，通过对话的方式构筑解决人类纷争和冲突的新思维。如今，他已经同世界有识之士进行了1700多次对话，对话内容整理成书，成为影响人类思维方式的不朽之作。他所创办的SGI(国际创价学会)，坚持世界和平的理念，在当今世界几乎所有的国家和地区都拥有会员组织，成为推进世界和平运动的重要的非政府力量。池田大作强调的非暴力理念和推进世界和平的行动得到了世界的广泛认可。世界众多科研学术机构为他颁发各种荣誉称号，众多城市纷纷授予他荣誉市民的称号。1983年联合国向他颁发了联合国和平奖。

池田大作为世界和平作出的贡献，可以分为两个方面。一是他所提倡的以对话为基轴的非暴力主义影响甚至改变了人类的思维方式，二是他个人和他所领导的组织的实际行动促进了世界和平。而这两个方面之所以被世界广泛认可，无非是池田大作的思想和行动构建在普遍人性的基础之上，是对普遍人权的尊重，是对生命本身的尊重。大乘佛教是池田大作和他所领导的组织理解人性的一个平台，是凝聚爱好和平的势力的一种手段。宗教的魅力也就在于此。

从 2001 年开始，“甘地·金·池田大作展”在各国巡回展出。展览介绍了非暴力不合作运动的领导人、印度独立运动之父圣雄甘地，公民权运动领袖马丁·路德·金和世界和平的推进者池田大作三位真正和平主义者的事迹。不难发现，上述三位真正的和平主义者均有各自的宗教信仰。圣雄甘地是印度教教徒，金是基督教浸礼派的领袖人物，而池田大作是大乘佛教的衣钵传人。在理解三人的真正和平主义时，人们往往从三者所信奉的宗教中寻求他们理论的根源。但是，宗教在人类历史上往往扮演了双重的角色，一方面它宣扬互爱、和平，另一方面，它又是诸多战争和冲突的根源和背景，而且往往起到动员、麻痹战争的发动者和参与者的作用。当然，这样的宗教不能称作真正的宗教。一心一意为了人的宗教才是真正的宗教。池田大作强调：“有为‘人’的宗教，也有为‘宗教’的宗教。为‘宗教’的宗教……其结果是人们的精神自由被剥夺，良知和人性被否定，与社会的隔绝也不断加深。”[12]

尽管如此，单纯地从宗教角度解析世界和平主义思想，似乎与宗教在人类历史上扮演的实际角色并不相符。日本 20 世纪初的无教会运动领袖内村鉴三认为，教会与战争的关系密不可分，非战论必须和无教会主义联系在一起。[13]内村作为基督徒，深刻地认识到宗教（教派）和战争之间的关系，他试图通过无教会运动斩断因宗教而起的战争。二战期间，日本的大乘佛教组织日莲正宗也屈服于政治权威压力，成为支持战争的宗教团体。

因此，除了宗教因素外，有必要从非宗教的角度探讨真正和平主义思想形成的原因。真正的和平主义思想是在对人性的深刻洞察和理解基础之上产生的。不可否认，宗教信仰在理解和洞察人性方面的作用是不容忽视的，也是无可替代的。而另一方面，残酷的暴力环境也促使人们深刻洞察和理解人性。和平运动的倡导者大都亲身经历了战争或在战争和战后的废墟中成长，亲身体验了暴力的残酷性。为了避免和减少后来者对暴力的痛苦体验，他们一生致力于和平运动，以避免战争的发生。上述三位非暴力运动领袖曾在持续的暴力环境下经受了肉体和精神的折磨，对暴力的深刻体验和反省是促成他们坚持非暴力运动的原动力。大凡真正的世界和平主义思想，往往都是在暴力的环境中产生并为后来者所继承。因而，世界和平主义思想应该是宗教信仰、战争体验等因素综合作用的产物。而这充分地体现在池田大作世界和平主义思想中。池田大作在日本法西斯主义统治的环境下度过了少年时代，他和他的家庭又是战争的直接受害者。池田大作世界和平主义思想是建立在战争体验基础上的对佛法等和平观点的理论升华。

三

池田大作世界和平主义思想具有一个显著特性，即真正的普遍性，而这种普遍性表现为它超越了宗教、宗派、意识形态、民族和国家的界限，从根本上来讲，表现为对人的存在（对人的生命的尊重）的普遍尊重。[14]池田对“人的存在”[15]的强调，是对第二代会长户田城圣的“佛即生命”[16]的法理的继承和发扬。但是，很显然，对人的存在的尊重并不是他在接触佛法之后一蹴而就的。在接触佛法之前，池田大作就已经对人性有了深刻的认识。这首先是与他的特殊的战争经历联系在一起的。而他所富有的敏感感性又加深了这种认识。

池田大作天生具有敏感的感性。世界诗歌协会会长斯里尼巴斯说：“从池田氏的每一首诗中，我们都能确认他的人格的特性——卓越而敏感的感性。”[17]池田自幼身体羸弱，但酷爱读书，他曾经梦想将来能够当上报纸或杂志的记者。从池田少年时代阅读的书目中[18]，也可以看出他曾经立志于文学的热情。据他的老师和朋友介绍，少年时代的池田是一个感性丰富、颇具文学气质的少年。少年时代是影响甚至决定人生方向的关键期。具有丰富感性的池田经历了特殊的少年时代，即他的少年时代在战火纷飞的战争岁月和战后的废墟中度过。战争的体验是深刻而多重的，其中最重要的是他在战争中感受到了亲情的温暖和可贵。对于池田来说，是亲情让他逃离了死亡的命运，度过了煎熬的战争岁月。

少年时代的池田大作正值日本军国主义挥动魔性的权力，疯狂侵略他国的时期。军部极力美化战争，最大限度地调动了一切宣传手段以达到全民总动员的目的。在军国主义铺天盖地的舆论宣传下，少年时代的池田曾经背着父母报名参加航空志愿兵，最终由于父亲的极力阻挠而放弃。而父亲阻挠的理由是池田的四位兄长都已或正要去参军打仗。父母已经饱受骨肉离别之苦，再也无法容忍军部的无礼要求。池田曾饱含深情地说："我清楚地记得四个孩子接连出征时父母孤单寂寞的神情。虽然他们在人前被称为'英雄父母'，但私下里却非常孤独。"[19]日本在战争后期组织了空军飞行敢死队——"神风队"，在飞机质量难以过关、航空燃料不足以及飞行训练不够的情况下，当航空志愿兵就意味着牺牲生命。父母阻止池田当航空兵等于将池田从死亡线上拉了回来。池田后来也在众多场合提及此事，感谢父母出于怜爱而挽救了他的性命。

与此同时，池田也感受到了失去了亲人的切肤之痛，从另一个角度体会到了弥足珍贵的亲情，体会到了生命，尤其是人的生命的宝贵。池田的长兄池田喜一在缅甸战场阵亡。这对于池田一家是巨大的打击，成了池田一家挥之不去的阴影。苦苦等待喜一复员返乡的全家人却在战争结束一年以后收到阵亡通知书。池田说当母亲接过阵亡通知书马上背过身去时，他甚至不敢正视母亲的背影。池田曾经撰写《一枚镜片》来缅怀长兄，追忆长兄对他的深刻影响，也揭露了战争给池田家带来的巨大灾难。另外，池田的身体和精神在战争环境中受尽折磨，他亲身体验了战争对人的情感、身体的伤害以及对人性的扭曲。

侵略战争环境下的日本的国内环境是反常的。国内的政治高压、思想文化的封锁和控制以及缺乏人性的政策等所导致的人性的异变使池田难以透过气来，一切为国家和战争服务的口号更使池田家痛苦不堪。由于池田家靠近兵工厂，为了保住兵工厂，他们的房屋被勒令拆毁。据说房屋拆毁时他的父母眼含泪花，一直在周围久久地注视着。可见父母无法掩饰他们内心的痛苦。

后来，无处安身的池田家勉强在姨母家后院增建房屋，该房屋也被东京大空袭的战火摧毁，所有家当付之一炬，池田爱不释手的书籍也在战火中化为灰烬。池田似乎看不到未来。全家人被迫在一间拥挤的白铁皮小房间里艰难度日，由于生活条件恶劣，本来身体就很虚弱的父亲又旧病重犯，一家人生活在困苦之中。

池田大作自幼身体虚弱，患有严重的肺结核病，由于战时经济条件的困苦和医疗水平的限制，他的身体就像是站在冬天的寒风中一样，备受煎熬。

当然，池田大作本人没有亲赴战场，体验到战场上的残酷。但是，通过他尊敬、信任的长兄讲述的战争体验，他间接地感受到了日本军国主义的残酷无情。曾经出征而中途暂时离队的长兄池田喜一向池田讲道："中国人太悲惨了。"这句话深深地刻印在池田的心中。池田在后来与中国交往时，经常因为日本的侵华战争问题向中国政府和人民多次诚恳地道歉，这与他对日本发动的侵华战争的理性认识有关，但也与长兄的话语不无联系。从此可以清晰地看出池田已经超越了国家的界限，完全从共同的人性的角度认识受害的中国人。

池田也曾亲眼目睹美军士兵被日本军民殴打的事实。美军飞机被日军的高射炮所击落，美军飞行员跳伞。当人们发现跳伞的美军飞行员时，便对他拳打脚踢，使其受尽折磨，几乎要断了气。池田对这件事的记忆十分深刻。池田说："那是跟我年龄相仿的美国青年，我真的感到窒息。战争中，敌人也同样受到伤害。美军也同样是有血有肉的人。远在美国的故乡，他也有和我一样的家，有为子女祈祷平安的父母，有像我这样的弟弟吧！战争啊！究竟是为了什么？"[20]

可以说，从目睹美国空军士兵跳伞后遭到日本人毒打这件事中，也可以看出池田已经超越了敌我之间的界限，完全站在人性、情感的角度来反思战争、思考人性本身。当有人问及池田一生最深刻的记忆是什么时，他总是不假思索地回答道："依然是战争的惨状。深夜的空袭中，年迈的老夫妇惊恐万状、狼狈不堪、四处逃窜的可怜的身影，令我永世难忘。”[21]

日本战败，给已经年满17岁的池田带来了冲击。他说日本战败时，他感慨颇深，虽然已经预料到日本必然战败，但是在他内心中仍然交织着不安与期待。[22]战后的池田经常光顾旧书店，试图弥补战争时落下的功课，而更主要的是为了解决他自身的困惑。这种困惑就是如何看待日本的战争和理解人性本身。他曾一度对柏格森的生命哲学产生浓厚的兴趣。甚至当朋友邀请他参加户田的座谈会时，他马上联想到了柏格森的生命哲学的问题。池田接触创价学会和佛法，也与解答自身的困惑密切相关。战争虽已结束，但战争的影响无处不在，因为战争已经渗透到生活的每一个角落，深深地影响了每个人的价值观。池田判断某人是否可信，主要是那个人是否曾经反战或因反战而入狱。池田最初在参加座谈会时不是被佛法所吸引，而是被户田的人格魅力和他因反战入狱的经历所感动。他加入创价学会的当初也是如此。完全是户田的人格魅力推动了他对佛法的信仰，这一点不容忽视。池田大作特别强调师弟不二精神，从他的多部对谈录中可以深刻感受到他对户田先生的崇高敬意和感谢。他一直真心拥护户田先生，也并不全是因为佛法本身，而是因为户田先生伟大的人格魅力。

从以上梳理中可以看到，战争带给池田的印迹已经深深地刻印在他的心灵深处。在战争和战后废墟中，身体和精神上所经受的双重折磨，使他同时体验到了暴力的残酷性和亲情、生命存在的可贵性。在入信创价学会、接触佛法之前，具有敏感感性的池田大作就已经质疑战争的目的，开始思考人的本性和生命的本质，在他的心灵深处已经埋下了反战的种子。战争体验刻骨铭心，令池田大作永世难忘，它成了池田世界和平主义思想的起点，是战争体验导引池田大作走上了佛法的信仰之路。池田将其完美地纳入了他的世界和平主义思想之中，并作为活生生的个人体验讲述给后人。所以，它也是池田世界和平主义思想中不可或缺的组成部分。

四

池田大作世界和平主义思想的核心内容是反对以战争和核武器为首的一切暴力，它具有极强的针对性和现实性。和平主义思想的产生是一个人或一个群体长时期不断探索、积累的成果，同时，也是不断与暴力相抗争的产物。池田大作世界和平主义思想，源于深刻的战争体验，其目的是为了减

少战争、杜绝战争。他的世界和平主义思想就是对战争的反思和在现实中避免暴力的出现。

那么，如何在理论与实践之间架起一座桥梁或者直接将理论付诸实践？这是检验和决定某种理论普遍适用性和可操作性的重要条件。池田大作世界和平主义思想系统、完整，但不是束之高阁、装点门面的华词丽藻，而是在现实生活中处处得以体现的原则，是被世界和平爱好者所实践的指导思想。池田本人面对现实，积极地推行他的思想和主张，他直言道："重要的是，立足于反省过去，明确我们现在应当做什么，集思广益，提出对将来的确实理想。"[23]讲述战争体验，以避免未经历过战争的人再次经历战争的苦难，不但是池田大作世界和平主义思想的重要内容之一，也是宣传和平主义的绝佳手段。它从情感上，以活生生的实例让人们感受到了战争的恐怖，战争带来的巨大破坏力和对人身心的摧残。池田一直强调他个人的战争体验，而不是高谈阔论和平主义的理论。在池田为数众多的对话录里，或在世界诸多学术机构的演讲中，他几乎都要介绍战争时期的体验。尤其是对那些没有亲身经历过战争、在和平年代成长起来的孩子和青年人，为了他们不再受到战争的折磨，池田以其人格魅力，饱含深情而不厌其烦地介绍他的战争体验。

显然，强调战争体验是受到了恩师户田城圣的影响。户田屡次重复第一代会长牧口常三郎入狱的经过和事迹，并将牧口先生的入狱经过记录下来，目的就是告诉创价学会的会员，应该以牧口先生为榜样，为真正的和平同邪恶势力斗争到底；同时他也在告诫后来者争取和平也要付出巨大的努力甚至是牺牲。"师弟不二精神"体现了浓厚的实践精神。作为弟子，池田原原本本地继承了冒死反战、守卫和平的传统。池田多次饱含深情地谈及他的恩师户田城圣，认为他与恩师是"不二之身"。

池田除了向人们直接介绍自己的战争体验外，还经常提及创价学会的第一代会长牧口常三郎和第二代会长户田城圣在战争中遭受苦难的过程。他说，反战是创价学会的骄傲。前两代会长因为反战而入狱，第一代会长牧口常三郎又因为反战而殉难。在与曾经有过战争经历的对象进行对谈时，池田也经常把战争体验作为共同的话题。在池田与曾经经历过两次世界大战，并在战争中痛失爱子的英国历史学家汤因比的对话录中，二人对战争体验的讨论占据了相当的篇幅。

战争体验和战争记忆会随着时间的推移而不断风化或者淡出人们的视野。如何让更多的没有经历过战争的人比较直接地体会战争带来的巨大痛苦和伤害，随着战争的结束变得越来越重要。池田大作重视并支持创价学会搜集整理有战争经历人的战争体验和对战争的控诉。创价学会青年部出版了80卷本的《为了不知道战争的世代》，妇女部出版了20卷的《衷心祈愿和平》等反战系列书籍（2006年完成DVD版），以自传及口述的形式将因岁月流逝而显得弥足珍贵的战争体验留给后代。创价学会的这种草根式的和平运动，直接体现和实践了池田大作世界和平主义思想。这也意味着池田大作世界和平主义思想的理论和实践之间的距离为零。

池田大作和平主义思想没有停留在理论和思想本身，它深入人心，时时刻刻为人们所践行。这正是因为池田大作世界和平主义思想立足于基本的人性，不仅具有真正的普遍性，同时在实践方面也暗示了一条切实可行的道路。池田个人的战争体验就是理论与实践之间搭建起的一座桥梁。

战争体验是池田大作世界和平主义思想的重要组成部分，通过对该部分的分析，我们既寻找到了该思想的原动力，也佐证和完善了该思想的普遍性这一特性，进而挖掘并说明了该理论的重大实践意义。

（作者为辽宁师范大学池田大作和平文化研究所副所长）

【注释】

①笔者认为，幸福论和世界和平主义思想是池田大作思想的核心内容，而二者又是相辅相成、统一为一体的。幸福论是从个人的层面上探讨和构筑人的精神，而世界和平主义是从社会和人类层面上解析和构筑作为社会的人的精神，它与个人幸福密切相关。反之，个人幸福也要以世界和平为依托，没有世界和平，则个人幸福无从谈起。

②王新生主编：《东方思想的展望》，北京大学出版社，1995年，第160～167页。另，贾蕙萱、张可喜主编：《池田大作研究论文集》，香港社会科学出版社有限公司，2004年，第124～132页。

③前原政之:《池田大作——行动与轨迹》,崔学森译,天地图书有限公司(香港),2006年,第105页。

④黄顺力:《池田大作的和平思想与孔墨学说》,《厦门大学学报》(哲学社会科学版),2005年第6期,第100页。

⑤王新生主编:《东方思想的展望》,北京大学出版社,1995年,第160～167页。

⑥池田大作、杜维明:《对话的文明——畅谈和平的希望哲学》,第三文明社,2007年。

⑦前原政之:《池田大作——行动与轨迹》,崔学森译,天地图书有限公司(香港),2006年,第173页。

⑧当然,池田大作世界和平主义思想不是以战争为单纯的对立面的,它的对立面是一切暴力。但是,战争是最大的暴力,池田一再强调没有比战争更悲惨的了。战争不仅让人在物质上而且在精神上备受折磨。

⑨池田大作:《万里长空——池田大作随笔集》,天地图书有限公司(香港),2001年,第245页。

⑩入江昭认为:"对于大多数的论者来说,难道不是在战争中也有和平吗? 不是正因为有和平的前景,战争才被正当化吗?"引自入江昭:《战争与和平》,李静阁等译,世界知识出版社,2005年,第120页。

⑪石田雄:《政治と言葉》(下),东京大学出版会,2000年,第5页。

⑫池田大作:《新・人间革命》,第1卷,天地图书有限公司(香港),1996年,第50页。

⑬同上,第9页。

⑭有些学者认为,池田大作世界和平观包含三个主要特征:一是根绝所有暴力,倡导积极的和平主义;二是反对一切战争,追求绝对的和平主义;三是彰显生命尊严,奉行彻底的和平主义。参见杨君游、苏卫平、蔡德麟:《论池田大作的世界和平观》,《江淮论坛》2005年第2期,第49页。或王新生主编:《东方思想的展望》,北京大学出版社,1995年,第148页。

笔者认为,池田大作世界和平主义思想还应包括强烈的实践精神这个特点。

⑮此处的"人的存在"可以解释为"这里或那里有人存在",并不是高深的哲学概念。

⑯户田所悟得的这一法理或许源于创价学会的第一代会长牧口常三郎所认为的"唯一能够称得上价值的价值是生命的价值"这一原理。户田在入狱期间悟得"佛法即生命"这一法理,从而使佛法直接与人的生命紧密结合在一起。

⑰前原政之:《池田大作——行动与轨迹》,崔学森译,天地图书有限公司(香港),2006 年,第 185 页。

⑱同上,第 33、34 页。

⑲同上,第 22 页。

⑳同上,第 30～31 页。

㉑同上,第 201 页。

㉒同上,第 31 页。

㉓池田大作:《和平世纪的倡言》,天地图书有限公司(香港),1997 年,第 214 页。

池田大作与东方文化的“和平精神”

暴景升

池田大作先生是世界著名的思想家，他生于日本，浸润在儒家文化和大乘佛教盛行的东方文化之中，其思想的母体可谓是东方文化。本文论述东方文化的“和平精神”对池田大作思想产生的奠基性作用，揭示其和平文化思想的普遍意义。

一

中国是世界上唯一一个没有文化断层的具有5000年文明的国家。之所以如此，虽然也有如地理环境、交通条件、文化心理、政治制度等诸方面的影响，虽然也经历了一次又一次的起义、战争、民族厮杀、宫廷斗争等，但是不容忽视的是在其文明的形成与发展过程中，一直有一个以一贯之的精神因素贯穿于其中——和平理念。不管是政治统治者，还是普通的平民，在通常情况下，几乎没有人喜欢战争、争斗、混乱与无序，和平是其基本价值诉求。武力与战争是一柄双刃剑，它既可以是获得和平的手段，也可能成为毁灭自身的武器。何况用武力夺取的政权不能光靠武力来维持，成本高且不说，一般也不会长久。这已经被历史无数次地加以证明了。直到今天，和平仍然是理性的人向往的世俗理想之一。目前的世界，还不时爆发战争、武装冲突、恐怖袭击等诸种与和平相悖的行为，由此观之，通往和平之路仍很漫长。

在世界东方的中国，由于春秋战国的深刻社会变动，神权政治衰落，世俗政治兴起，它有两个标志：一是政治的兴衰不取决于神，而取决于人心向背及其君主的品质、政策。二是作为最高的位格神，“天”的神秘主义性质淡化了。[1]有学者分析指出传统周礼是由天神崇拜和祖先崇拜的宗教仪式演变而来的，属于原生性宗教的范畴。从文化意义上说，周代的文化是一个囊括着神圣与世俗浑然一体的结构。天命指导着政治、自然、人的行为，反过来，后者是前者的体现，它们之间有着十分神秘的联系。天命神学为政教礼仪提供了合法性依据，而国家礼仪是天命神学的制度性安排。自然秩序和社会秩序的理性原则被整合到天命的范畴之中，把属于经验世界的内容也转化成超验的神圣的信仰领域中去。神圣的形式居于主导地位，统率并支配着世俗的内容。显然，在这种文化体制中，维持着一种神圣力量与世俗力量的暂时平衡，而这种平衡事实上是极其脆弱的，一旦人神关系发生改变，人变成了主宰，那么政治的合理性就不再需要借助于神的支配，神圣秩序与世俗秩序就会发生断裂，朝着人文理性的方向发展。

中国的世俗主义文化中处处体现着和平主义的精神。根据梁漱溟先生的研究，中国传统文化中有一个核心的东西——调和，这在《周易》、阴阳五行思想中体现得十分明显。他们的核心观点是宇宙中没有绝对的、单一的、极端的、不调和的事物，即便有也是隐而不现的。凡是出现的东西都是相对、中庸、平衡、调和的。[②]这种调和的趋势是在事物变化的过程中实现的，所谓变化就是由调和到不调和，或者是由不调和到调和的过程。一切事物都成立于相反相成之调和关系之上。在这种思想中，调和就是成功，不调和即为失败；调和代表着生，不调和就意味着死，或者死的趋向。这也是孔子一贯的思想。在孔子的言论中，有许多讲"生"的话语，如"天地之大德曰生"；"致中和，天地位焉，万物育焉"，所以我们说儒家学说的一个重要特点就是持一种积极的人生态度，顺其自然地生活就是"和"。

这种"和"的文化观念体现在中国人的生活中。儒家的生活要求并不高，只要能够达到"仰足以事父母，俯足以蓄妻子，乐岁终身饱"，就可以知足常乐了，没有更多的奢望。在中国有许多"鹿裘带索，鼓瑟而歌"之人，生活的贫困和死亡的威胁并不使人感到不安，乃至寻求解脱。这就是中国人在物质生活水平方面虽然不如西方人，但是中国人在物质上所享受的幸福要比西方人要多的原因。这主要是因为中国人所享受的是一种乐趣，而不是物质的对象。儒家的世俗要求与佛教对现世生活、自身的命运、家庭的前程的关心，以及对自己及其亲人的来世的命运的忧患，甚至包括对众生、对国家的希望等进行了非常契合的接榫，这就是和合的基本前提。东方人也常常把一些美好的愿望扩大到与自己并无血缘的众生中去，这是推己及人，将慈悲之心推向人间的心情，这是实现“和”的基本路径。东方人常常将求得解脱的宗教信仰与世俗的政治希望联系在一起，这对于调节君臣关系、君民关系有着极大的帮助，这些政治关系处理好了就是“和”的核心内容。这样，个人人生苦难的解脱、自身与对亲人的忧患、对各种政治关系的关注都融入了佛教的因素，因此，佛教也就成为推动和合与和平的重要的文化力量。

“和”的观念不仅体现在思想文化方面，也体现在文化的物化方面。在中国的古代建筑中处处体现了“和”的观念，讲究对称就是“和”的观念的具体运用。宫廷建筑中，用“和”起名的有很多，如清代宫廷里的三大殿，即太和殿、中和殿与保和殿，都以“和”字命之。这就代表了中国最高统治者的价值取向，“和”就是“以他平他”，即指各种不同事物的配合与协调，事物相杂，协调配合，取长补短才能达到最好的效果。它有温和、圆融、契合、平稳、和美等多种褒义。“和”的观念最突出地反映在音乐方面，因为“声无一听”，没有声调就无所谓音乐。这就是所谓的和则多益，同则不继的道理。[3]当然“和”的价值取向还体现在烹调、服装等多种文化形式之中。

二

近代以来，世俗战争成为战争的主要形式，战争之惨烈、对人类发展前景的影响之深尤以20世纪为最，在那个多灾多难的世纪，爆发了亘古以来的两次世界大战，有数十个国家被卷入战争之中，有数千万人口死于战争，它们给人类带来的肉体创伤和精神摧残是史无前例的。池田大作先生与前苏联总统戈尔巴乔夫的对话正是以这个话题为中心展开的，他们总结了20世纪的精神教训，展望了我们这个新世纪的和平前景。

池田大作先生与戈尔巴乔夫属于同一个时代的人——出生于20世纪30年代前后，他们虽然出生于不同的国度，但是他们却都经历过战争的痛苦以及精神上的困厄。尽管在苦难的时代，他们也没有沉沦，而是滋生出对未来的希望。由于和平生活被活生生地肢解，寻找食物的生活需要是促使少年迅速成年化的一剂催化剂。青少年时代所经历的战争困苦是戈氏决定与斯大林模式诀别的主要理由。从人类历史发展的角度看，应该说戈氏也是20世纪末期努力探讨世界和平的主要政治家之一。如果不是当年戈氏与美国总统里根的核会谈，如果不是促成核不扩散条约的签订，当今的世界或许还笼罩在核竞赛的阴霾中。

戈氏与池田先生在对话中达成了许多共识，如“平等”、“同苦”、“共生”等，而这正是大乘佛教的基本思想。应该说“共生”是21世纪新天地的关键。按照佛教的观点，世界上的所有变化都是因缘而起，不会无缘无故地发生，其中人、自然、宇宙三者之间是一种共生共存的关系，是小宇宙与大宇宙之间的和谐关系，共生是一种秩序。这说明世界本来就是相互关联，相互依存的。戈氏也认识到和平不仅是国内政策的基本出发点，也是国际政治的出发点。在当代，宗教的作用主要在于促进人类的精神生活，在此基础上才能恢复和平的价值。[4]戈氏的“相信每一个人的内在价值，承认人本来所持有的伦理性及社会性的存在价值”与大乘佛教的平等观“所有人都具有佛性”正相契合，表明了人类本身就具有成为理想人类的可能性。人人具有佛性，就像“人人皆尧舜”一样，是一种对人的根性平等的一种定位，只有具备了这个前提，实现世界和平才具备了基本前提，接下来的事情就主要是采取何种手段和方式了。从池田先生的理论与实践经验来看，他确认一点，即对话是实现世界和平的有力武器。

和平虽然是人类的共同愿望，但是历史的发展却是不断地卷入战争，这是一个悖论。在池田大作先生看来，造成这种悖论的原因要归结到人的“生命”问题上。要消除战争，只有从根本上变革人的心灵深处的生命，这就是缔造真正的世界和平的哲理，这是日本创价学会的绝对信仰，也是其实践的目标。[5]

和平是一个良好的愿望，但并不是消极坐等就能实现的，实现和平的首要前提是争取世界和平的实践。而且，世界和平并不是凭一部分人的努力就能实现的，而是需要世界各国人民统一思想，不断地宣传和实践世界和平，而非暂时的和平。暂时的和平，池田大作先生称之为“瞬息间的和平”，这并不是“真正的和平”，即永久的和平。“瞬间的和平”就是霍布斯所说的“战争状态”，“战争状态”并非就是真实的战争，而是有随时发生战争的可能性。

和平——这一人类的理想目标之一，是多少政治思想家、政治家、宗教界人士、学者共同关注的主题之一。文明的、文化的冲突，经济的、意识形态的纷争，领土的纠纷，乃至宗教纷争究竟哪种方式才是实现和平的途径，一直是思想家思索的主题。作为当代著名的和平主义者，池田大作先生认为，对话是通往和平的一条重要道路，也是在实现和平问题上比较现实和理智的选择。他多年来一直致力于与世界上许多国家的领袖、政治家、学者进行多维度、各领域的对话，并将其作为推进人类和平事业的主要方式。首先，当今的世界是多种文明、多种文化并存的世界，只有通过对话才能做到不同文化、不同文明之间的真正了解与沟通，通过武力、战争等方式都不能做到不同文化之间的接受、理解，更谈不上相互间的支持与合作。只有通过对话才能寻找出不同文化之间的共同点。

其次，对话的方式超越了国家、民族、地区、经济发展程度、宗教信仰的界限，共同探讨人类共同关注的和平问题，因此也就从根本上撇开了国家、民族、地区、宗教等方面的一己之私，从人类的共同利益出发，来探寻消除隔阂、冲突与战争的可能性。

再次，不管文化、宗教的差异有多大，但是作为它们理论基础的人性部分是相通的。它们之间的差别只不过是从人性的不同侧面来阐释各自的主张的。如基督教的罪感文化是基于人类自身的缺陷，使其本性遭到的侵蚀；佛教文化是基于对人生本质的无知状态的体认；而儒家文化则基于摆脱利害计算的精神愉悦，它们的出发点都是人性。既然病根就在人性问题上，那么也只有通过实现“人性革命”才能消除造成战争的种种根源。

第四，池田大作先生所致力的缔造和平的方式——对话，已经逐渐被国际社会所接受，成为国际交往中的重要交往方式。它不同于政府间的交往，要受到有形的、无形的各种因素的限制，是一种朴实、深入的民间交往，不仅成本低，而且基本不受国家间关系的影响。对话的主体可以是国家领袖、政治家、宗教界人士、学者等等，而对话的主题也比较灵活多样，但多是关系到和平、环境保护、教育、文化、人身健康等共同关系的话题。池田先生与他人的对话集,大多已经出版,这对世界和平已经产生了重大的影响。

总之,在21世纪,伴随着科学技术的发展,物质财富的日益丰富,社会的逐步多元化,宗教对于涵养人类的精神素质,实现人性革命,具有不可替代的作用,其作用日渐凸显。如果近代以来,尤其是工业化以来是宗教逐渐淡出的时代,那么,这个新世纪很可能就是宗教振兴的时代。佛教是世界性宗教,而且是对人性揭示最为深刻的宗教,因此在人性革命方面必然发挥出它的优势来。对话应该是实现以人性改造为基础的永久和平的基本途径。

三

1.《妙法莲华经》及其意义

池田大作先生在概括佛教的性质时曾说道:“产生于印度的释尊的佛教,不单纯是印度民众的狭隘的民族宗教。它带有普遍性,具有一种超越国境、超越民族的差异,逐渐向全世界普及的世界宗教——也可以称之为‘人类的宗教’——的性质。”[⑥]宗教的性质决定了它的生命力和影响的范围。佛教是由古印度迦毗罗卫国太子悉达多创立的,他被尊称为释迦牟尼。[⑦]释尊入灭后,其遗法由他的弟子们加以集结而传持。公元前3世纪,阿育王皈依佛教,使佛教传播到整个印度及其邻国,发展成为世界性宗教。[⑧]

“佛”(Buddh),可以翻译为“佛陀”、“浮图”、“浮屠”,意思是“觉者”、“知者”,“觉”有三种境界,即自觉、觉他(使众生觉悟)、觉行圆满。成佛为佛教修行之最高果位。原始佛教的基本经典《阿含经》中所称的“佛”就是指教主释迦牟尼。释尊去世后一二百年间,佛教僧团因对原始教义传承、见解之不同,分裂成“大众部”和“上座部”两大部派。前者主张改革原始教义及戒律,后者主张维持原状。其后两大部派又分出许多支派。公元1世纪左右,“大众部”部派佛教中产生了“大乘佛教”;“大乘”派将原始佛教派及其他部派一律称之为“小乘”。大乘佛教的主要经典有:《般若经》、《维摩经》、《大般涅槃经》、《法华经》、《华严经》、《无量寿经》等。小乘佛教的经典主要是《阿含经》。小乘与大乘之区别主要在于:前者以“灰身灭智,捐形绝虑”证得“阿罗汉”为最高目标,追求个人的解脱;后者则宣传大慈大悲,普度众生,从生死大河之此岸到达菩提涅槃之彼岸,以成佛度世建立佛国净土为最高理想境界。

佛教认为世俗社会及人生的一切都是由“色”、“受”、“想”、“行”、“识”这

"五蕴"积聚而成，它的特征就是无常，宇宙间的一切皆由因缘而合成，缘生缘灭，本无实性。世界的本质就是"空"，但是普通的民众并不了解，往往是以"空"为"有"，以"幻"为"实"，招致种种人生痛苦，根源在于"无明"，即痴与惑。由无明而生贪爱，由贪爱而起执著。追求之不得，而生烦恼与痛苦。

众生轮回，生生不已，善恶都将得到果报，一律平等。佛教的修炼方法主要是教人摆脱生死轮回之苦海，告诉人们"苦、集、灭、道"四圣谛，进而教会人们修炼的方法为八正道。佛教各派对这些基本教理大体相同，但是对"空"、"有"、"四谛"、"五蕴"等的解释不同。

大乘佛教因主张众生平等，普度众生，得到下层民众的支持，发展迅速，印度佛教向外传播主要分南北两个方向，向南传入斯里兰卡，至泰国、缅甸、柬埔寨诸国。向北又分为两支：一支经克什米尔、中亚细亚，至中国新疆，通过丝绸之路传入内地，后由中国传入朝鲜、日本、越南。这一支被称为"汉地佛教"；另一支传入中国西藏，再经云南、四川、甘肃传至内蒙古、蒙古人民共和国，这一支通常被称为"藏传佛教"，亦称"喇嘛教"。南传佛教以小乘派为主，北传佛教以大乘派为主。[9]

源于中国的日本佛教，从公元6世纪以后，佛教就成为日本文化的一大特色。日本推古期，摄政的圣德太子大力弘扬佛教，使之在日本得到巨大的发展。在奈良时代(公元710—784年)从中国传入的教派有六个，即三论宗、法相宗、华严宗、律宗、成实宗、俱舍宗。在平安时代(公元794—1185年)曾在中国留学的两位僧侣——最澄、空海开创了两个宗派，即天台宗和真言宗。中国南宋时值日本镰仓幕府时代，佛教在日本趋向于大众化，由中国传入的禅宗和依唐善导的念佛法门形成的净土宗以及由天台法华教义而开演的日莲各宗勃然兴起。

日本的镰仓时代(公元1192—1333年)，有四个宗派为了适应一般民众对大乘佛教的需要而兴起，即净土宗、真宗、禅宗和日莲宗。日莲宗是其创始者命名的。日莲(公元1222—1282年)曾经在比睿山辛苦地修行了一段时间的天台宗以后，深信佛陀的真义就在《法华经》，奉持汉译的《法华经》，以高唱“南无妙法莲华经”题目为主，开创了日莲宗。他对《法华经》充满了热忱，招致了与其他宗教团体的激烈冲突。在他看来，其他教派所尊崇的教义和修行方法对国家的福利是有危险的。为此他遭到严重的迫害，但是他一直坚持了下来。当时的一些皇族人士甚至赞叹其挑战的勇气及不屈不挠的信心而成为他的信徒。日莲宗是独一无二的日本形态的佛教。[10]这就是池田大作先生所说的，“印度释尊的佛教传到了中国和日本，各自都获得了独特的发展。佛教的根本哲理当然没有变，但中国、日本还是具有跟印度不同的民族性和文化。所以，中国的佛教和日本独特的佛教都是在中国和日本各自繁荣、发展起来的。”[11]明治维新以后的60年间，日本的佛教形成了十三宗五十六派。战后日本新兴宗教有很大发展，据统计，日本每二十人中即有一人参加新兴教团，其中70%是日莲宗系统。

日本的创价学会成立于1930年，是一个以日莲圣人所推崇的《法华经》，即《妙法莲华经》[12]为基本经典的佛教团体。在池田大作先生看来，日莲佛法是“为人的宗教”，是为了推进“和平、文化、教育”的宗教。日莲的名字含有太阳与圣洁之意，日莲圣人的理想就是“世界和平”和“人类幸福”，也是创价学会第二任会长户田城圣的理想。池田先生也义无反顾地奔走于全球，与世界上的无数和平爱好者齐心协力，为实现这个理想而竭尽所能。

中国、日本、朝鲜的佛教基本上属于北传的大乘佛教，其中被翻译成汉语的佛教经典很多，其中《法华经》应该是流传最广的经典。日本的许多古代文学作品，如《源氏物语》、《梁塵秘抄》等都受到《法华经》的极大影响，这个《法华经》主要就是指鸠摩罗什所译的《妙法莲华经》，日莲大圣人也多引用这本经典来宣说自己所体悟的法理，日本创价学会也以《妙法莲华经》作为该宗教组织的基本教义。池田大作先生认为自己所做的正是重新阐释《妙法莲华经》的现代意义的事情。译经的工作是一项非常艰苦的工作，不仅要胸怀大志，而且需要相当高的语言天赋和学贯中西的学术造诣，以及为佛教传播而献身的精神，在鸠摩罗什看来，去真丹（中国）传播大乘佛教就是他的终生使命。

鸠摩罗什早年学习小乘，后来转为修习大乘佛教。《法华经》有六种译

本,《妙法莲华经》具有比其他译本更大的影响力,[11]主要是由于它的译者鸠摩罗什如实地传达了释尊的精神。对此,日莲大圣人曾说道:“由月支传经论至汉土的,有一百七十六人。其中只有罗什一人,没有把己见加入教主释尊之经文。”[12]佛教的目的在于使人类领悟救度众生的使命,这就需要具体精妙的法理,否则佛教的这种精神就无法弘扬。所以,日莲宗及其创价学会认为,只有《妙法莲华经》才具有阐释、宣扬佛教真理的功能。

2. 佛教的和平主义理念

佛教是关于人的宗教,释尊非常重视人的内在生命的磨炼,外在的宗教形式必须有利于内在生命的意义。池田先生认为创价学会遵循的就是这种精神,它的目标是发现自己的价值,也要发现和重视别人的尊严。根据佛法的教导:“你的身体就是你的感觉和尊严的殿堂。你本身就是你所要追求的人性,以及如何为人的所在!所以你要凝视你自己,因为你就是佛。”[13]自我实现才是佛法的真髓,佛并不是创造天地万物的神,他只是真理的发现者,他要用这真理去引导众生实现自己的价值。其基本方法就是通过“戒”、“顶”、“慧”三个步骤获得智慧,通过获得的智慧成佛,这是一个自我完成的过程。自我实现不是一个观念的东西,也不是一种自我满足的状态,而是要在现实的世界里,根据本身的条件去体验人的价值,也就是以奉献他人来领会人的价值观。这里,既包含着对自身的发现,也包含着对他人的尊重。佛祖有著名的“七不退法”——与人性相处的七项原则,即会议和协议;合作与团结;法律和传统;长辈;妇女和女童;宗教和精神;与文化和哲学人士的交流。这是释尊在回答弟子关于如何防止衰落的方法时的回答。池田大作先生也一再省视人们,[14]人要相信自己的能力,但不要希冀成为超人的“神”,人要像莲花那样,从容不迫地发挥自己的才能。只有尊重自己的人,才能尊重别人,才能发现别人的尊严,因为他知道什么是尊严。外在的权威可能做出忽视人的存在的事情,同样,狂妄自大的人也会背负着沉重的“权威”负担,为了维护自己的“权威”,往往是沦落为利己主义的奴隶。佛教所说的菩萨道,就是指要从别人的身上发现尊严，人们之间的关系不是你我的对立关系，而是处于一个环境中的我们，只有在这种和谐的人际关系中，才能提升自己，谋求更高层次的共存状态，从而达到超越自己的目的。

一个既尊重自身，又尊重他人尊严的宗教，恐怕谁也无法再说它不是和平的宗教。因此佛教是倡导和平的宗教，它要人们安享和平与繁荣。因此，佛教是能够给民众带来希望和勇气、催人奋进的宗教；它不仅以慈悲之心关怀着人的生存，同样，也以这种心情关怀着世界上的一切生灵，这就是佛教的人道主义。日莲宗是日本佛教的主流，日莲这两个字的含义为："日"代表太阳、光明之意，"莲"则代表圣洁、清静。日莲大圣人曾说："名为日莲这件事，可以称作'自解佛乘'。"⑮有人将太阳译作"般若"，将莲华译作"波罗蜜"，象征着"智慧"和"实践"。而实践什么呢？就是将这个充满苦难的社会转换为佛教所宣示的理想世界——繁荣、幸福、和平的世界。日莲佛教主张普遍的人类尊严，人人可以成佛；讲究人的社会责任，不仅关注个人的救度，更为重要的是关注社会的整体救度；立正安国，在这个世俗的世界上首先要实现的就是和平。

池田大作先生正是秉承了日莲大圣人的精神，多年来他以宗教活动为基础，倾注了大量的心血和精力致力于宗教文化、国际和平等活动。为争取世界持久和平，促进各国文化教育事业的交流和发展作出了无法比拟的贡献，1983年他获得了"联合国和平奖"。他的和平思想不是狭隘的国家主义观念或民族主义观念，而是超越各种团体狭隘观念的人类和平主义。他的思想是奠基于东方文化基础之上的，融合了古代印度、古代中国等古代文明的精华，以现代的观念和世俗的方式向世界各地传播，他的和平努力也得到了全世界所有爱好和平事业的人们的赞誉。在世界的三大宗教中，基督教和伊斯兰教都是一神教，那种出于信仰的冲突司空见惯，各教派之间也常常发生频繁的战争，而在基督教和伊斯兰教之间更是冲突频仍。在中世纪，十字军东征就有十次，每一次的目标都是基督徒对准伊斯兰教教徒的。西方近代伴随着政教的分离，天主教在很大程度上变成了个人的私事，世俗政权也不干预个人的宗教信仰和内心自由，宗教纷争也就随之减少。但是，西方人在看待世界发展的前景时总是表现出那种基督徒的幽暗意识。19世纪末期施宾格勒发表了《西方的没落》一书，20世纪末美国政治学家塞缪尔·亨

廷顿发表了其著名的《文明的冲突》一文。亨氏预言，21 世纪将是一个文明之间的对立与冲突，这种冲突比之 20 世纪的政治、经济和意识形态冲突更提高了一个层次。而文明冲突的根源就在于宗教，因为“宗教常常是文明的源泉、创造性的原动力”。

中国的儒教是一种世俗的说教，如果说它也算一种教的话，也只是说明它仅仅是一种道德与政治的教化之“教”。它充满了世俗的追求，而世俗幸福的前提就是安全与和平的生存条件。中国文化自成一系，在历史上中华民族几乎没有向外进行殖民扩张的野心，历史证明中国是一个爱好和平的国家，这主要源于中国的传统文化底蕴。非一神教的、带有世俗倾向的佛教，尤其是大乘佛教在改变了其纯超越的形式后，更强化了中国人的和平理念，以世俗的面目与中国传统的儒教和道教相结合，共同汇成了中国文化的传统。在中国历史上虽然发生过无数次的战争，但是几乎没有宗教教派之间的战争，更没有以宗教名义的宗教战争。在某种意义上儒家的“人人可以为尧舜”——人人向善的人性定位、期望并不奢侈的世俗追求与佛教的人人皆可以成佛的普度众生的佛教理念可以说是互为表里。

在新的世纪，和平已经是人类的共识，近代以来一直是西方文明主宰世界，这种文明创造了无与伦比的物质财富，推动着人类的科学、技术的巨大进步，极大地改善了人们的物质生活条件。但是这种文明也带来了一系列的弊端，人在某种意义上变成了有权利但却受物质主义奴役的工具，对现代社会人类面临的诸多问题的解决，各国还停留在谋求政治解决的层面，还没有达到从内在的精神层面寻求根本的解决之法。东方文化具有兼收并蓄的多元化特征，具有极强的包容性和宽容精神，因此它必将在推动人类和平事业方面作出巨大的贡献，“东亚人能对文明与和平作出贡献的途径大概是哲学和宗教领域，特别是佛教思想。”[16]“中国在传统的文化上，其影响力是无法估量的。”[17]试想，一个以积极的人生态度追求此岸——世俗幸福为其价值指标的儒家文化与一个追求人类精神超越的、强调人的自身价值与发现他人价值的宗教关怀的创价文化及具有深厚基础、义理深奥奇妙的印度哲学的奇妙结合，对人类和平的贡献是不言而喻的。这种和平的东方价值观终将被西方乃至全世界所接受和认可。

（作者为辽宁师范大学池田大作和平文化研究所研究员）

【注释】

①刘泽华主编:《中国政治思想史》(先秦卷)，浙江人民出版社，1996年，第50～63页。

②梁漱溟:《东西文化及其哲学》，商务印书馆，1999年，第123页。

③刘泽华等:《中国政治思想史》，南开大学出版社，2001年，第11页。

④戈尔巴乔夫，池田大作:《二十世纪的精神教训》，天地图书有限公司(香港)，2004年，第176、177页。

⑤池田大作:《人生问答》，香港商务印书馆，2001年，第482页。

⑥池田大作:《我的佛教观》(续)，卞立强译，四川人民出版社，1998年，第3页。

⑦"释迦"为族姓，"牟尼"(muni)意为"仁"、"忍"、"寂"、"圣"，二者合起来的意思是释迦族的圣人。

⑧大约公元前4世纪由马其顿亚历山大东征时带回古代希腊，大约4世纪传播到欧洲。

⑨谢承仁:《中国传统思想文化渊源》，人民出版社，2004年，第478页。

⑩程刚:《佛教入门》，宗教文化出版社，2001年，第214～215页。

⑪池田大作:《我的佛教观》(续)，卞立强译，四川人民出版社，1998年，第4页。

⑫《法华经》梵文原本的名字为"萨达磨芬陀梨伽苏多览"，"萨"是正确、善的意思，"萨达磨"意思是正确的法，竺法护将其翻译为《正法华经》，而鸠摩罗什将"萨"翻译为"妙"，这主要是根据老子思想中所指对开启真理奥妙之门的意思，也是指一种境界。

⑬《复太田夫人书》，转引自池田大作，钱德拉:《畅谈世界哲学》，明报出版社有限公司(香港)，2005年，第105页。

⑭池田大作，钱德拉:《畅谈世界哲学》，明报出版社有限公司(香港)，2005年，第128页。

⑮同上，第215页。

⑯池田大作:《展望二十一世纪:与汤因比对话录》，国际文化出版公司，1985年，第286页。

⑰同上，第290页。

池田大作的教育目的论

朱俊华

关于池田大作教育思想的研究，先行研究中已有一些成果。黄富峰在《池田大作教育思想初探》[1]中阐述了池田大作教育思想中有关教育的目的、内容、作用，教师、学生、教育方法，以及教育与社会等方面的问题。贾蕙萱的《池田大作先生的教育思想》[2]论述了池田大作的教育理念，阐释了池田大作广泛的教育实践，并明晰了池田大作在解明教育界四大关系（家庭与孩子，学校与学生，教师与学生，教育与社会）等方面对教育界的贡献。曾峥的《论池田大作的现代教育观》[3]则从教育目的观、现代教师观、现代大教育观三方面论说池田大作的现代教育观。先行研究成果对池田大作的教育思想进行了整体把握，但针对其思想某一方面进行展开性、深入性剖析论述的著述几乎没有。

黄富峰论述池田大作的教育目的观时强调：教育的目的应超越功利，教育的根本目的是培养人的能力和品质（强调道德品质和道德能力），在教授知识基础上开发潜能，形成受教育者的健康人格等等。曾峥的论述强调指出：池田大作认为教育是培养人的事业，明确了人本主义为其出发点，坚持贯彻牧口和户田“教育的目的是使儿童幸福”的理念。同时曾峥也指出池田大作强调教育要脱离追求实利的动机和目的，回到“生命的尊严”这一普遍立场上来。这些研究成果虽然都围绕池田大作关于教育目的的论述而展开，提出了有价值的观点，也为池田大作教育目的论的进一步研究提供了参考，但并没有系统论述池田大作教育目的论的体系构成、发展脉络和实践意义等。

本文参考先行研究的成果，针对先行研究的不足，采用横向纵向比较分析等方法，在更深层面上探讨池田教育思想中教育目的论的理论价值和实践意义。

一

池田大作的教育思想自成一个完整的体系，本文从目的论入手，这样做是因为目的论在理论体系和实践中具有独特的地位和作用。

“目的是人对主体活动所要达到的结果在观念上的建立。它是引起、指导、控制和调节主体活动的自觉的动因。”而且目的“是处于决定性、支配性因素的地位”④。可见无论做什么事情，为了得到更好地收效必须明确目的。在理论体系中目的论也拥有“决定性”和“支配性”的地位。

教育目的在教育活动中也是发挥着引领和支配的作用的。“教育目的不仅影响到教育者和受教育者个人，而且作为教育活动的出发点和归宿，影响着整个学校和社会教育的发展。在任何时代、任何国家和地区，教育制度和政策的性质，教育的结构和布局，教育的内容和组织形式，教育和教学方法都要受到教育目的之影响和制约。”而且“从国家教育目标的制定，到个体教育目的之选择，都离不开系统化的教育目的论指导。”⑤可见探讨教育目的的重要性。所以在池田大作教育思想的研究中，教育目的论的研究也应该是重中之重。

与“手段”相比较，也能凸显“目的”的重要性。如欲实现某种目的必须通过某种手段，手段是实现目的的途径。“手段是实现目的的方法、途径，是介于主客体之间的一切中介的总和。”⑥在目的与手段的关系当中，相对于目的所处的决定性、支配性因素的地位，“手段则要随目的的变化而变化，处于被决定、被支配因素地位，并具有不确定性或不唯一性的性质：如果有更好的手段能达到同一目的，则原有手段就会被其取而代之”⑦。所以，相对于手段而言目的更重要。

然而，目的和手段在实践中却很容易被颠倒。有人问亚里士多德：“你与平庸的人有什么不同?”亚里士多德回答说：“他们活着是为了吃饭，而我吃饭只是为了活着。”正如亚里士多德所说，人们往往颠倒了生活的目的和手段，并没有始终如一地明确一个目的，把一切行为都指向这个目的。教育也是一样，教育要遵从自己的目的，不能只作为工具和手段而存在。为了避免教育中出现本末倒置地颠倒目的和手段的情况，更应该明确教育目的，并

始终指向这一目的开展教育活动。

事实上，教育现状可堪忧。《中国教育报》一篇教育时评曾报道：北京某知名大学一名四年级的男生半夜从宿舍楼的 12 层跳下，了结了自己年轻的一生。然而他却是同学们眼中的优秀学生，今年还获得了学校的二等奖学金，同学们分析可能是找工作压力大，以及与女朋友的发展受到阻碍等原因造成他轻生。据有关研究人员在一所中学里进行的调查显示，在一定的年龄段，竟有 80%至 90%的孩子曾有过出走或自杀的念头。此项调查结果令人不寒而栗……[8]

教育问题在不同的国家以不同的形式表现着，日本教育中也有比较严重的逃学、校园暴力、学生自杀等现象。

还有一些问题，虽然不如自杀惊心动魄，但也不容我们小视。“省察我们自己的教育经历和周围的教育状况，可以发现：教育有时成了异于师生心灵和生活的一种东西，我们在追求理想、崇高和美好言行的同时，逃避、冷漠、隔阂、麻木、欺侮、压迫产生了。人们在教育实践中长期以来形成的‘任务的眼光’（即将教育看做是为实现特定目的而上传下达的教育内容，教育被当作任务一样执行）使教育在为社会进步、文明传承、为儿童有一个好的将来的诸多崇高理由下，让我们的学校、课堂中出现了发生在师生之间的逃避、隔阂、欺侮、压迫和暴力冲突等种种不良情况。”[9]

那么，这些到底是教育的哪些环节出了问题，和教育目的又有多大关系呢？

“教育危机的实质是教育中人文价值的失落，它是教育被彻底工具化的必然后果。”[10]这里的“工具化”，换而言之，就是“手段化”，就是把教育作为了手段。是教育中目的与手段的颠倒造成了这一切，解决问题的唯一办法就是以教育本身为目的，明确教育的目的，教育活动围绕教育目的进行。只有这样，教育才能摆脱被工具化、手段化的噩运。

二

既然教育目的这么重要，那么教育的目的究竟是什么呢？

教育史上很多人关注这个问题，然而在不同的历史阶段，不同的教育理论体系中，教育家们关于教育目的的观点却各执一词。用桑新民的话说："当我们一跨进教育目的论王国的领地，就会遇到各种各样的讲解员和导游。教育目的不仅见仁见智，而且有从抽象到具体的不同层次。每个教育者和受教育者都有自己所追求的教育目的（尽管有时是不自觉的，甚至是盲目的，但在这种情况下却更容易受到周围最流行、最时髦的教育目的论影响与支配）。"[11] 而且，"不同层次、不同派别的教育目的论既有统一之处，又有尖锐的对立与冲突，其中潜藏着不少思想的陷阱和误区。因此，如果教育者和受教育者对教育目的之追求仅停留在经验层次的具体目的上而不了解哲学层次教育目的论之纷争，就难免会跌入陷阱。教育目的论中的陷阱是教育观念和方法论层次的，深不可测，但跌进去却又不易发现，甚至很容易误认为是踏在希望的坦途上。一旦发现是陷阱时，对学生来说则青春已逝，对教师来说则已误人子弟。"所以，"不论教师、学生、家长乃至当今终身教育社会中的每一个成员，当你出自不同的需要追求和选择任何一种教育目的时，都很有必要对教育目的之研究领域做一鸟瞰，最好能拿到一张教育目的王国的导游图，以便了解世界最有影响的教育目的论派别之主要观点的来龙去脉。"[12] 本论文试图给大家一个明确的导引。

具体而言，教育史中很多教育目的论都围绕培养什么样的人而展开。如洛克在《教育漫话》中提出教育的最高目的在于培养绅士。[13] 马丁路德的教育目的论则与宗教和国家息息相关，他认为可以通过教育来培养青少年有虔诚的信仰，他说："敢于传播真理并教诲别人的年轻人，才能给魔鬼以致命的打击。"他还认为教育应为世俗国家政权服务，他说"一个城市必须有受过良好教育的人"[14]。这样的教育目的并不是从教育本身出发来思考问题，而是在研究教育怎样为社会服务。就这样，"长期以来，我们把教育视为一种社会现象，把社会政治、经济、文化的需要和要求，作为教育发生的原点，不知不觉偏离了教育的本真"[15]。这样的教育成了工具，成了实现社会目的的手段。"教育是'人'的教育，而不是社会的教育。教育固然对社会发生作用，但这种作用必须通过培养的人参与社会实践而实现。"[16] 所以人应该是教育的出发点，教育是关于人的教育，教育应该以人为目的。

一些被列为人本主义教育思想的教育目的观的确较比上述的教育目的更接近人本身，夸美纽斯把学识、德行、和虔信作为教育目的[17]，罗杰斯认为教育就是培养“完整的人”，即躯体、心智、情感、精神、心灵力量融汇一体的人，也就是知情合一的人[18]。前苏联教育家苏霍姆林斯基培养个性全面和谐发展的人[19]。这些的确是教育必须探讨的问题，是教育所应该完成的工作，但是这些是否能成为教育的目的？如果说算是教育目的，那么实现这些又是为了什么？这些目的背后的目的又是什么呢？

如前文所述，目的和手段不能颠倒，然而在一定条件下，目的和手段是可以相互转化的。那么是不是人们就对这种转化束手无策呢？答案是“否”。约翰·怀特就曾经告诉我们这种目的与手段之间的转化形成了一种链条，而且他说：“经过推理，我们就会发觉手段与目的之间的链条不可能永远延续下去：在某一点上肯定存在着某些目的（或者有可能是一种占主导地位的目的），它们不再是某种更深层目的的手段，而是真正的目的本身。”[20]

我们把这种“真正的目的”称作“终极目的”。

为了不使教育成为手段，我们必须搞清楚教育的终极目的。也只有明确了终极目的，实现目的的过程中，无论子目的如何被作为手段，只要坚持朝着终极目的，就不会迷失方向，因为终极目的根本不会成为它背后的另一个目的的手段。

通过以上分析我们也可以得出结论，那些教育目的都无法成为教育的终极目的。上述教育目的的背后也一定存在着一个真正的终极目的。那么我们就来寻找一下教育的终极目的。

首先我们要明确教育是人的事业，然后我们要明确教育要以人的目的为目的。按照这样的思路，我们寻找教育的终极目的，池田大作给了我们一个满意的答案，他说教育是“为了人的幸福”。这一句看起来似乎空洞而泛泛，实则蕴涵着深刻的哲理和巨大的智慧。

教育要以人为目的，那么人的目的是什么呢？无论哪个国家、哪个民族的人，无论男人、女人，无论能力高低，无论怀有怎样的志向，无论选择何种生活方式，人所追求的就是人生幸福，这是人的目的。而且，试想，除了“幸福”之外人还有什么比这更重要的目的吗？即使有其他的目的，如考上理想的大学，找到满意的工作，寻找如意的伴侣，诸如此类，那也是为了实现人生幸福这一大目标，那些目的是在这一大目标引领下的子目的，是达到这一大目标的手段。所以，追求人生幸福是人的终极目的。教育以人为目的，池田大作的教育目的观以人的终极目的为目的，自然阐释了教育的终极目的。

三

既然教育的目的是为了人的幸福，那么什么才是真正的幸福呢？

构成幸福的主要因素是“幸福观”、“幸福品质”和“幸福能力”。“幸福观是人们对什么是幸福、幸福的标准等方面的根本看法，幸福品质是人们感受幸福的一种素质基础，而幸福能力则是指人们追求幸福、创造幸福、享受幸福的能力。”[21]三者紧密相关，而幸福观又是起着导向作用的，至关重要。

有些幸福观认识肤浅，无法达到真正的幸福。有的人认为幸福就是快乐，人生的幸福就在于享乐。然而肤浅的感官快乐的背后，却是掩饰不住的空虚，空虚伴随着难以名状的痛苦，这样的人根本得不到真正的幸福。有的人认为自己的欲望得到了满足就是幸福，然而欲望又是无止境的，追求这种幸福的人往往在难以填平的欲望的鸿沟中痛苦挣扎，也无法得到幸福。有的人认为得到金钱和权力就会得到幸福，然而这些身外之物难免离他而去，那种失落也就折磨着他难以感受到幸福。

这些幸福观无法引领人走向真正的幸福，那么怎样的幸福观才能指引人获得幸福呢。

事实上，虽然每个人都在追求幸福，而大家对幸福的看法却不尽相同，这和人格类型有关。有人将人格类型分为六种：“理论型的，重视事物的合理性和科学探索；经济型的，重视效率和经济功利；审美性的，重视美与和谐，重视艺术活动；权力型的，对领导、管理他人感兴趣，重视获得权力；社会型的，具有利他倾向和归属感，热心公共福利和社会服务；宗教型的，重视宗教活动和神秘经验。”[22]这些属于个性范畴，每个人的幸福必须符合个性标准，这毋庸置疑。而我们要研究的是共性，具有不同个性特征的人在追求幸福的道路上也存在着共同点，那么这个共通的幸福的标准是什么呢？

德谟克利特认为："幸福不在于占有畜群，也不在于占有黄金，他的居处是在我们的灵魂之中。"[23]也就是人的幸福不来自外在的条件，而来自人自身，池田大作也特别强调这一点。

池田大作说："不要相信幸福是从外界降临的"[24]，"幸福并不是在大山的远方，而是在自身的内部"[25]。可见，幸福不取决于外界的物质条件，这就是拥有金钱、物质生活很优越的人不一定获得幸福的原因。幸福不仅不取决于物质条件，也不取决于他人："幸福并不是他人赐给的，而是在自己生命的内部缔造的。人生中有暴风雨的日子，也有下雪的日子。但自己胸中的天空应当始终有希望的太阳照耀，蓝色的天空应当美丽而宽广"[26]。

那么产生幸福的"内部"是指什么呢？池田大作的观点是："说幸福是在自身的内部，是指在现在的自己的内部，并不是说在幻想的未来。"[27]

而这个"内部"需要具备怎样的条件呢？池田大作说："为了获得幸福，人必须坚强，坚强即是幸福。"[28]可见这个人的内部，人自身必须具备"坚强"这一特质。不仅如此，人还必须怀有积极的人生态度："不会崩溃的真正的幸福的条件是什么呢？首先是生命本体始终主体地积极地对待人生问题的态度。不要仅为客观环境所支配，被动地考虑命运，而要始终主体地积极地以自己的力量去碰撞和打破——哪怕打破一点也好——这样的状况和命运。"[29]

关于幸福的讨论先哲们也有各自的见解，其中不乏富有价值的观点，如霍尔巴赫曾说过："幸福只是连续的快乐。我们无法怀疑：人在一生中的任何时刻都在寻求幸福；由此可见，最持久、最扎实的幸福，乃是最适合于人的幸福。"[30]

另外，威廉·葛德文也曾告诉我们："人类第一类或者最早的一类快乐是外部感官的快乐。除此以外，人类还能感受到某些第二位的快乐，如精神感受的快乐，同情的快乐和自我赞赏的快乐。第二位的快乐大概比第一位的快乐更为微妙；或者至少可以这样说，人类最理想的境界是：他们能够接近所有这些快乐的来源，并享有多种多样而永不间断的幸福。这种境界是一种高度文明的境界”[31]。

那么人怎样才能获得这样持久的，并且是高境界的幸福呢？先哲们并没有给我们提供参考答案，而池田大作的相关论述却为我们指明了方向。

按照池田大作的理论，追求幸福要向着明确的目标，在前进的过程中感受生命的充实，它与单纯的满足欲望不同。他说：“与欲望得到满足所感到的幸福相对立，真正的幸福是站在更广阔的社会视野上，规定了自身的目标，主动地朝着它把自己的生命燃成熊熊火焰，从而感到生命的充实。如果说前者是依存于他人的被动的幸福，我认为后者则是更有积极性、更有主体性、更有持续性的幸福。”[32]而且最好是建立明确而远大的目标，因为幸福存在于“为争取远大的目标、向险峻的山峰挑战、一步步地克服障碍而前进的‘战斗的自我’的生命跃动的内部”[33]。

另外，幸福不是唾手可得的，而是要通过努力去争取的，在奋斗的过程中才能真正体味到幸福：“现实的生活也许充满了苦恼和悲伤。但是，希望大家懂得，在这样的现实中，自己真正付出了全部努力，是自己的生命在那里燃烧——在这样的人生中，实际上有着无上的幸福。”[34]而且，“在没有任何苦劳的像一张白纸的状态中，是绝不可能有幸福的。归根结底，在严峻的现实中，在自己真正付出全部努力而坚持生活的每一瞬间，从生命的深层涌现出的欢喜和充实感，我认为这才是幸福的实质。”[35]

追求幸福的过程中，懂得不幸也是十分必要的：“不知道不幸，就不会懂得幸福。人生各种各样的所谓劳苦，都是为了争取幸福。劳苦愈多，即将到来的幸福感肯定也会愈大。不论感到多么绝望，要克服不幸就不能厌烦劳苦。这时候最需要的是旺盛的生命力。”[36]

这就是池田大作的幸福论：追求幸福要坚强，要乐观积极地面对生活，并且要确立明确而远大的目标，为实现这一目标付出努力，战胜困难，在这个过程中感受生命的充实。

关于产生不幸的根源，池田大作指出：“幸福的实体归根结底是在自身的内部。把这种自身的问题同物质、环境的因素的关系弄颠倒了，我认为是不断产生不幸的根本原因。”[37]另外关于幸福观的误区，池田大作说过：“我认为战后日本的教育和社会最大的迷惘，是把‘幸福’误认为是‘快乐’。有着

这样误解的倾向，‘自由’就会堕落为‘放纵’和‘任性’，‘和平’就会堕落为‘怯懦’和‘安逸’，人权堕落为‘自以为是’，‘民主主义’堕落为‘群愚主义’。”[38]这些都是我们追求真正的幸福的大碍。

那么，要想使孩子能够得到真正的幸福，教育就必须使他们成长为独立、乐观、坚强、健全的人。

四

事实上，池田大作对教育目的的阐释是：“教育的目的始终是‘人的幸福’，是‘世界和平’”[39]。人们往往注重前半句，并把池田教育思想归结为幸福教育，而忽视了后半句所强调的和平教育的理念。

人的最终目的是追求幸福，而人在追求和奋斗中却容易忘记最基本的保障幸福的东西。霍尔巴赫告诉我们：“要感到幸福，就必须生存；所以人凭着本性就应当寻求自保，逃避能够危害他的生存或使他的生存艰苦的一切。由此可见，人应当在他的各种快乐中间进行选择，他看做幸福的，应当只是那些决不损害他的存在的快乐，无论是当下的损害，还是凭着遥远的后果造成的损害。”[40]

费尔巴哈也这样教诲我们：“什么是属于幸福的东西？所有一切属于生活的东西都属于幸福，因为生活（健康的和正常的生活）和幸福原就是一个东西。一切的追求，至少一切健全的追求都是对于幸福的追求；生命的或身体的一切肢体和器官，至少一切必需的、不是多余的和不是无益的器官都是幸福的器官；但是，不是所有这些器官的重要性都是同一的，都是有同等价值的。为了美满完整的幸福，自然也必须有完整美满的身体；但也正因此，畸形的残缺的不全的幸福总之也仍然是幸福”。所以，“有生命的生物不管怎样地遭遇厄运和不幸，只要它还活着并想活着，那么它还不是彻底的和极端的不幸；单单是存在这一事实对于它也是一种喜悦，纵然这种存在还缺乏许许多多为了使自己感觉愉快（因为追求幸福的火花还在它心中闪烁着）平常不应该缺乏的东西”。也正因如此，“甚至一个残废者也把自己算作属于幸福之列的人，而且有着充分的权利，因为，虽然他变成了残废，但他仍然能享受生命的快乐。‘如果你将丧失你四肢中的一个，而不是要把你整个身体投入到烈火熊熊的地狱中去，那对你说来是要好得多了’”。[41]

这两位先哲都在强调生命存在的意义，强调要获得幸福起码要学会生存，要保有生命。然而无情的战争却无视生命的尊严。

从某种意义上讲，人类是否能获得幸福取决于和平与否，和平是人的幸福中重要的组成部分。教育以人为目的，就要坚决地进行和平教育。

虽然按通常的理解无战争的状态就可以称为“和平”，然而和平并不单单意味着没有战争，池田大作认为没有战争只能是消极的和平，而积极的和平是“一种能从根本上改变威胁‘人性尊严’的社会构造的和平”[42]，真正的和平是“相互之间不加任何恐怖于对方，衷心互信互爱的一种状态”[43]。真正的“和平”包括个体内在的和谐和世界外在的和谐，前者表现为内心的积极平和，后者表现为世界太平。而后者的世界太平又是取决于前者的内心平和的。试想，如果不能消除内心怀有的敌意，不能互相尊重互相理解，又何谈消灭战争？

其实，一切非和平因素都源自人心，从心灵入手的和平教育关乎人类的生存状态。真正深入内心的和平教育才能够从根本上消除战争发生的可能性。这种和平教育源自对生命的尊重，是以人为目的的教育的重要内容，也应该成为教育的目的。

池田大作明确指出：“现在全世界都在叫喊‘教育的危机’。有的人已经指出，这种状况长此下去，将会发生一场‘没有武器的战争’。它不是穿着军装、使用武器的战争，而是一场阴险的憎恨与嫉妒互相冲撞的会战。”而且，“只有教育才能避免这样的‘战争’”[44]。

同时，池田大作认为，“和平并不是老老实实、无所作为过日子。要同使人遭受痛苦的‘恶’毅然决然地作斗争，要用非暴力的方式不懈地进行斗争——在这样的行动中才有‘和平’，不，只有这样才有和平。”而且，“如果没有这种‘与恶作斗争的精神’，而是形成一种大家都胆小怕事、漠不关心、一切都无所谓的风气，那么可以说社会已经大大地接近‘战争’了。”[45]

因此，教育就应使孩子们有足够的能力主宰内心和外界的和平。

总之，和平是通往幸福的必由之路，“和平”如果不成为人的目的，人就不会获得幸福，“和平”如果不成为教育的目的，教育就不能真正做到以人为目的。

五

池田大作的教育目的论也并不只是一句话，而是一个完整的体系。这个体系的最高纲领，也就是教育目的总论，即“为了人的幸福”，“为了世界和平”，在这个总论的引领下还有针对教育的各个组成部分的教育目的分论。

关于教育，池田大作特别强调广义的教育。他说：“人类要摆脱现代的人类所陷进的状况——即一方面受本能的欲望所左右、另一方面又受理性支配的状况，根本需要的是广义的教育。”[46]

广义的教育包括家庭教育、学校教育、社会教育等各个组成部分。每一方面的教育都向着最终的教育目的努力，教育才能搞好。

那么，池田大作教育目的论在“为了人的幸福”“为了世界和平”的总论之下，针对家庭教育和学校教育的教育目的分论又是什么呢？

提起家庭教育，更多的人把目光集中在早期智力开发上。的确，这对于一个孩子的成长很重要，然而对于家庭教育来说这不是最重要的。重视智力开发是受到追求学业好成绩的思想影响，然而学业成绩不是人生的目的，只是人生的手段。我们应该思考为了人生的最终目的的家庭教育应该做什么。

家庭作为奠定人成长的基础的地方具有独特的意义，作为教育的起点，也具有特殊意义。家庭教育不同于学校教育，它更多的不是通过专门的教育形式，而是通过自然有序的家庭生活给孩子以影响，教给孩子的东西也不是以学业知识为主，而是作为一个人成长中所需要的。由于家庭教育的特殊性，家庭教育中比知识教授更重要的是情感教育，比远大目标更重要的是基本的生活习惯的形成，谋求子女基础性的社会化是家庭教育的首要任务。[47]

家庭是人成长的第一重要环境，家庭教育也是整个教育系统中至关重要的部分，父母又被看成孩子的第一任教师，所以，父母必须明确家庭教育的重要性和首要任务，才能由不重视到重视，由不懂怎样重视到懂得怎样重视。

关于家庭教育，池田大作也十分重视，而且给家庭教育明确了一个根本目标。池田大作非常明确地指出："家庭教育的根本，可以说就在于'使孩子自立的教育'。"[48]试想，不能自立的孩子无法把握人生，不能自立的孩子根本无法捍卫世界和平，又如何获得真正的幸福？所以这是指向教育的最终目的的家庭教育需要达到的目标。

提起学校教育，人们就更容易拘泥于知识学习，然而只关注知识学习的学校教育也是片面的，也是存在缺陷的。

关于学校教育，池田大作认为："对于学校教育来说，读书的重要性是在于通过读书的体验，培养孩子们重视自己'提出问题'，同时又培养花出时间重新审视自己，并用自己的力量来寻找'答案的能力'。"[49]

"授之以鱼不如授之以渔"，教知识不如教方法。知识解决一时的问题，方法受用终身。所以学校教育只有教给学生学习方法，培养自主学习的精神和能力，才能有助于他们离开学校之后有效地使用所学得的东西追求人生幸福。

关于学校教育中的大学教育，池田大作认为："大学教育的目的，首先也是在培养作为人的全面能力"。"如果进一步深谈教育的内容，可以说是'知性'和'感情'的教育。所谓知性，从根本上来说，则是作为一个人的人格方面的知性。更具体地说，则是为了造就社会人、职业人而给予和吸取知识和智慧的教育。另外，我之所以称之为'感情'，是因为它意味着人的心灵的丰富，这也是做人的条件。"[50]然而现代教育由于忽视了情感、心灵的教育，使青少年成长出现很多问题，诸如冷漠、堕落、暴力等等。而造成这些问题的原因就是教育产业化，"今天大学教育的'大量生产'化，已经丧失了这种人的相互接触，说是毫无感情的教育也不算过分。在知性教育方面，也是单纯的灌输知识的教育，可以说根本没有进行人格方面的知性磨炼。"[51]

关于社会教育，池田大作则强调社会要支持教育、配合教育，与家庭教育和学校教育保持一致性。池田大作在和意大利的奥锐里欧·贝恰会谈时提到：为了使人们在家庭教育和学校教育之外的社会教育中不断获得营养，要开放图书馆、博物馆等社会教育相关场所，并请科学家、哲学家、宗教家等经常到这些地方通过演讲、对话和教育等来启发市民。[52]

总之，池田大作的教育目的论，在终身大教育的体系中各个环节目标明确，总论导引分论，分论直指总论，总论分论环环相扣，这不仅使池田大作的教

育目的论成为一个严谨而完整的体系，而且每一个目标都以人为目的，直指教育的终极目的，这样使每一阶段每一部分教育的实施都有所遵循，保证整个教育不会偏离方向，使其目的论与教育实践接轨，使其目的论不仅体现理论价值，更具实践意义。

六

通过以上论述我们清楚了池田大作教育目的论的整个体系，下面，基于以上论述对池田大作的教育目的论所体现的特性和渊源及发展进行剖析和论述。

首先池田大作的教育目的论体现了人本性。“为任何事物都不应当把人当作手段。”[53]“现在的教育界可以说就好像是人才的生产部门。就好像士兵们在打仗的军队中都变成手段一样，现代的社会也是把人变成了手段。教育是分担着培养可以放在这种社会的各个部门并在这个范围内起作用的人的任务。”[54]池田大作的教育目的论纠正了这种偏误，强调教育始终是围绕人，以人为目的。而且他还指出“人的生命中既有‘善’也有‘恶’。所以人通过教育也可以变成善，也可以变成恶。日本的军国主义教育就是如此。它引导出恶，走上了战争的道路。所以必须要贯彻‘为人的教育’、‘为人的幸福、和平与自由的教育’”[55]。像这样教育以人为目的，以人的目的为目的，这体现了人本性。

正因为池田大作的教育目的论体现了人本性，因此，池田大作的教育目的论具有目的的本质性和终极性。所谓本质性，就是事物的目的在事物本身，如果在事物之外就偏离了本质性，教育的目的应该在教育本身，教育的目的也应该在人本身，不能把人作为手段，也不能把教育作为手段。池田大作的教育目的论以人的目的为目的，以人的终极目的为目的，所以具有目的的本质性和终极性。

池田大作教育目的论的实践意义就在于它不仅为我们提供了用以遵循的准绳，还教给我们思考问题、解决问题的方法：凡事要思考为了什么目的，不能偏离目的，“尽管科学、技术如此发达，知识、信息如此增多，但这并未直接有助于整个地球社会的幸福与和平。原因是忽视了‘为了什么目的’这一根本的问题。人类愚蠢的根子、失常的原因都在这里。”[56]理论上的目的必须在实践中被坚持，否则理论再先进也无法获得现实的收益。

对于互为目的互为手段的问题，池田大作认为：“诚然，人如果没有什么目的，人生就不可能获得充实。从这种意义上来说，也许不得不把自己当作实现这种目的的手段。但是应该知道，如果认为充实自己的人生是目的，那么，即使此外还有什么目的，那也不外乎是充实人生的手段。”[57]而且“即使把自己的人生献给某种目的——即把自己变成手段，那也不能像士兵那样只是唯命是从，而应当按自己的意志，自己决定这样去做。只有这样，虽然把自己变成了手段，但充实自己的人生才可成为目的表现出来”[58]。处理教育的问题也应该遵循这样的原则。

池田大作的教育目的论源自“生命的尊严”，在创价教育中也是继承了第一代会长的“为了儿童的幸福”的理念，并使其发展成为“为了人的幸福”“为了世界和平”，这就更具普遍性和时代性。

苏霍姆林斯基说：“教育是培养幸福的人。”著名教育家乌申斯基说：“教育的主要目的在于使学生获得幸福，不能为任何不相干的利益牺牲这种幸福，这一点当然是毋庸置疑的。”[59]可见，关注幸福教育的人不只是池田大作一个人，然而只有池田大作把幸福教育与和平教育联系起来，不仅具体而明确地指出了教育的最终目的，并对其加以强调，时时刻刻贯彻在教育的每个环节之中，使之成为一个完整的体系，同时，也使其成为了指导教育实践的准绳。

联合国教科文组织环境人口与可持续发展教育委员会提出了“一切教育活动都是为了学生的成长和发展，为了孩子一生的幸福”[60]的口号。在全世界都开始重视幸福教育的时刻，解读池田大作的教育目的论是我们首先要做的。但这只是一个开始，我们还要在理解了池田大作的教育目的论之后，朝着其指引的方向，应用其所提供的思考问题和做事的科学方法，努力地将其付诸实践。为了获得最佳的教育效果，为了人类能走向真正的幸福，这是必须做的。

（作者为辽宁师范大学池田大作和平文化研究所研究员）

【注释】

①冉毅,曾建平主编:《关爱人性善待生命池田大作思想研究》,香港公开大学出版社,2006 年,第 63 页。

②贾蕙萱,张可喜主编:《池田大作研究论文集》,香港社会科学出版社有限公司,2004 年,第 182 页。

③王新生主编:《21 世纪东方思想的展望》,北京大学出版社,2005 年,第 175 页。

④参见 http://myy. cass. cn/file/200512177079. html。

⑤桑新民,陈建翔:《教育哲学对话》,河北教育出版社,1996 年,第 52 页。

⑥参见 http://myy. cass. cn/file/200512177079. html。

⑦同上。

⑧《中国教育报》,2004 年 3 月 3 日,第 2 版,参见 http://www. jyb. com. cn/gb/2004/06/07/zy/home. htm。

⑨杨旭东、蒋凯:《教育危机新论》,北京大学教育学院,参见 http:/www. edu. cn。

⑩同⑧。

⑪桑新民,陈建翔:《教育哲学对话》,河北教育出版社,1996 年 12 月,第 52 页。

⑫同上,第 52～53 页。

⑬单中惠主编:《西方教育思想史》,山西人民出版社,1996 年,第 185 页。

⑭吴元训编:《中世纪教育文选》,人民教育出版社,1989 年,第 671、676 页。

⑮冯建军:《生命与教育》,教育科学出版社,2004 年,第 8 页。

⑯同上,第 2 页。

⑰赵同森:《解读人本主义教育思想》,广东教育出版社,2006 年,第 61 页。

⑱同上,第 114 页。

⑲同上,第 131 页。

⑳约翰·怀特:《再论教育的目的》,生活读书新知三联书店,2002 年,第 32 页。

㉑陈玉琨主编:《教育——为了人的幸福》,教育科学出版社,2005 年,第 27 页。

㉒同上,第 24 页。

㉓北京大学哲学系外国哲学史教研室编译:《古希腊罗马哲学》,北京商务印书馆,1961 年,第 107、115、113 页。

㉔池田大作:《人生的箴言》,卞立强译,中国文联出版社,1995 年,第 49 页。

㉕同上,第 48 页。

㉖同上,第 49 页。

㉗同上,第 47 页。

㉘池田大作:《孩子我们爱你》,天地图书有限公司(香港),2005 年,第 134 页。

㉙池田大作:《人生的箴言》,卞立强译,中国文联出版社,1995 年,第 48 页。

㉚孙英:《幸福论》,人民出版社,2004 年,第 211 页。

㉛同上,第 212 页。

㉜池田大作:《人生的箴言》,卞立强译,中国文联出版社,1995 年,第 50 页。

㉝同上,第 48 页。

㉞同上,第 47 页。

㉟同上。

㊱同上,第48页。

㊲同上,第47页。

㊳池田大作:《人生的坐标》,卞立强译,上海外语教育出版社,2002年,第105页。

㊴池田大作:《孩子是“未来的宝贝”》,卞立强译,中国文联出版社,2005年,第153页。

㊵孙英:《幸福论》,人民出版社,2000年,第211页。

㊶同上,第212页。

㊷池田大作:《第25届SGI之日:和平文化、对话硕果》,2000年1月26日,国际创价学会主页www.sgi.org,国际创价学会会长《和平倡言》集。

㊸池田大作、汤因比:《眺望人类的新纪元》,天地图书有限公司(香港),2000年,第283页。

㊹池田大作:《孩子是“未来的宝贝”》,卞立强译,中国文联出版社,2005年,第136页。

㊺池田大作:《孩子是“未来的宝贝”》,卞立强译,中国文联出版社,2005年,第158页。

㊻池田大作,路奈尤伊古:《黑夜寻求黎明》,卞立强译,中国国际广播出版社,2003年,第141页。

㊼参见教师养成研究会:《教育原理》,学艺图书株式会社,2000年,第140页。

㊽池田大作:《孩子是“未来的宝贝”》,卞立强译,中国文联出版社,2005年,第14页。

㊾同上,第69页。

㊿池田大作《人生箴言》,卞立强译,中国文联出版社,1995年,第135页。

51同上,第136页。

52池田大作,奥锐里欧·贝恰:《二十一世纪的警钟》,卞立强译,中国国际广播出版社,1988年,第209页。

53池田大作,路奈尤伊古:《黑夜寻求黎明》,卞立强译,中国国际广播出版社,2003年,第142页。

54同上。

55池田大作:《孩子是“未来的宝贝”》,卞立强译,中国文联出版社,2005年,第130页。

56同上,第151页。

57池田大作,路奈尤伊古:《黑夜寻求黎明》,卞立强译,中国国际广播出版社,2003年,第142页。

58同上,第143页。

59郑文樾编选:《乌申斯基教育文选》,人民教育出版社,1997年,第213页。

60霍勇凭:《实施幸福教育 塑造绚丽人生——幸福观教育理论研究与实践探索》,《现代教育科学》,2005年第1期,第24页。

为"人"的艺术

——池田大作美学思想管窥

赵慧英

《五灯会元》里记载着青原惟信禅师的这样一则语录：

老僧三十年前未参禅时，见山是山、见水是水。及至后来亲见知识，有个入处，见山不是山，见水不是水。而今得个休歇处，依前见山只是山，见水只是水。

这段话里的禅机，恰恰可以用来概括池田大作艺术活动的两重境界——首先是超越的境界，以佛眼禅心观照大千世界，洞悉宇宙人生的一切奥秘和至高真理后脱离了琐碎庸常、欲望烦恼、纷争扰攘，从而超越形式、流派，超越时代、生死，也超越国家、民族、种族、意识形态等，达到浑然与洒脱的真如状态；然后是回归的境界，以佛即生命、法即自性的彻底觉悟，向空无处寻求生机，在瞬间里缔造永恒，从而回归到审美与创造的源头，回归质朴、回归人性、回归自体显照的人生原点，呈现佛法无边的希望和繁荣。两重境界其实又是一重，不论写境、造境，还是审度、品评，抑或是挥发、利用，他的美学思想及与艺术相关的全部活动都紧扣一个"人"字，去阐发并实践人的和平、人的幸福，本质上都是为"人"的艺术。

池田大作曾在一首诗中把艺术比作"人类的光明"，比作"时代之镜、未来之花"。他在艺术方面的成就主要体现在三个方面：一是本人的创作——文学方面包括以创价学会故事为题材的小说《人间革命》、《新人间革命》，以《樱桃树》、《雪国王子》等为代表的童话以及大量题材广泛、形式自由的诗歌、散文等，先后于 1981 年和 1995 年荣获"桂冠诗人"和"世界桂冠诗人"称号；摄影方面出版过多本摄影集，并在世界各地举行过多次摄影艺术展，很多作品被称为"心灵的诗"、"人本主义的杰作"，是国际公认的摄影家；二是

"以自他一同的幸福为目标"，由他主导、倡导的各种艺术实践活动，如创价学会内部的鼓笛队、音乐队、合唱团、艺术节，以民主音乐协会为平台的各种文艺演出，以东京富士美术馆为依托的各种展览，创价学会博物馆的各种收藏等等；三是美学思想体系的构建，在与世界知名人士尤其是文化艺术界代表性人物的对谈中，在驰逐世界各地的历次演讲中，在落笔为文的各种思想感情的传达中，阐发了大量关于艺术创作、艺术欣赏、艺术功能等方面的见解，形成具有独特宗教气质和人文情怀的美学思想体系，形成重视感性直觉、主客不二、内外圆融的"生命诗学"。

作为日本最大的佛教团体创价学会的精神领袖，池田大作认为，艺术与宗教是表里一致的，伟大的艺术、文化，根底必定有哲学、宗教的精神。因此，他把所有艺术活动都作为佛法实践的有机组成部分，把艺术想象力和宗教世界观结合起来，把艺术家对现象世界的直感把握和宗教家对本质世界的意义探寻结合起来，倾注毕生心血去锻铸、去建构、去播扬，其雄浑博大的生命交响形成美学思想的浩然生机、艺术作品的斑斓姿彩及实践活动的巨大软能。

一、大情之动——池田大作美学思想的内涵

啊 艺术！/啊 艺术！/你是永恒之光，不灭的文明碑铭//啊 艺术！/啊 艺术！/你是生命的凯歌，/"自由""创造"和"欢喜"的赞歌。//啊 艺术！/啊 艺术！/你是深切的祈祷，与根源实体的神圣结合。[①]

中国古老的哲学著作《周易》中《咸》卦象辞有言："天地感，而万物化生。圣人感人心，而天下和平。观其所感而天地万物之情可见矣。"咸就是感，感应、互动。感动，在艺术创作和艺术欣赏中有着同样重要的意义。心中有感，情才会动于衷；真情发自肺腑，才具有感通天地的力量；自己感动了，才会感动别人。艺术的奥秘就在于此。

池田大作有一颗会感动的心，并将之贯注于全部艺术活动中。他说："激动人心的不是大道理、讲大义，而是作者内心沸腾翻滚的'大感情'的真情流露。"[②]"为了产生这种个人的自由创造精神，就必须有对人生的真挚态度和关心人类苦恼的某种动机。这种东西存在于作者的心中，才可能作为作品流露于外，并且这时才会有打动万众心弦、具有伟大价值的作品问世。"[③]

他所谓的大感情，当然不是空虚寂寞扭曲压抑的内心独白，也不是卿卿我我耳鬓厮磨的小家浪漫，甚至也不是局促于对一团体、一国家、一社会生产生活的反思与刻画，而是跳脱小我进入大我、超越有限追求无限的开阔襟怀。《法华经》中有一段如何聆听民众之声、为改变人的境况命运而倾注慈悲和智慧的文字：

"彼人聆听，理解无数人们之声。聆听天之声，美妙歌声，男女之声，幼儿之声。/甚至聆听山川、峡谷之中的鸟儿之声。/聆听地狱诸苦之声，饥民渴求饮食之声。/更聆听菩萨和佛之声。聆听下至阿比地狱，上至有顶天的所有声音，而且耳根无坏。"④

池田大作说，这不单是宗教上的实践目标，而且是政治、经济、文化、教育等各方面的伟大指导。他自己的心，便被这一切民众之声、生灵之声时时打动；他的艺术活动，便是建构在内心丰富而真挚的情感基础上，同时是建构于以人为核心的民众史观上，由此蕴蓄出博大深刻昂扬健硕的美学思想内涵——

1. 艺术当摹写生命的至高境界，唱出自由、创造的欢歌

境界是东方哲学和美学中一个重要的理论范畴。"境界是一个人在其中活动、优游的时域；境界所反映的不是人对这个世界的概念把握、知识累积，而是将人放入这个世界中的际遇、境况、体会，并由此而形成的审美超越、人生感喟、人格启迪、气象熏陶等。""境界所反映的不是知识，而是人的生命的信息。"⑤艺术境界直接映衬着人格境界和心灵境界，而艺术境界与人格境界、心灵境界又在审美活动和创作活动中通过特定介质成为浑然一体的生命境界。作为一种生命信息的直接流露，池田大作主张艺术应该表现人性，给人带来生命力，用以装饰和享受最高的人生，艺术家也应该凭借自己成功的人生而使艺术放射真正的光辉。他说："优秀的艺术是人性的流露，人性的表现。所以是自由和多样的。"⑥唱出自由与创造欢歌的必是热爱生命、建树生命的伟大艺术家，首先让自己的生命成功，然后使自己的艺术生辉。

人生千姿百态，慧海渊深朴茂，艺术家是无法、亦无须穷形尽相的，艺术的笔触指向哪里、如何呈现，与创作者对生命的态度直

接相关，凝结着创作主体的情动与神思。基于艺术乃人性的自然流露这一观念，他在作品中尽情挥发灿烂的感性、自觉的理性、舒朗的灵性和执著的心性，法无定法，直思无碍，创作出多种多样的艺术作品，唱出了一曲自由与创造的欢歌。中国古人说，有一等之心胸方有一等之艺术，王国维也在《人间词话》中说“有境界则自成高格”。池田大作的境界，便是与慈悲、智慧、勇敢、崇高、和平、幸福紧密相连的大生命的境界，他所倡导的艺术观，正是要描摹、要实践这种至高的生命境界。

2. 艺术要成为永恒的文明碑铭，透射爱与希望之光

“一粒沙里藏着整个海洋，一朵花里拥有一个世界，于你的掌中握有无限，瞬间蕴蓄着永恒。”英国诗人布莱克的这首诗常常引起人们对瞬间和永恒关系的思考，它所揭示的，正是佛法中“依正不二”、“一念三千”的正觉。和宗教一样，任何一种艺术形式都有着超越现象探寻本质规律的企图，都有着对永恒、对无限的执著追求。“诗人是宇宙法则的探究者。”“诗人是要寻求永恒的人。由于浑身都能感受到永恒，所以他会彻悟诸行的无常。由于万物不停地流转映入眼内，所以懂得它的每一瞬间都极其宝贵。对于这样的‘现在’，这样充实的‘现在’、充满生命的‘现在’，诗人不能不爱惜、不能不歌唱。”⑦诗人如此，摄影家也如此。池田大作说：“摄影是哲学的绘画。艺术摄影就是表现生命的现象，万物不断发展的戏剧。在‘一瞬间’的生命中凝结着‘永恒’。在一瞬间鲜明地照出一个人的个性、过去和未来、命运和人生的戏剧等实相。”⑧正是由于艺术家们用自己的创作完整表现了“当下”与“永恒”之间的关系，在尺幅之间，用寥寥数语，谱少许音符，便将深刻的生命体验和神秘的审美感悟表现出来，所以艺术成为人类精神的标杆，成为心灵发展的缩影。艺术伴随着人类进步的途程，是历史的高度抽象与概括，是文明的永恒记录与评鉴。

当然，即便是永恒的文明碑铭，艺术也并不完全忠实于生活的原貌，绝大多数时候它是扭曲的、变形的、经过提炼和升华的、经过删节和处理的，以此透过现象的真实而把握逻辑的真实、生命本质的真实。在艺术家对散乱的生活素材进行加工处理的时候，池田大作主张无须回避烦恼和痛苦，也不必美化现实，但一定要心怀慈悲和希望，通过艺术创作给人以激励和启迪。他从不讳言自己对革命诗人的赞美，也笑着承认自己是“志士型”、“事业家

型”的艺术家。他赞颂那些给人带来希望、使人看到光明的艺术，把“美”比喻为“爱”的孩子，在创作中感到“自己的生命内部涌出慈悲的一念，作为一面镜子，照彻万物”，而给人生带来希望。他说：“一个真挚的灵魂活着，就是踏上‘希望’的路程，不断地怀着‘希望’，就能不断地前进。投身于现实的混沌之中，一边苦斗，一边开拓自己的人生的轨道——人的一切工作、生活，就是要为自己创造价值而斗争。执笔写作也不能例外。”[9] 美与爱、勇气和希望，是池田大作评价艺术作品的尺度，更是创作中从未改变的追求。

3. 艺术应发挥联结世界的力量，弥合宇宙人生的距离

艺术本是一种属于情趣的活动，其价值是超实用的，但在千百年的艺术实践和理论总结中，人们反复确证了艺术对心灵的润泽之功、对意义的丰富之能、对思想的深化之用、对现实的弥补之力、对理想的提升之效。当然，艺术发挥作用的机制，是“心灵向心灵呼吁”，不带有任何强制的倾向。它对心灵的作用，比政治权力、道德说教、物质诱惑等更深入、更持久。池田大作洞见了艺术对于和平进程的推动作用，他希望借助艺术的结合力而实现人类和平与幸福的理想。

池田大作认为现代悲剧是分裂带来的结果，包括自然与人的分裂，民族与民族的分裂以及人与人之间的分裂等等。善的本质是结合，而恶的本质是分裂。具有善的属性的艺术，能使创作者和欣赏者超越政治、经济、文化、习俗等藩篱，在更深的层次互相共鸣、共感，缔结感情。音乐、美术、摄影等，都是打开心灵就可以接收、无须阐释亦能理解的艺术形式。诗歌虽然囿于不同国家的语言形态而无法转译，“诗心”却会“超越时代，把人与人联系在一起，怀着宇宙的启示和直感说话”[10]。他进一步阐释：“艺术展示出有限扩展为无限、个别的经验成为普遍的意义。我认为艺术特有的蓬勃结合力正蕴涵于此。”[11] 因而，艺术作品是所有人都能理解的世界语言，美是联结人与人、人与社会、人与自然的桥梁。池田大作希望通过对美的共同感动，把整个世界联结在一起。

从广义上说，美总是带着伦理意味，善就是一种美，恶就是一

种丑。在池田大作的美学思想中，善与美相互过渡往来，形成一体化的实践形态。艺术里包藏着生命的本来意义，美就是生命所当有的姿态，是生命活力的体现，是“众生”这一大生命的目的。多种多样的艺术活动，能够弥合人与人、心与心的距离，使不同国度、不同文化背景下的人们在美的层面上交感共鸣，从而避免分裂与争执。因此可以说，池田大作的艺术观是其和平观、幸福观的有机组成部分，他的艺术活动，与各种宗教活动、社会活动、文化教育活动等一起构成了整个创造价值的实践系统。

二、大境之美——池田大作艺术作品的特征

巨大的喷泉/从幽深的海底冲射而出，/它比湖/更大更青，/清冽的泉水滚滚溢流，/静静地 静静地，/在那里/奏出妙曼的琴音。//如果人接触到/这条从太古之初/即长流不尽的真实清泉，/如果人汲取到/生生不息的永恒生命力，/就会培养出/自在无碍的创造力，/这条滋润着/内在宇宙的清泉，/一直奔流向/生命大海。[12]

美学家朱光潜有这样一种观点——“不通一艺莫谈美”。他认为美学理论与艺术实践关系极为密切，并且实践要比单纯的欣赏和理论的总结更为艰难。“创造之中都寓有欣赏，但是创造却不全是欣赏。欣赏只能见出一种意境，而创造却须再进一步，把这种意境外射出来，成为具体的作品。这种外射也不是易事，它要有相当的天才和人力。”[13]

拥有独特美学观念的池田大作，在艺术实践上也走出了一条勤奋、扎实的道路，是一位名副其实的多产高质的作家、摄影家。他的创作衔古吞今、厚重悠远，是思接千载、精骛八极的过程，是魔性消减、圣洁升腾的过程，其深刻的思想和丰美的人性创造出巨大的艺术张力。他的文学和摄影作品雄浑劲朗、质朴热诚，表现出日本文化中少有的大境界，具有视野恢弘之美、心胸豁达之美、神韵超拔之美、哲思幽邃之美。他纵横古今，极目八荒，于宏阔之中直追生命的本原，用佛眼禅心观照世界，体现对人的关爱。创作中感性与理性、艺术与意志相互激荡促发，内心的喜悦和感动、由衷的热爱和赞美，外化为摄影作品中瞬间凝固的灿烂感性、诗歌与童话中慈光照耀的和畅灵性、小说与对话中含蕴佛法的执著心性。

总括而言，他的作品有如下特征：

1. 欢喜与慈悲

《法华经》中的《随喜功德品》教导信徒要抱持喜悦的心去信法、弘法，以获得大的功德。日莲解释说："自他共有智慧与慈悲，是云喜也。"[14]池田大作进一步把"随喜"引发为自觉使命后的感激、确信和欢喜。和慈悲一样，欢喜心也源于自觉觉他、自度度人的佛法精神。对大乘佛教有着深湛研究和坚定信念的池田大作，总是充满欣悦地与自然对话、与社会对话，不管任何人、事、物皆能喜之、乐之、宽宥之、悦纳之、抚慰之、导度之。他以入世的佛教观为基础，以人为内核，以文学、摄影等为手段，凸显佛法人道主义精神，使作品洋溢出慈蔼吉祥的光芒和自然而然的欢喜。

以摄影为例。《法华经》里有许多譬喻，其中就有"慈雨均等地滋润大地，大大小小、各种各样的草木欣欣萌生"的描述。池田大作的摄影作品，正是对这个雄大生动的世界的真实再现。这是一个被慈和之光照耀的、万物共生共荣的大地，生命跃动着与生俱来的喜悦，所有有情或无情的事物皆有因缘、有灵犀，展现着各自的旖旎风姿，同时构成一个有机的生命整体。作品中所有的意象都充满生机和希望——朝阳喷薄而出、黎明霞绮满天；海潮澎湃激昂、天空蔚蓝壮观；青年风华烁烁、孩童天真烂漫；鲜花缀满枝头、茂树茁壮参天。宇宙的法则、时空的奥秘、生命的本原都汇聚在当下的美丽中，穿透历史与未来的是对和平与幸福的祈念。他正是用这样的意象、这样的光影来说明人间是一种繁荣，万物是无尽欢喜，一如《周易》中所提出的"保合太和"的境界——万物谐协，雍容自信，殷实丰润，安康欣悦。

从埃及的金字塔到法国的埃菲尔铁塔，从香港的大街小巷到日本的农田耕地，从美洲、欧洲富有浓郁人文风情和历史意义的建筑到四季的变幻、晨昏的交替、白昼与黑夜的对比、花与树、鸟与海……时间和空间的跨度非常大，足迹所到之处心亦到，心迹再现于尺幅之间，便再现了他一生为人类和平与幸福、为弘扬佛法而奋斗的波澜壮阔、艰辛伟大。同时，也反映出他对人类社会、对自然环境的热爱和关怀。虽然取景自然的作品不在少数，很少有单纯表现人的作品，但人的痕迹无处不在，关于人的反思无处不在，画面外的大我始终有力地控制着一切，最终体现池田大作的艺术是为"人"的艺术。

池田的艺术作品中有着良好的平衡感觉。平衡意味着和谐、中正、均衡，不能简单地把它理解为数量上的平均、技法上的写实或创作态度上的不偏不倚，而是要着眼于事物的性质、内涵，从思想感情上、从事物本质上赋予事物平等的权利和关怀。正所谓"挥慈悲与智慧之手，抚得人心一样平"，虽然他眼中的万事万物千差万别，但都直接沐浴着佛的平等大慧之法，显现着各自的尊严和力量。

2. 童真与质朴

现代社会，人的异化已是一个不争的事实。作为人类精神现状最直接的反映，文学及其他艺术形式也在不同程度上堕入概念的迷宫，堕入空虚、烦恼或欲望的深渊。根源何在？如何救赎？池田大作认为，"语言不能与人割裂开来，'语言即人'，'语言即心'。语言的荒芜就是人心之荒芜，语言的堕落就是人的堕落。""人要重获'健康的语言'，就必须重新恢复'健康的心'。"[15]而这种健康的心，便是在文化冲突和混乱中人们所深切要求的内发性的自我规律、自我控制之心；是以人情化的方式体察物情、混融想象与实体、能产生最大移情作用的童心；是向着宇宙敞开、充满创造性生命的诗心；是从常识出发思考问题，从本源上关注人性，能使人正确、坚强和聪明的淳朴之心。

池田大作便是以这样的"心"投入艺术创作，返璞归真，纯净天然，扬止之间，性灵流溢。不管是摄影作品还是文学作品，光影极尽绚烂，而绚烂归于平淡；色彩不拒繁华，而繁华趋向单纯。他善于用孩子的纯真的眼光来看世界，善于捕捉细节和瞬间的美，善于处理大与小、虚与实、明与暗、简与繁的辩证关系，使作品打上了童贞与质朴的烙印。

以童话创作为例。池田大作的童话作品，首先在主题上延续了以人为本、追求和平和幸福的人学观念，教育孩子们要维护人性尊严、反对暴力战争、珍惜友爱和平、学会美好善良，因而被称为"教育童话"。"在这里，正义、真诚、坚强、无私、宽容、善良的品格得到了由衷的赞叹；邪恶、虚伪、懦弱、自私、狭隘、冷酷的行为遭到了严厉的鞭挞，形成了一个以博爱、平等、和平为主导的伦理价值体系和理想人格塑造系统。"[16]文学中有单一性主题，也有复

合性主题，池田的每一篇童话多突出一个主题；对主题的表现有的是开门见山、平铺直陈，有的是曲径通幽、婉约隐含，池田的作品多直抒胸臆，立场鲜明地点出主题。这样的点题方式，鲜明畅达，直指人心，表现出作者的胸襟阔达、用意恳切。

在人物、场景、情节的设置上，池田大作驰骋想象，精巧运思，虚构了诸多个性鲜明、超越现实的形象，有人物也有动物，有机器也有物品。他们在现实和幻想的空间里自由转换，在曲折而有趣的故事里起伏跌宕，既带着超常的能量，又符合生活的逻辑；既焕发虚拟的美感，又具有艺术的真实。在童心里种植美好的种子，需要高超的手艺。池田大作用他真诚、美妙、简洁、生动的童话故事，耕耘着童心，把最简单而又最本质的哲学思考播撒在孩子们心中，使他们在审美愉悦中受到伦理、道德、意志、品格等的熏陶和启迪。

在语言的运用上，不惟童话，也包括诗歌、散文、演讲辞、小说等作品，都形成了池田大作独有的个性风采。滤除激昂澎湃的情感，剥开厚实渊深的学理，抽离缜密细致的哲思，我们看到他的语言风格是纯净优美、简洁明快、洗练质朴的，即便有一些华丽的修饰，也决不扭捏造作，而总在浓郁的人情里搅入大自然的清风明月，处处呈现着返璞归真的美学愿望。

风格即人。“自古以来，艺术一直表现出不可压抑的人性，它透过各种具体形式，平实地象征‘统一实体’。诚然，每一种艺术都在有限的空间内创作出来，然而每个艺术工作者的灵魂都希望透过自己的创作活动，跟可称为宇宙生命的‘统一实体’联系起来，从而与之融为一体 。”[17]有了这样的认识和追求，池田大作在各种艺术作品中都带有童真与质朴的特征，也就不难理解了。

3. 博大与和谐

人对潜藏在宇宙、生命中的具体规律、类规律和总规律的认识与把握，总是一个由微观转向宏观，再由宏观转向微观的双向互动过程。大道朝天，佛法无边，穷理尽性以通天下之志，见微知著以成天下之务，出神入化以求无上之功，这几乎是每一个有使命感的人的理想追求，池田大作也不例外。出于如此胸襟气度，他的艺术创作就带上了纵浪大化中、椽笔绘宏图、肯于和敢于包容一切的博大渊深的美学特征。

佛教的“缘起观”促使人和自然的万象在因缘而生的相互关系中，尊重彼此的特质，互相发挥，共生共存。且这种关系，毫无疑问，是基于对内在于万物的宇宙生命的直观。因此，佛法否定一切暴力，决不允许森罗万象的宝贵协调受到破坏。池田大作对此有深刻的认识，他说，“所有的人们作为各不相同的一个人的生命，都是极其尊贵的本体，都是应当平等、繁荣的存在。”[18]他在解释日莲大圣人所说的“樱梅桃李不改个个当体”时提出，人的性格，以及社会、自然环境等都应该像“樱梅桃李”一样，发挥各自独有的丰富个性，并能互相配合，生命如此，艺术也如此。作为政治家、社会活动家的理想信念与艺术家的胸怀抱负是完全一致的。推己及人、由人及物，他作品中无处不在的繁荣景象，显现着万事万物在宇宙大化的特定秩序下生机勃勃的律动，让人感到和谐的世界、和谐的社会就应该是如此盛世辉煌、希望无边。

以诗歌为例。池田大作被称为“拥有诗人之魂的斗士”，诗歌创作，在他全部艺术创作中占有很大的比重，成为他抒发生命体验、阐释佛法精神、激励自己和友人的不可替代的手段。人、事、物、情、理、典是文学创作的常用元素，池田大作更多地运用其中的人、情、理，尤其是对理的强调，使他的每一首诗都可以称为与根源实体紧密结合、揭示生命奥义和终极真理的哲理诗。

阔达的空间感觉由一芽之微、极小的存在延伸向整个宇宙，最终与时间之网交织在一起：

天空中有鸟飞翔的道路/海洋中也有鱼游之所/……当人们到其他星球旅行成为可能时/在微小的地球上/还有争吵的必要吗[20]（《伟大的希望》）

牛郎启程/织女前去相会银河之恋/……将人类包裹在其威严之中的不可思议的空间/若隐若现的王座的那一边/过去、现在、未来/纵向延伸到永远/横向在无限广大的幽冥里探求[20]（《宇宙》）

丰茂的生命意象囊括母亲、孩童，繁花、茂树，朝阳、黎明，泉源、海洋……四处流溢的美与爱形成的和谐的乐章：

在遥远的地平线上/黎明的天空中/一道闪光最终迸发而出/描绘出一

幅名画/最崇高的艺术/太阳正在冉冉升起[21]（《黎明》）

有生机盎然的庭院/有道路，有山坡//也许谁也不知道/满月照耀的童话王国/美丽的河流/水晶般的宫殿/在我内心的深处/永远有金色的太阳在闪耀[22]（《生之快乐》）

启人心智荡涤灵魂的哲思将触角伸向幽冥的灵魂深处、浩瀚的宇宙时空，掷地有声地昭告世人潜藏在万事万物中的法则：

有时，诗人与草木谈心/与星星对话/与太阳互致问候/把万物当作朋友/在这里发现生命力/擦亮生命/融会贯通现实世界的事物万象/他把目光锁定在宇宙不变的法则上[23]（《诗——人类的展望》）

因果互相映现/有限孕育着无限/刹那包含永恒/自我与宇宙的交叉活动——/一个又一个/和着融合的大声音的曲子/万物流转而不知停息[24]（《宇宙》）

池田大作就是以这样的笔触和情思赞美自然，赞美绿色，赞美母亲，赞美生命。所有的意象哲思都反映出博大与和谐的审美特征。现代社会所推崇的和谐包括人与人、人与社会、人与自然的和谐，这与东方传统文化中“达致中和”的追求相一致。《中庸》第一章便说：“中也者，天下之大本也。和也者，天下之达道也。致中和，天地位焉，万物育焉。”深受儒家天人合一思想影响、秉持佛法平等慈悲精神的池田大作，在他的诗歌创作中凸显了这样一种底蕴深厚的东方智慧。

三、大乘之命——池田大作美学实践的价值

可以满怀信心地说/我们将永远期待/胜利与荣光/以及幸福的宫殿/建设完成。——池田大作《和平之旗 胜利之贤者的前行》[25]

美作为形式与内容、感性与理性、合规律性与合目的性的统一，在人类生活中发挥着不可替代的作用。池田大作的艺术创作，既是目的——作为有情有思的生灵对自然、社会和人生的感受、发现与萃取，是个体的陶醉与抒发，内在性情和人生境界的展现，以此实现最高境界的艺术化的人生；更是手段——以和平理念、和谐思想、幸福观为引领，载道弘法，达成使命。他用爱和希望、用美和善良来吸引人、感染人、教育人、鼓舞人，诸多作品直指人心，富于人文关怀，形成巨大的“软能”。如他所说：“艺术家用语言或抽象的技法发表作品，这些行为如果不是直接关系着时代的现状，也是对社会如实表示的某种意见，当然会给政治和社会某种影响。”[26]他用多种多样的艺术活动，把这种“软能”发挥得淋漓尽致——

1. 动心、怡情、澄怀、明志

身为宗教领袖、民间大使、时代巨擘的池田大作，并不是高高在上的“超人”或“神”，而是周身上下充满了质朴的人性光辉。他有一颗敏感细腻的心，对喜怒爱恶惧感受得格外深切，尤其是对战争的体验成为整个和平主义的原点；他看重人心冷暖人情厚薄，温柔敦厚幽默爽朗之中给家人和朋友以妥帖的关怀，犀利尖锐百折不挠地表达对恶的愤怒和挞伐，并由此滥觞了以慈悲为主旨的佛法实践；他讲究物质生活的品位，更在意精神生活的质量，对诸多文明成果覃思精研之后开启了世界范围的文化教育运动。

人的丰富性成就了艺术的丰富性，艺术的端雅高致也塑铸了人的高格境界。池田大作把艺术活动作为生活的一部分、事业的一部分，用艺术活动来动心怡情，澄怀明志。他说：“虽然要学习难以理解的佛法，但是偶尔抬头看看星星月亮、写写诗，这一份余裕的心情也很重要。以广大的心胸凝视宇宙，也等于在凝视自己的人生。”[27]他认为诗歌是想象力、创造力的源泉，可以说多种形式的艺术活动契合了他的精神追求，在他的人生中起着舒缓压力、陶冶心灵、提升境界等作用。他把自己内心对自然、对社会、对人所感受到的兴奋、惊异、感恩、尊崇、震撼、热爱呈现在摄影画面或字里行间，用自己对宇宙人生的深刻理解和高超技巧，缔造出一个具有和谐内涵的艺术世界。若整个创造价值的事业离不开人格魅力的贡献，这人格魅力的形成，当然离不开艺术的点化之功。

2. 呼唤、感染、启迪、激励

有人说艺术家有冷热两种类型，池田大作是属于后一种类型——热与力到处奔流涌动，形成巨大的能量场，吸引并带动审美对象跟着一起热力喷张。他的艺术活动绝不停留于小我的范围，也不仅止于审美的范畴，而是无限地扩张开去，用爱和希望、用美和善良来吸引人、感染人、教育人、鼓舞人，以直抒胸臆的诸多作品启迪民众、激励人心，体现出对众生的人文关怀。因而如他在《艺术颂》里所说，艺术“是友爱的广场/万众聚集 握手/互报以微笑”[28]。艺术不会伤害人，而会安慰苦恼繁多的人生，给人生带来希望。

他是如此重视艺术的功能，认为能够让人心苏生的，是诗的力量，是广泛的文化的力量、美的力量。“诗歌中有一种‘使人积极向上’的力量。它有时像太阳，照耀人们心灵的大地，使人们产生巨大的勇气和希望；有时像月光，温柔地把人们拥抱，治愈他们心灵的创伤，静静地恢复走向明天的力量。一首诗歌具有的力量之大，有时是无法估量的。”[29]他经常以诗激励妻儿、鼓舞同志，把摄影作品寄赠给友人。常年如一日，在《圣教新闻》上发表励志的诗歌，多年来笔耕不辍，著述丰繁，耄耋之年仍拨冗除杂，把主要精力用在写作上，梳理总结一生的思想，进一步为历史创造价值。

3. 载道、弘法、交流、共鸣

从《探求一个灿烂的世纪》中记录的一段对话，我们可以更深地感受到艺术之于池田大作的意义：

金庸 先生所写的诗歌中有强烈的诗意，个性却是志士型、事业家型的，有点类似于日本的德川家康，中国的陆游、辛弃疾。这个矛盾，大概是由于先生对佛教的信仰，以及受了户田先生的感化和重托，将振兴创价学会的重任放上了肩头之故吧？

池田 我自己在年轻的时候便立志要成为作家和诗人。不过命运把我带到另外一方。

特别是对“革命”与“热情”的诗人拜伦十分喜爱，曾写过一篇文章赞美他的人生哲学。他年轻时就是才华横溢的诗人，不仅如此，而且是积极投身于希腊独立战争的革命之子。对此，我颇有同感。

但是，如以金庸先生所说的“志士型”、“事业家型”的性格来说，也即您所指的，要振兴国际创价学会这样大型组织的重任的确有很大的压力。

大乘佛教的“菩萨道”，为了使民众从事和平运动，常常保持组织的活跃和确实的前进，必须留心做到，比“一个人走一百步”更重要的是“一百个人走一步”。……“一百个人走一步”除了是“平凡而非凡”的道路，也表现出大乘佛教的精神，是一种健全的步伐。[30]

对于一个曾经立志成为诗人和作家的人来说，艺术活动注定是一种终生的诉求，是深深融入生命肌理的血脉灵魂。多种多样的艺术实践活动，一方面为和平及文化教育等社会活动搭建了广阔的平台，为人们的交流寻找到共同的起点，丰富了交流的形式与内涵，促进了不同国家和地区、不同阶层与领域的交流合作；另一方面也为创造价值的事业积淀了深厚的底蕴，催化了人性的交感共鸣，凝聚人心，鼓舞士气，使大乘佛教普度众生利乐有情的佛法实践和每个人的“人间革命”得到有力推动。

如果把池田大作的艺术作品喻为感性之花、人性之花，那么他的整个艺术活动就像清澄浩渺的水一样，滋养这花的绚烂芬芳，同时载动和平之舟、使命之舟，驶向世界的每一个角落。慈蔼悲悯是内涵、是源泉，睿智果敢是动力、是风帆。向着那片光明仁爱之所在，他奔走了一生，奉献了一生，也收获了一生。

（作者为辽宁师范大学和平文化研究所研究员）

【注释】

①池田大作:《21世纪文明与大乘佛教》，正因文化事业有限公司（台湾），1997年，第119页。

②池田大作，金庸:《探求一个灿烂的世纪》，北京大学出版社，1998年，第274页。

③池田大作，汤因比:《眺望人类新纪元》，天地图书有限公司（香港），2000年，第89页。

④池田大作:《和平世纪的倡言》，天地图书有限公司（香港），1997年，第111页。

⑤朱良志:《中国美学十五讲》，北京大学出版社，2006年，第281页。

⑥池田大作:《新·人间革命》，第5卷，创价学会译，天地图书有限公司（香港），1999年，第30页。

⑦池田大作:《我的世界交友录》，第1卷，卞立强译，湖南师范大学出版社，2006年，第223页。

⑧池田大作:《人生的坐标》，商务印书馆（香港），2003年，第138页。

⑨池田大作，金庸:《探求一个灿烂的世纪》，北京大学出版社，1998年，第276页。

⑩池田大作:《人生的坐标》，商务印书馆（香港），2003年，第140页。

⑪池田大作:《21世纪文明与大乘佛教》，正因文化事业有限公司（台湾），1997年，第110页。

⑫池田大作:《21世纪文明与大乘佛教》，正因文化事业有限公司（台湾），1997年，第106页。

⑬朱光潜:《无言之美》,北京大学出版,2005 年,第 83 页。

⑭池田大作:《21 世纪文明与大乘佛教》,正因文化事业有限公司(台湾),1997 年,第 274 页。

⑮池田大作,金庸:《探求一个灿烂的世纪》,北京大学出版社,1998 年,第 122 页。

⑯乔丽媛:《池田大作童话创作散论》,《21 世纪东方思想的展望》,北京大学出版社,2005 年,第 300 页。

⑰池田大作:《21 世纪文明与大乘佛教》,正因文化事业有限公司(台湾),1997 年,第 109 页。

⑱池田大作,松下幸之助:《人生问答》,商务印书馆(香港),2001 年,第 158 页。

⑲池田大作:《心灵交响诗》,圣教新闻社,2000 年,第 29 页。

⑳池田大作:《心的交响诗——池田大作写真诗集》,朱园园译,圣教新闻社,平成 12 年,第 108 页。

㉑同上,第 80 页。

㉒同上,第 32 页。

㉓同上,第 6 页。

㉔同上,第 109 页。

㉕池田大作:《池田大作全集》,第 46 卷,朱俊华译,圣教新闻社,2007 年,第 469 页。

㉖池田大作,汤因比:《眺望人类新纪元》,天地图书有限公司(香港),2000 年,第 98 页。

㉗池田大作等:《法华经的寿量》,创价学会译,明报出版社有限公司(香港),2000 年,第 52 页。

㉘池田大作:《21 世纪文明与大乘佛教》,正因文化事业有限公司(台湾),1997 年,第 20 页。

㉙池田大作:《人生的坐标》,商务印书馆(香港),2003 年,第 141 页。

㉚池田大作,金庸:《探求一个灿烂的世纪》,明河社出版有限公司(香港),1998 年,第 129～130 页。

「民衆の心」をつかめ　その指導者が勝つ

——曲慶彪学長と池田大作名誉会長との対談

池田名誉会長　きら星のごとき人材群。大教育者を育成しゆく伝統。

貴・遼寧師範大学の人間教育の偉大なる歴史を心より尊敬申し上げております。

曲学長　池田先生は、世界的に著名な思想家であり、哲学者であられます。

また、学術の面においても、素晴らしい功績をお持ちであり、卓越した詩人でもあられます。

このような先生に、本日、わが大学の名誉教授になっていただけたことは、最高の栄誉であります。わが大学の1万人の教職員と学生を代表して、池田先生に最大の感謝を申し上げます!

名誉会長　あまりに過分なお言葉です。ご期待にお応えできますよう、貴大学の一員として、貴大学の発展を祈りに祈り、微力ではありますが、行動してまいる決心です。

——今年、創立50周年を迎えた遼寧師範大学。

この間、約7万人の人材を送り出し、遼寧省の「教員の養成」と「科学研究の発展」を推進する一大教育センターの役割を果たしてきた。

その大学をリードする曲学長は、今月で47歳。

名誉会長　お若いということは、それだけで素晴らしい力であり、素晴らしい光を放っておられます。

曲学長　ありがとうございます。

きょう、私は、大学を代表して、池田先生に名誉教授を授与しただけでなく、個人として、また一学生として、ぜひ、池田先生から多くのことを学ば

せていただきたい。そういう気持ちでまいりました。

池田先生のたくさんの著作も読ませていただきました。

なかでも、(香港の大文豪である)金庸先生との対談集(『旭日の世紀を求めて』)は、金庸先生からサインを記していただいたものを頂戴しました。

池田先生の写真集やグラフSGIも拝見しています。写真では池田先生と何回もお会いしているので、初めてのような気がしません(笑い)。

名誉会長　本当によく知ってくださり、汗顔の至りです(笑い)。

しかし、その真摯に知ろうとされるお姿のなかに、貴国の大発展の因を見る思いがします。

W 杯に初出場!

——21 世紀を迎え、ますます発展する中国。

今月 20 日から、上海でAPEC(アジア太平洋経済協力会議)首脳会議が開催され、テロ事件で世界が混乱するなか、中国は、議長国として会議を成功に導いた。

また今月 7 日には、明年、韓国と日本が共催するサッカーの「ワールドカップ」への初出場が決定。2008 年の「北京オリンピック」開催決定に続く朗報に沸いた。

名誉会長は、こうした点を挙げながら、学長の専門である毛沢東主席が45 年前(1956 年)、21 世紀を見つめて、「中国は……人類にかなり大きな貢献をしなければならない」(松岡洋子訳)と語り、「そのころには、中国の姿はさらに大きく変わっているであろう。中国は強大な社会主義工業国に変わっているであろう。中国はそうあるべきである」(同)と展望した言葉に言及。

また自身も数十年前、中国の首脳に「貴国は必ず大発展します。日本をやがて追い越し、米国と並び世界の中枢の国になる」と語ったことを振り返り、世界の大中国としての発展ぶりを心から讃嘆した。

曲学長は、東北師範大学で法学博士号を取得。同大学のマルクス・レーニン教育研究部、政治学部、毛沢東思想研究所に勤務。

1992年、遼寧師範大学に移って教鞭を執り、先月、学長に。

専門は、毛沢東思想、鄧小平理論の研究と教育。「毛沢東の社会主義観」「鄧小平理論の科学的体系」「鄧小平理論と毛沢東思想の関連」といった分野で、優れた業績を打ち立ててきた。

著作に『毛沢東から鄧小平へ——中国の特色ある成功への道』『ユートピアを超えて——毛沢東の社会主義観』等がある。最近は、『鄧小平社会主義のよって立つパワーの研究』を編纂している。

なぜ、政治学を

名誉会長　学長は、毛主席や鄧小平氏の研究の大家であられます。

そこで、最初にお聞きしたいのですが、こうした道に入られた、きっかけは何だったのでしょうか。

曲学長　成長するにつれて、私は、読書が一番好きになりました。いろいろな本を読むうちに、社会の発展に影響を持つ政治家に強い興味を持ったのです。

それで、大学で政治学を専攻し、政治家について学び始めたのです。

名誉会長　それでは、政治学の魅力とは。

曲学長　じつは私、経済や哲学の成績は、いつも「優」だったんです。ただし専門の政治学だけは、いつも「優」が取れない。75点くらい。クラスで最低でした(笑い)。当時、政治学の試験は、政治家が書いた書物を丸暗記し、その通りに書けば良い点数がもらえたのです。

なのに私は、自分の思ったように書いていましたから、良い点がとれなかったわけです。

私は、政治を学ぶには、政治家の書物を暗唱するよりも、政治家一人ひとりの人物像を知り、その人の胸の内はどうなのか、どんな能力を持っているのかを研究するほうが大事だと思っていました。また、学ぶことを通して、そうした力を自分のものにしたいとも……しかし、到底、そこまでは達しませんでしたが。

名誉会長　真に学問を探究するうえで、大事な点を語ってくださいました。

曲学長　「世の中のために働くこと」は、難しいことですし、たとえ政治家であっても、そういう人は少ないでしょう。

また、それを実行するには、正しい思想と理論の両方を持っていることが大事です。

中国では、思想と理論の最高点に到達した状態を「浩然の気」と言います。孟子の言葉に「吾が浩然の気を養う」とあるのが、それです。

〈浩然の気とは、この上なく強い気で、自分の行動が公明正大で、天地に恥じることがなければ、その気は、自ずと身中に満ちてくるとされている〉

名誉会長　毛主席の最大の功績として、「新中国の建国」が挙げられると思いますが、それ以外に、どのようなことが挙げられますか。

曲学長　おっしゃる通り、「新中国の建国」は毛主席の偉大な功績です。

もう一つ、毛主席の偉大な功績として、「中国の社会主義の基礎」をつくったことが挙げられます。

もちろん、毛主席にも、良い面、良くない面の両方がありました。良い面はいいとして、そうでない面を、どうとらえるかですが、私は、良くない面も、反面教師として、中国の改革・開放の発展に大きな影響を与えていると思います。その意味で、中国人民にとっての財産なのです。

天文学、物理から仏典や聖書まで

名誉会長　少し質問の角度を変えますが、毛主席に何か趣味はあったのでしょうか。

曲学長　一番の趣味は「読書」だと思います。非常に幅広い分野の本を読む、大の読書家でした。

これは、池田先生にも共通するのではないでしょうか。偉大な思想家というのは、古今東西のあらゆる学問を修め、自分のものにするのです。

名誉会長　私のことはともあれ、毛主席が無類の読書家だったことは有名ですね。

その読書範囲は、哲学、経済学、政治、軍事、歴史、地理をはじあ、生命科学、天文学、物理学、土壌学など、科学の専門分野にまで及んでいたそうですね。

宗教も重視し、仏教経典や聖書も、ひもといた。

さらに「ロミオとジュリエット」や「ジェーン・エア」などの小説も読んでいたという。

こうした万般にわたる読書が、毛主席の思想にさまざまな影響を与えたことと思います。

そこで聞きたいのですが、毛主席は、どういう「人」に影響を受けたのでしょうか。

曲学長　毛主席は、人生の各段階で、さまざまな人物から影響を受けました。

まず、曽国藩です。〈1811～72 年、湖南出身。清朝末期の政治家で洋務運動の推進者〉

次に、孫文。

師範学校に入ってから、先生方にも影響を受けますが、それほど大きなものではありません。

のちに義父となる楊昌済氏には大きな影響を受けています。

〈最初の妻・楊開慧の父。毛主席が学んだ長沙（湖南省の省都）の第一師範学校で倫理学を教えていた〉その後、師範学校を卒業して北京に行き、北京大学を通して、マルクス・レーニン主義に出あいました。〈25 歳のころ、北京大学図書館で働いた。〉

では、最後の段階で、毛主席に決定的な影響を与えた人物は、だれか——じつは、そうした人物はいないのです。

毛主席は、最終的には、だれの影響も受けずに、独自の思想体系をつくりあげたからです。

つまり、ある人や思想から影響を受けては、それを乗り越え、さらにま

た違う影響を受けては、それを乗り越え——そうした繰り返しの過程を通じて、独自の思想を形成したのです。これは、偉大な思想家に共通するプロセスだと思います。

名誉会長　なるほど。深い視点と思います。

現状に満足してはならない。「もっとも高く」「もっと前へ」と進み続けてこそ、「本物」ができあがるものです。

名誉会長　毛主席は湖南省の農村の出身でしたが、両親は、どういう人だったのでしょう。

曲学長　父親は農民でしたが、兵隊になったこともあります。のちに商売を始め、ある程度、経済的に成功しました。しかし、目先のことばかり見て、大きな展望を持った人ではなかった。

一方、母親は、善良で、優しく、大きな包容力を持った人でした。いわゆる「良妻賢母」タイプの女性でした。

ですから毛主席は、父親より、母親に対して深い感情を抱いていました。よく「自分は母親似だ」と、発言していますが、この言葉は「母への愛情」を表していると同時に、「自分は母から『強さ』と『優しさ』を受け継いだ」ということも意味していると思います。

私の個人的な考えですが、母から受け継いだ「強さ」と「優しさ」が、毛主席の天賦の才能となり、その後の大いなる成長をもたらしたのではないでしょうか。

名誉会長　人間の成長にとって、母親は本当に大事ですね。

——さらに学長から、共に革命運動に参加した毛主席の二人の弟が殺されてしまったこと、毛主席が師範学校卒業後、一時期、小学校の教師・校長をしていたことが紹介された。

文革への評価

名誉会長　ところで、曲学長は、文化大革命をどう評価していますか。

曲学長　「文化大革命は間違いだった」ということは、はっきり言えます。

ただし、中国の国家建設の過程において、避けることのできない、必然的な出来事だったのではないかと思います。

文革は大きな災難でしたが、それを乗り越えることによって、中国は新しい段階に発展しました。結果的に、文革は中国を脱皮させる一つの推進力となった、と言うことができるでしょう。

自然の進化は直線的ですが、人間の進歩は曲線を描きます。その意味で、文革は、中国にとっての大きな曲がり角に当たっていたのだと思います。

中国に、「河は潼関を出で、太行山の抵抗にあい、さらに勢いを増す。風は三峡を回り、巫山にぶつかり、さらに力を増す」という言葉があります。

同じように、わが国も、文革という試練を乗り越えることによって、さらに大きく発展したのです。

——この日、曲学長から、中国の人民大会堂に飾られている「梅の絵」のレプリカが、名誉教授就任の記念として、名誉会長へ。

「この梅の絵は『春を告げる図』です。春とは池田先生の世界に対する貢献を表しています。また池田先生とご家族のご健康をお祈りする心を表しています」と曲学長。

「梅は貴国の花です。日本は桜ですが、パッと潔く散って、一見、きれいなようだが、はかない面もあります。梅は、厳寒の中を耐えて咲き薫る生命力にあふれています。忍耐と清らかさと勝利を象徴する花です」と名誉会長。

学長は、「中国古来の詩のなかでも、梅の香りは、寒さを耐えてきた勝利の喜びを象徴しています」と満面に笑みを浮かべて。

毛思想と鄧理論

名誉会長　毛主席の思想を、どう評価しておられますか。

曲学長　毛主席は、哲学、政治、革命、軍事において非常に高度な思想をもっております。当時の中国を考えれば、完璧と言ってもいいほどです。

しかし、毛主席は、「経済建設」に関して十分とは言いがたいと思います。

ただし、それは、毛主席が学ぶことを怠ったからではありません。当時の中国の指導者すべてが、そうだったのです。あの時代状況に置かれていれば、だれであろうと、そうならざるを得なかったでしょう。

毛主席は、まず第一に、政治思想をあまりに重視していました。政治思想が正しい方向に進んでさえいれば、経済は、自然に後からついてくると考えていました。実際に、そういう考えに基づいて国家建設に取り組みましたが、そういう点では、あまり、成功したとは言えないでしょう。

第二に、社会主義の国では、貧しければ貧しいほど、(現状を変革しようという)思想によって発展を早く実現できると考えておりましたが、それは違っていた面があるでしょう。

どちらも、(経済発展を重視した)レーニンとは、対照的な考え方です。

名誉会長　鋭い洞察です。

曲学長　毛主席は、最終的に、和の哲学を忘れ、偏った立場を取ることがありました。

名誉会長　学長は、毛主席と鄧小平氏の思想的な関連についても研究をしておられます。『鄧小平理論と現代中国』という100万字を超える大作も編纂されました。ここでは、政治、経済、文化、教育など、あらゆる角度から「鄧小平理論」が緻密に論じられており、画期的な研究書として絶讃されました。

鄧小平氏とは、私も2度、お会いしました。〈74年12月、75年4月〉

鄧小平理論は、中国の文化、教育に、どんな影響を与えたのでしょうか。

曲学長　鄧小平理論は、毛主席の思想を補う素晴らしい理論です。

中国では、「天道は足らざるを補う」という言い方があります。

天の道は、その不足しているところを補い、それで、すべて、うまく納まっていくという意味です。

鄧小平理論は、毛主席以後の時代に中国がどのように発展すべきかを示す、確固たる理論体系です。理論の基本精神は、中国の政治、教育、文化すべての分野に適用できます。

名誉会長　中国の目覚ましい発展が、その偉大さを雄弁に物語っております。

「ねずみをよく捕る猫が良い猫」

曲学長　偉大な哲学思想は、その最高点に到達すると、いくつかの簡単な言葉で表現されるようになります。

それでは、鄧小平理論は、どう表現されるのか。

まず、「解放思想」――思想を解放することです。

そして「実事求是」――事実に基づいて真理を探求することです。くだけた表現で言えば、「白猫でも黒猫でも、ねずみをよく捕る猫は良い猫だ」となります。鄧小平氏が言った有名な言葉です。〈何よりも現実の結果を重んじた言葉〉

最高の哲学思想というのは、書物の中にある膨大な文字によって、人々に教えられるものではありません。簡単な言葉で表現され、だれもが理解でき、実践できるものなのです。

池田先生の哲学思想こそ、まさに、その典型です。

学会の女子部に贈った随筆の中に、「『哲学』と言うのは、よりよき生活をしていくための『智慧』である」という一節がありました。本当に短い言葉で最高の表現がされていると思います。〈随筆「新・人間革命」の「花の女子部に贈る」〉

先ほど述べた浩然の気は、最高の人格の中にみなぎり、広げれば、全宇宙となり、凝縮すれば、極小の中に納まるとされています。最高の哲学は、広げれば、全宇宙に当てはまり、凝縮すれば、簡単な言葉で表現されるのです。

名誉会長　普遍的な示唆に富むお話です。

鄧小平理論の柱は、「改革・開放」です。

この鄧小平氏の敷いた「改革・開放」路線は、経済の飛躍的な発展をもたらしました。しかし反面、「貧富の差の拡大」や「拝金主義」などの弊害や矛盾も現れているという指摘もあります。

鄧小平理論の中に、これらを乗り越える道は、どう示されているのでしょうか。

曲学長　発展の途上には、必ずそのような弊害が出てきます。それを免れることはできません。

もちろん、鄧小平理論でも、弊害を解決する方法について論じております。ただし、解決するには、時間がかかります。短時間で、そうした弊害を取り除くことはできない。

しかし、天道に基づく限り、必ず順調な道をたどっていく。正しい道を歩む限り、必ず成功することができるのです。

中国が建国された当時、人々は、非常に高い精神性、道徳性を持っておりました。国のため、人民のために貢献しようという思想がみなぎっておりました。ただ、経済面では非常に遅れておりました。

今は逆です。経済が発展する一方で、人々の道徳観念が後れをとる傾向があります。

同時に両方とも成功するということはないでしょう。

時間とともに良いものを残し、悪いものを除いていく——必ず、そうした過程をたどらなければなりません。これこそ発展の途上における必然的な過程なのです。長い時間をかけて、発展の弊害を少しずつ除いていく——これが現在の私たちの目標であります。

名誉会長　私は、中国が、世界をリードする偉大な精神文明を建設されゆくことを確信しております。

ところで、鄧小平氏は、三だび失脚し、いずれも不死鳥のごとく厳然と復活されました。その不屈の生命力の源泉は何だったのでしょうか。

曲学長　まず「中国の発展と繁栄のために何かをしていこう」

という誠意であります。

曲学長　中国のことわざには、「誠意は金石をも割ることができる」とあります。本当の誠意があれば、どんな不可能も可能にできるという意味です。

さらに、鄧小平氏自身の非凡な素質があります。

それは、いくつかの言葉で表現できます。

一つは「知幾」です。どこで進むべきか、どこで退くべきか、何を伸ばすべきか、何をやめるべきか——時代状況を正しく掌握して、そうした判断を得ることです。

「趨時」——時代を知り、世界の流れを敏感に把握するということです。孫文も「世界の流れを知り、民衆の願いを知る」と述べております。

池田名誉会長　民衆の心をつかむ——これこそリーダーの要件です。

曲学長　また、「執中」——中道主義を行くことです。中国の歴史は、左に傾き過ぎたり、右に傾き過ぎたり、それを繰り返してきました。一番大事なのは、中道です。真ん中の大道を行くことです。

「誠意・知幾・趨時・執中」——この八つの文字こそ、中国文化の真髄であると思っております。

名誉会長　私の師匠は、戸田城聖という人です。それはそれは、天才的な人物で、難しい理論をパッとまとめて、だれにでもわかるように教えるのです。真の教育者でした。今の学長のお話は明快で、戸田先生を思い出しました。

曲学長　恐縮です。

ぜひ大連へ!

名誉会長　さて、APECの期間中、上海市民は特別に休暇を与えられたそうですが、一番多かった旅行先は「大連」と報じられていました。

アンケート調査でも、上海市民が最も行きたい地方の第1位は、圧倒的に大連だといいます。

国の内外から、多くの人を引きつける大連の魅力は何でしょう。

曲学長　大連では、「山が美しい。水も美しい。それ以上に人間が美し

い」といいます。

私は、最も魅力があるのは、大連の「文化」だと思います。

大連は、全世界の文化を取り入れて建設してきました。どこの国の人でも、大連に行けば、自分が憧れる場所が必ず見つかるでしょう。

ですから、私はもう一度、誠心誠意、申し上げます。池田先生、奥様、ぜひ、大連にお越しください!

名誉会長　ありがとうございます。ご厚情に心から感謝します。

昨今の世界的不況の中でも、大連は急速に発展を続けています。今年の1月から9月にかけてのGDP(国内総生産)は11.2%も上昇。今月、経済日報で発表された中国の主要都市のランキングでも、大連市は「競争能力」で5位、「経済発展環境」で6位に選ばれています。

驚異的な発展の原動力を、どう見ますか。

曲学長　それは大連市の「活力」の問題と思います。鄧小平理論を使って説明してみましょう。

まず「開放」の度合いはどうか。国内の諸都市の中でも、大連は、いち早く対外的に開放し、外と交流し、文化や教育や経済の良い面を、どんどん吸収してきた。受け入れ、同化し、力にしてきました。

言い換えると、「国際化」が進んでいるところは、活力がある。

人間も、体を動かすと、血のめぐりがよくなり、活力がみなぎってくる。同じではないでしょうか。

でも自慢しすぎもいけません(笑い)。さらに努力が必要と思います。

環境保護へ市長が指導力

名誉会長　国連環境計画(UNEP)が毎年、環境保護に貢献した500の個人・団体に贈る「グローバル500賞」を本年、大連市が受賞されました。中国で初の栄誉と、うかがいました。

〈大連市は、93 年に「国家衛生都市」、97 年に「国家環境保護模範都市」に選ばれている〉

汚染企業を閉鎖・退出させたり、自動車の排気ガスを規制するなど、市を挙げての長年の努力が高く評価されたものですね。

曲学長　大連市の環境保護事業について、2つの側面から見ることができます。

一つは、大連市長であった薄熙来氏という若くて有能な人物のリーダーシップのおかげです。今は遼寧省の省長になりました。若手指導者として、とても有名です。

もう一つ、学問・研究の面で、わが大学は人材の育成に貢献しています。環境保護を専門に学ぶ学科があります。

さらに、大学全体として、学生だけでなく教職員にも環境保護の思想の教育を具体的に行い、社会のために貢献できる人間を育てていきたいと考えています。

語らいを終えて、曲学長は、名誉会長に自著『鄧小平理論と現代中国』を手渡した。その扉には、学長の献辞が記されていた。

「春風大雅能容物
秋水文章不染塵」

学長は言った。

「春の風のやさしさは、すべてのものをおさめることができます。また、大海が、すべての河を受け入れるように、仏教は、すべての思想を包容します。

文章は、秋の水のように、塵にも染められることはない——。

池田先生への尊敬の気持ちを込めて書きました」

翌 24 日、東京・創価学園を訪れることに触れ、曲学長は「池田先生の思想や理念が凝縮された学園に行くのが楽しみです」と。名誉会長は、「感謝します。学園は、世界の創価教育の原点なんです」と紹介した。

芳名録に、曲学長は、達筆を振るった。

「大道無辺 大像無形」——大いなる道には限りがない。大いなるものほど、その姿は分からない——と。

大いなる人間教育の道は、どこまでも広がる。その道に続く人もまた無限に広がっていく。教育に生涯を賭ける人の姿は、偉大すぎて目に入らないかもしれない。しかし厳然と前途を照らす光となろう。

一行を見送る夕空には、月が皓々と輝いていた。未来を照らす英知の光のように——。

会談には、創価大学の若江学長、田代副理事長、寺西国際部長、高橋強教授、創価女子短期大学の福島学長、創価学園の池田主事、香港 SGIの李理事長が同席した。

仏教の現代化と池田大作

曲　慶彪（朴　峰梅訳）

歴史を遡ってみると、広い宇宙の中の人類は絶えず生命の本源や存在の意義を探求し、積極的に天・地・人の関係を考え、理想的な心の中の図を描いてきたことが分かる。宗教はまさにこのような探求や創造の中で、社会現象や歴史現象、精神文化の成果へと発展してきたのである。

長い年月の中で人類の発展に重大な影響を与えた宗教は、今日の経済のグローバリゼーションや政治の多極化、そして多元的な文化の風潮、日進月歩の科学技術を前にして、その地位や役割、発展の方向は大きな変化を起こしている。一言でいうと、「宗教の現代化」はもう差し迫った必要があり、大きなテーマになっている。

「現代化という言葉は、進歩すること、新しいものを迎えること、順応すること、向上することを意味している。国や社会、宗教などは時間と空間の変化につれて絶えず発展を求め、だんだん現代化になりつつある。」[①] この意味では、宗教の現代化はダイナミックな概念であり、決まった時代の産物ではなく、絶えず発展し、更新する過程である。「窮すれば変わる、変われば通ず、通ずれば恒常になる」、変化と恒常は矛盾した同一体である。宗教は形式、手段から内容、本質までいつまでも革新を行い、時代の対応を求めている。しかし、本稿では20世紀以降の宗教だけに着目したい。

紀元前6世紀の中頃、カピラ城の王子シッダールタ（悉達多）が菩提樹の下で悟ったことをしるしとした仏教も、同様に「現代化」を必要とし、また「現代化」しなければならない。このため精力や思慮の限りを尽くして、大きな貢献をされた創価学会インターナショナル（SGI）会長、日本創価学会名誉会長池田大作氏は仏教の経典『法華経』の奥義を探求し、世間に広

めることに専念した。氏は現代社会のさまざまな問題を考え、それに回答することを自分の勤めとし、1700人にものぼる政治家や学術界の有名人と幅広い対話をしている。よって、宗教をもとに、国や民族、イデオロギー、文化、習慣などを超えて、全世界で平和、文化、教育活動を展開し、深い影響をもたらした。平和と「人間革命」を主張する池田氏は古い大乗仏教を一新させ、時代の潮流にあわせ、仏教の現代化という新しい境界を創造したのである。

一、宗教の人間本位の認識および宗教の現代化の理由

宗教というと、マルクスの論断が思い出される。「宗教の中の苦しみはまさに現実の苦しみの現れで、また現実の苦しみへの抗議でもある。宗教は圧迫されている生き物のため息であり、冷たい無情な社会の中の感情である。まるで主旨のない制度の主旨のように、宗教は人民のアヘンである。」②

アヘンは薬用の価値があり、また麻薬の特徴もある。「精神的なアヘン」もこのように二重の機能があるのであろうか。もしイデオロギーの束縛から離れ、人類学、社会学、文化学の観点から、特に人自身から考えてみると、宗教はどんなものなのであろう。

人間は不可思議な生き物で、思想があり、精神活動がある高級動物である。フランスの哲学者パスカルはこう言う。「人間はただ一本の葦にすぎず、自然界の中で一番弱いものである。しかし、人間は思想のある葦である。宇宙全体が武器を持ち出す必要などなく、ただの空気や水滴だけでも人が滅びる。しかし、たとえ宇宙が人間を滅ぼしたにせよ、人間は自分を滅ぼしたものよりずっと尊い。というのは、人間は自身の死のことをよく知っており、宇宙というものが自分よりずっと強いということがよく分かっているからである。しかし、宇宙はこのようなことについて何も知らないのである。したがって、私たち人間のすべての尊厳は思想である。」③

宗教はまさに思想の成果であり、人間の進化と発展に伴う精神的な現象である。そして人間の生存過程に伴う心の慰めでもあり、その積極的な役割は明らかである。

宗教はまず思想として歴史や文化に大きな影響をもたらした。そしてこれからももたらすに違いない。宗教は人間の思想の一番高く、深く、広いところまで含んでおり、哲学の知恵や論理の善、芸術の美しさとも兼備し、現実を超えた神秘的な宗教は実は非常に現実的な規則と秩序がある。宗教は言うまでもなく偉大なものであり、全人類の心の居場所を求め、人類の文明の成果である。人間が自然現象や社会現象および死亡への恐怖感を克服し、心の居場所を捜し求め、論理道徳を建築するにあたり、また人と神様との関係を調和し、調和のとれた社会を構築するには、宗教が欠かすことのできない役割をしている。人類社会の初期、かんなぎ文化の誕生は宗教の初期の発展を促進し、生産力の低い当時の庶民に規則と道徳を提供し、人々に希望と力を与えた。物質と精神の文明が高度に発展した今日、人間の外的世界への探求は想像を越えるほど進んでいるが、内的の世界一人間性への探求、心への観察、理解、そして精神の構築、道徳の養成、矯正などはまだ未熟であり、不足している。特に21世紀に入り、若者たちは華麗な外的なものにだけ執着しすぎ、内心の成長を無視した結果、精神的なものを失い、心のバランスが崩れ、価値観が混乱し、目標に外れるなどという精神状態になりやすくなっている。この場合、宗教、または宗教性の要素がそういう心の調整、道徳の整合などの面で程よい役割を発揮するのである。ほとんどの宗教は自分以外のものを信じ、自分以外の力に頼るにもかかわらず、「神」の手引きを通して、最終的に働くのはやはり信仰者自身の内的力である。このような内的力により人間は特定の使命感を持ち、善の方向を向かって発展する。「自度による済度」、「自覚による覚他」、そして「神を誇らせ、人間に受益させる」、「衆生に幸福に導く」、自分自身が精神的に保護され、苦しみを減少させ、穏やかになって幸福を体験することができるだけでなく、人と自然、人と社会との関係を調和し、平穏な社会の秩序を保ち、交流を促進させることもできるのである。

もちろん、宗教の発展においてその過程にはよくないこともたくさんあった。たとえば宗派や利益の争いで大きな流血事件があったり、ましては地域の分裂や局部地域の戦争が何百年も続いたりした。そして迷信の部分は人々に考える力と判断の能力を失わせ、「神」の玩具に成り果てるようにした。妥当でない組織活動は社会の政権などを脅かし、支配階級の民衆を制御する道具になってしまうこともある。そして、時代を離れ、科学を背離したある教義や儀式が大衆をばかにし、麻痺させることもある。例えば、中世期カトリック教が設立した裁判所により科学思想を受け入れた多くの人々が迫害され、死んだ。そして西欧の封建主義支配者たちが宗教を利用して十字軍を東へ遠征させ、多大な死傷をもたらした。これらは忘れてはいけないことである。今になっても、中東の混乱を起こしている複雑な原因の中で一番比重が大きいのはやはり宗教である。また、一部の宗教は消極的で世間を逃れようとする思想が強い。そこで、信仰者は幸福を来世と彼岸にだけ託し、現実の改善と建設を軽視してしまい、却って安易に失望してしまうのである。それは「幻の太陽」も光はあるが、直ちに旅人の道を照らすことができず、「幻の花」もきれいではあるが、それでも香ることや現世を飾ることはできないからである。それに、自分の中に閉じこもることにより知識が狭くなり、人間関係もうまくいかないので、開放的な精神と積極的な態度で探求し、創造するのにも不利である。ほかに、聖職者、僧職者などの腐敗や、迷信の立ち上げ、下心のある人たちの歪曲や濫用は宗教自身の弊害ではないが、宗教とはっきり分離できない関係で、そのため宗教に予知できない危険の要素をもたらしている。このようなものはみな宗教の消極的な面である。

カントは、人類の多くの災難は仕上げをしていない雑な思想や精神の氾濫から起こるという。そこで彼は「我の上に燦燦たる星夜があり、道徳律令は我のこころにある」という名言を残した。人は畏敬するものやよりどころがなければならない。宗教も同じことである。決して宗教が「仕上げをしていない」とか「雑だ」とかというわけではないが、しかし「氾濫する」可能性があるのである。大げさではないが、宗教は一歩でも正しくないところに歪んだら、甚だしい災いになりかねない。そして、宗教には心を制御する力があるのでこのような氾濫はさらに恐ろしい。いったん正しい信仰や聡い信仰が迷信、邪信に変わると、変質した宗教は人生や社会に大きな危害を及ぼすようになる。

宗教は積極的な役割と消極的な役割を同時に持っているので現代化を必要としている。そして宗教が長い歴史の中でなした深いパラドックスは、更に宗教の現代化の必要性を示している。次にこれらのパラドックスを並べてみる。

1. 宗教と迷信とのパラドックス

宗教は迷信ではないことは何の疑いもなく確信できることである。中国の世界宗教研究所の何光沪教授に指摘されたように宗教と迷信には大きな区別がある。まず、態度の違いである。迷信は傲慢であり、悪事を企んでその発展をコントロールしようとするが、宗教は謙虚で、その主旨は世界を受け入れ、そして世界の基礎を畏敬することにある。つぎに、目的の違いである。迷信は功利的で、人の利益のために「神力」を利用し、「神聖者」を世俗化する。一方、宗教は道義を重んじ、人の利益と「神義」と合致させ、世俗のものを「神聖化」する。最後に関心が違うことである。迷信が関心を持つのは世間の物事と自己の安楽であり、非究極者である。それに対して、宗教は世界の根源や万有の本源、そしてこの世を越えた人生の意味や価値の基礎に関心を持ち、究極者である。

以上より分かるように、迷信は低級であり、傲慢であり、でたらめである。が、宗教は広くて深く、非凡で上品なものである。しかし、宗教はこの世に生まれる時から神霊と切っても切れない間柄で、でたらめで愚かな「怪力乱神」も自然に寄ってくる。そこで、玉石混交になり、良し悪しの見分けがつかなくなる。「あらゆる宗教には、多かれ少なかれ、論理で説明しきれない神秘性の要素があります。そこに、哲学にはない宗教の特質があり、それがときに理性を超えた情念や行動を呼び起こし、優れた効果

をもたらしますが、逆に悲惨な結果をもたらすことになる場合もあります。」[4]すなわち、宗教は一定の超自然、超社会、超人間的な力を認め、利用し、迷信の間違った道へ紛れ込んでしまう恐れがある。その結果、事の成り行きが希望と裏腹になってしまう。宗教の世界の霊的な旅は、絶えず自己を超え、迷信を超えた心の旅であり、少しでも方向を間違えると、「迷信」の勝利になることを意味している。

はじめのごく些細な差が最後には大きな違いとなる。宗教と迷信は、本質は違うが似たような形式や内容が多くあるので、宗教は迷信の影から出にくく、理性と知恵の光もそれに覆われかねないのである。

2. 宗教と世俗とのパラドックス

奥山の古刹に、経文とほの暗い灯火。仏教というと、人々は髪を剃った僧侶が座禅を組んで仏像のそばで寂しく経文を唱える情景を思い浮かべる。「四衆」は出家の比丘、比丘尼のほかに在家の優婆塞、優婆夷も含めているが、それでも彼らの生活は世俗社会の人々と大きな違いがある。日常生活から言葉遣いまで、感情から考え方まで、宗教と世俗の間には見えない壁が存在しているようである。

このような壁は仏教だけに限らず、ほかの宗教にも多かれ少なかれ似たような状況がある。宗教と世俗はうまく結ばれず、けじめがはっきりしているとは言えないが、分野が違うのは明らかである。これは主に教徒の身分意識や使命感、深い信念、価値観や行動の規則から表れる。理性と技術性に支配される現代社会にとって、宗教の世界はあたかも独立した精神の王国のようである。世俗から生まれたが世俗を離れて遠くまで歩んでいく。さまざまな奥深い教義や厳しい戒律は世俗の宗教への探求を遮ってしまう。一方、世俗の膨らんでいる欲望や狂気じみた拝金主義は自分と宗教との間にわだかまりを作ってしまう。このような原因で宗教のきらめく感性や厚い仁愛は社会や人生によりよく役に立つことができなかったのである。

3. 宗教と人間本位のパラドックス

宗教の中の神がどんなに神通力があり、どんなに崇高な地位にあろうが、否定できないのは、宗教は人間が創立したもので人のためにならなければならないことである。人を基にすることこそ人間への配慮であり、宗教の根本的な主旨である。しかし、実際は正反対で、神様の地位は確立されたらすぐ逆らえず、精神上においても行動においても信徒として絶対的に神様の教示を守らなければならず、一定の範囲を超えることができない。宗教の内部のさまざまな杓子定規な規則や制度の設立および階級制度の形成は、人を束縛するものになってしまい、生きた人々の需要が却ってますます副次的なものになりつつある。神威と権威は人の異変をもたらす。人の創造物が人の束縛となり、宗教は歴史上であれ、現代であれ、人間本位の精神に背理することが多い。

人間を本位に人から出発することは一番素朴な常識で、また一番失いやすい原点である。なぜなら一個人の存在は、膨大な精神的体系や、教義の規範、組織の制度などに比べると、あまりにもちっぽけで取るに足らないからである。「命が最高」、「人の尊厳第一」の観念がなければ、人間の正当な物質や精神的需要は十分な尊重や満足を得ることができないである。組織の各階級の機構やある階級の人は数え切れない聞こえのいい理由を作り出して人間性、人情および人の命を抹消しようとする。昔の数えられない個人個人の認知や行為を総括してできた規範——風俗習慣、信仰や制度——が今の個々の発展を遂げた、大きな差異のある個人を管理するにはどんなに無感覚で融通が利かないだろう。「人間の宗教」が「宗教の人間」に逆転したのは宿命的なもので必然的でもある。このような必然性を打ち破るためにはより多くの「目覚め」た人々が原点に戻って現代化の宗教を実践し、宣伝しなければならない。

4. 宗教と国家とのパラドックス

宗教と国家との関係は調和し、一致しているべきである。両方の目標は同じである——人間の生存や安全を求め、物質的に満足させ、精神的には幸福をもたらすことである。また宗教と国家は一部の手段が同じである——教育して導き、組織的に活動し、社会を制御するなどである。このように宗教と国家は性質や機能上少し重なる部分もあるが、やはり異なる部分のほうが多いのである。だが、もし国家と宗教、政権と神権がお互い歩調を合わせ、お互い利益を増やせば、必ず社会に平和と繁栄をもたらすことができ、人間の利益を最大化することができる。

しかし、事実はちょうどその反対である。歴史を遡ると、政治と宗教が一つになり、同じ民族、またはいくつかの民族が一つの宗教を信仰した例はかなり多い。そして、支配者が宗教の力を借りて戦争を起こし、政権を固め、統治を強化した例はもっと多い。国家の統治と宗教の信仰が一つになった場合、結果は支配者の望みと民衆の期待どおり、社会に利益をもたらしたわけではなく、より多くの調和しにくく、解決しにくい利益の問題や関係が生まれた。現代社会も同じである。大多数の国では宗教はますます個人のことになりつつあり、国との関係は象徴的なものだけであるが、両方の間にはまだ矛盾があり、このような矛盾は時々激しい対抗の形で表現される。

宗教と迷信、世俗、人間本位、国家とのいろいろなパラドックスは、ただの二種類の物事の矛盾と対抗ではなく、人類社会が前へと進んでいく過程に出てくる不調和な現象である。パラドックスと矛盾は異なるもので、パラドックスは物事の発展の奥底に含まれており、パラドックス論を解決するには自己の良いものを発展させ、悪いものは捨て、全体を整えることからはじめるべきである。宗教の現代化はまさにこのようなことをしてはじめて、宗教の中の危険的な、混乱な、消極的な要素を捨て、文明的で、善的で、積極的な要素を発展させることができる。

思想と精神は人類の幸福の根源である。しかし、思想と精神はよりどころが必要で、正しくとらえられなければならず、矯正され、導かれ、昇華されなければならない。思想と精神は理性に制御されてはじめて人類に幸福を創造することができる。宗教において、かすを取り除き、現代化の解釈や昇華がなければ、その積極的な役割をよりよく果たすことができない。一方、消極的な面が災難をもたらす恐れがある。この面において、池田氏の貢献は当世では比べるものがない。氏の大乗仏教に対する理解はこの上ない域に達している。

二、池田大作の仏教現代化への重大の貢献

「すべての宗教が『アヘン』なのではない。民衆を『目覚めさせる』ために、いかなる権力にも屈服しない宗教、人間らしく、自由に生きるためには、命をかけて圧迫と戦う宗教もある」⑤これが、氏が宣伝し、発展させている、経典『法華経』を中心とする、「上求菩提、下化衆生」の大乗仏教である。

池田氏は現実の生活を変えられない宗教は無力な宗教としか言えないと言っている。氏は終始、仏教の現代化の使命を肩に担い、「広宣流布」の焦点を現実への挑戦と変革に置いている。「本当の意味の仏法は絶えず進歩し、変化している社会から浮き上がるものではない。むしろ政治、経済などと離れられないものであって、重大な社会的な使命を持ち、常にこのように行為に生き生きとした活力を与え、これらを価値のある方向へと導くものである。」⑥「時代や民衆の『現実』を離れて、仏法はないのです」⑦と氏はいう。そこで、池田氏は全世界の「現実的な利益」から出発し、宗教の発展の過程におけるさまざまなパラドックスをめぐり、国と当世の世界における実際の状況に合わせ、仏法を個人から組織まで、儀式から内容まで、形而上から形而下まで、全面的に現代化させた。

1. **池田氏は純粋な大乗仏教を基点とし、宗教の中の偶像崇拝を超越し、時代に遅れたものを排除し、また宗教と迷信との区別をはっきりさせることにより、仏法の教育感化の機能を昇華した。**

池田氏はこの生涯をまったく新しい仏学研究と仏法の実践に力を注いでいる。氏はまず言葉と概念の迷宮から出て、「因循文辞、死迂言下」の方法ではなく「依義判文」、「六経注我」の方法で、文（経文の字面）、義（経文の字義）、意（経文の原意）の三種の意味の一番奥のほうから理解し、全面的に現実の立場、人間の立場から、釈尊の本来の精神に戻って経文を解釈している。『法華経』の精神に対して時代の流れに順応し、人心に順応した

解釈をはっきりと述べた。たとえば、「地獄」に対する理解だが、地獄は別のところではなく、「父を蔑み母を疎かにする人」の心の中にあるという[8]。また、「不老不死」の境界については、老けていくことや死んでいくことに苦しまず、「悩みを乗り越えながら、生きる喜びを毎日、刻々と味わって生きる境涯です」[9]という。氏は宗教の教義の中の批判すべきところは必ず批判しなければならず、またこのような考え方を普遍的な原則としなければならないと主張している。このようなことを通じて、一部の時代遅れのものや玉石混交なものが排除でき、『法華経』が純粋化され、また『法華経』の精神が昇華され、そこに理性と科学の成分が増したのである。こうして、もともと奥深くて計り知れない、難解で神秘的な『法華経』がより多くの民衆と縁を結ぶようになり、生き生きとして分かりやすく人々の心の中に入ることができるようになったのである。

「思想が生き生きとした力をもつためには、人々に楽しみながらうけいれられていくのでなければならない。もちろん、仏法のように深遠な哲学正しく理解するのは、安易な姿勢でできることではなかろう。しかし、すくなくとも民衆の心の中にとけこんでいくためには、そうした民衆が聞くのを楽しみにするような形であらわされなければならない。」[10]普段見られる文献や映像作品からも容易に分かることができるように氏は確かに言うことを行動に移している。仏典の著作を大量に解釈したが、みな対話の形をとり、現実生活と緊密に結び付け、生き生きとした生活の実例を使い、融通が利き、簡潔明瞭である。ほかにも仏典に対する、その時、その場に応じた活用がよく見られる。池田氏はまた科学技術の新しい成果が宣伝にもたらす影響を非常に重んじている。そこで、いつも会員たちに新聞や雑誌、テレビ、インターネットなどいろいろなメディアを利用して学会の主張を宣伝し、仏法の精神を広めるように指導しており、大きな成果を得ている。

上述の見方ややり方は仏法言語の現代化であり、また仏法の内容と宣伝の形式における現代化でもある。

池田氏は、厳しさでよく知られている仏教の清規戒律についても時代の流れに順応し、融通の利く態度をとっている。真の戒律は自律でなければならず、外から束縛されてはいけない。内心から自発的に確立した戒律こそ外への実践の基礎になりうる。閉鎖性は戒律を生み、戒律はさらに閉鎖性を強化する。氏は仏道の修行を心身を調節する健康法としてみなし、祈りには決まった形式がなく、信心のレベルは自分でコントロールしなければならないと考えている。このような形式上の緩みは決して信仰への冒涜ではない。人間を出発点とし、人間が実際持っている問題を解決することこそ誠実に実務に励む態度なのである。実際の生活で見受けられるように創価学会は鉄のような厳密で整然たる組織でありながら、会員に多大な自由の空間を与えている。会員はみな在家信徒で、日常生活、人間関係、仕事振り、精神状態、宗教活動など各方面において、ほかの仏教団体の信徒とは大きな違いがある。簡単な例として、題目をあげる時は、お年寄りの会員に気を配って、正座を椅子に座る姿勢に変えたが、これは会員への気配りであり、人間味のある表現ではないかと思われる。複雑な方面に目を転じると、結婚と育児、家族の世話をすることや世帯を単位に会員を数えること、そして、会員にはまず自分と家族が楽しく生活することが一番大事だと指導している。会員たちが尊敬して拝んでいる人法一体の御本尊もほかの偶像崇拝とまったく異なっている。以上から分かるように、この組織では形式上の入会より、真の信仰、そして信仰を通して価値を創造することこそ一番大事なことなのである。

宗教と迷信の関係において、池田氏の主張ははっきりしている。迷信はまったく非理性的で、反理性的なものである。池田氏はトインビー博士との対談の中で、理性の介入を許すかどうかを「高等宗教」の一つの基準にしたのである。「高等宗教は本来、理性をないがしろにしていない。人間の理性を抑圧しながら、人類の普遍的な信頼を勝ち取ることは不可能です。なかんずく『智慧の宗教』といわれる仏教は、きわめて理性的な宗教です。人間を超越した人格神等を信じない」[11]と池田氏は言う。「たしかに、神の教えや命令に従うことを根本とする絶対神の宗教においては、人間がその理性を用いることは、神に対する反逆となる場合が少なくないでしょう。しかし、仏教では、仏陀自身、その理性・英知の限りを尽くして宇宙と生命の真理を覚知した存在であり、人々にも、ブッタと同じく覚知に到達すべきことを教えています。この場合、仏教では、哲学はその一部を占めるものとして、それなりの不可欠の意味をもっています。ブッタの教え自体、きわめて哲学的なものです。」[12]釈尊は崇高な「仏の人格」で人々の心を博したが、死後神格化され、諸神の一つに加えられ、もとの精神が失われてしまった。池田大作は仏の最初の顔を還元し、仏を目覚めた、知恵の溢れている人間とみなしている。仏教は、衆生の上を超えた全能で、超絶対的な、キリスト教のエホバのような神を認めない、と氏は主張している。仏教の世界の神様はみな人間と同じような「衆生」の中の一人である。心、仏、衆生三者が無差別に平等である見方、および、自分で仕事をし、その成果を楽しむような因果の法則は、さらに「創世主の権利はあらゆる権利の上にある」との迷信の説と正反対である。数多い神霊にかかわる教義と典故を解釈する際、氏は心の中の影像と精神を合わせる方法や文学的な象徴の手法を使い、人間の魂、境界、生命力の面で掘り起こすのであり、怪異や神通力を宣揚しているのではない。

世界観からみると、人類の社会には無神論と有神論、唯物論と唯心論というように二つの異なる思想の体系が存在している。そして、非唯物、非唯心であり、また唯物と唯心が融合している中道思想も存在する。池田氏が主張しているのは後者である。今までの人類の能力では認識できないパワーや現象の存在を積極的に探求しており、また、『法華経』を解釈し宣伝する中で神霊などについての話は避けられないが、氏のすべての思想は現実主義の大地に基づいたもので、みな現世の人類に奉仕するものである。宗教を少しも間違いなく、そのまま信仰し、世に伝えているというより、むしろ池田氏は宗教の革新と発展に力を注ぎ、人間、社会に有益な宗教の要素を非常に高いところまで昇華させ、仏教の教育感化の機能を高めたと言ったほうがいい。

2. **池田氏は宗教と世俗の関係を整合し、隠遁と入世、此岸と彼岸を有機的に結び付け、世俗を下等から抜け出し、崇高なほうへ向かうように改造し、向上させた。**

普通人々は、宗教を、特に仏教を、消極的で世俗間を離れようとする思想と結び付けることが多い。「法性空寂、法相如幻、学佛証悟」の究極の境界は普通の人には体験しがたい。しかし、「地獄」への恐怖や「西方浄土」、「極楽世界」への憧れは民衆の中に普遍的に存在している。個人の力ではどうしても対抗できない現実の苦難に対して、「来世」や「彼岸」に期待を托す人のほうがずっと多いのである。

しかし、これは誤解である。真の仏法は人を世俗から離れ、世俗のことに無関心にさせず、健康、平穏、成功、幸福など人生の目標を無視することもない。特に大乗仏法はこのようなものである。「四摂六度、悲智双運、入世救世、自度度人」は典型的な人間の仏教で、暖かい人間味が溢れ、進取の精神を持っている。釈尊は弟子たちに、国に忠誠し、親に孝行し、子供にやさしく、友には誠実で信用を守るように教育し、五戒を守り、十善を行い、六波羅蜜を修行するように要求する。いつもまず俗世のことを片付けた後で、仏道に入る道を修行するように指導する。池田氏が仏法を宣伝する目標も実は彼岸ではなく此岸にあり、来世ではなくこの世にあるのである。氏はこう言う。「彼方に理想を追い求めるのではなく、自己を輝かせ、自分が立っている大地ともいうべき、家庭、職場にあって、信仰の実証を示し、社会の灯台となっていこうではありませんか。」[13]「現実を離れて仏法はない。信心したからといって、悩みの『汚泥』がなくなるわけではない。「悩みに負けない生命力」が出るということです。むしろ、悩みをいっぱいもっていくことだ。それらの悩みにどれだけ挑戦できるかを楽しみにできるような境涯になることです。」[14] 氏は仏法の研究と宣伝を通して、世俗に世界を認識する方法や世俗行為を判定する価値観と道徳の体系を提供した。それだけでなく、同時に創価学会を一種の社会実体として、世俗に社会を組織する形式、力を整合し、会員を凝集する機構と体制を提供した。

1993年に開かれた世界宗教議会大会で提出した『地球倫理への宣言』は、世の中の大多数の宗教道徳を四つの準則にまとめられた。一、非暴力と生命を尊重する文化を守り通すこと。二、団結の文化と公正な経済の秩序を堅持すること。三、寛容の文化と誠実で信用を守る生活を堅持すること。四、男女の平等と仲間関係の文化を堅持すること。これらの準則は池田大作氏が主張している創価の精神と完全に一致しており、ともに21世紀の人類の理想的な宗教精神を表している。創価の精神に含まれている特に偉大ないくつかの精神は、池田氏がとりわけ重視し、力を入れて押し広めているのである。

(1)人類の尊厳を強調する。人はみな戦争、病気、貧困、軋轢のない社会環境の中に平等に資源を享受し、生活を楽しむべきである。生命の尊厳は一番大事であり、それは生存権だけではなく、安住権、幸福権でもある。「生命の尊厳は絶対的な標準である。このような尊厳を守り、このような生命が求める幸福のために最大の努力をするのが善であり、反対が悪である。これはどの時代、どの社会でも変わらない標準であると私は思う。もし生命を破壊することを善だとする社会があるとすれば——こんな社会はいろんな地方、いろんな時代に確かにあった——その社会自身が悪だと言うべきである。」[15]

(2)人々に恩を感ずるようにと指導する。釈尊は四重恩を報いるべきであると言う——国土恩、父母恩、衆生恩、仏恩である。池田氏は、現代社会の多くの弊害は恩に感ずる精神の失いからくると考えている。氏はいつも「中国は日本に恵みを施したありがたい国である」と言っている。そして、いつも牧口先生と戸田先生を「恩師」と呼び、三千大千世界と衆生に対してもいつも恩に感ずる心を持っている。このような恩に感ずる心は人間と世界が良好な関係を結び付けるのに役にたち、人間により敬虔な精神と努力する勇気を与える。

(3)**絶えず努力する精神を堅持し、さまざまな悪と苦難を直面する。**伝統的な消極的で隠遁の世界観と正反対で、池田氏は悪い権力や悪い勢力、および自分と他人のさまざまな悪い習慣と戦わなければ、正しい仏法を宣伝することができず、調和のとれた秩序と尊厳のある生活を築くことができないと言っている。そこで大きな目標を立て、強くなり、活気に満ちた生活をするべきである。

(4)**利己による利他の価値観。**氏は会員に第一は自分の最大の利益——健康を守るべきだと指導している。自分が豊かで満足な生活ができると同時にできるかぎり他人のために、社会のために奉仕し、悪を減らし、善を生む行動の中で自分と他人が一緒に幸せになり、功徳を積む。

(5)**女性の役割を重んじる。**女性は21世紀の太陽であり、家庭の幸福と社会の平和の決定的な力である。女性の美しさ、やさしさ、粘り強さ、穏やかさは現実の生活の中で輝かしく光るべきである。

以上の列挙は不完全で漏れ落ちが多いかも知れないが、このいくつの精神からも創価の精神を推し量ることができるであろう。このような精神を確かに日常の事に応用し、学問や思考の面、人々に奉仕する面、人生に利益をもたらす面に応用すれば、必ず大いに役に立ち、積極的で健康的な、明るく、楽観的で、満足できる人生を送ることができる。

このような創価の精神は現実の世俗生活を浄化し、昇華させている。事実から分かるように、池田氏の指導している宗教団体は閉鎖して自足する囲いになっておらず、少しも現実生活を離れる傾向がなく、逆に濃い人間味が溢れており、社会とも幅広い面で連絡をとっている。創価学会の人たちは大衆の中に根をおろし、活気に溢れて、敬虔で、威勢よく、楽観的で、落ち着いた幸せの様子でもって世の中の人々に信仰の力を公示している。

3. **彼は、『法華経』の哲学内容を昇華した。**

愛と美を基本として、「人間」という原点から発し、人の内在覚悟を啓発し、人の潜在力と知恵を探り出しながら、価値を生み出せる人間革命を展開し、人を異化から抜け出させ、自身に戻らせた。

ニーチェが「神は死んだ」と叫んだ時、人々は未だ多岐亡羊に立っている現代文明が岐路の上でどのぐらい歩めるかおそらく気づいていなかったであろう。21 世紀の鐘が鳴ってから、ますます多くの人達が神は死に、しかも「心」も死んだことに気づいた。「理論信仰」、「制度信仰」、「効率信仰」などが次から次へと神壇に昇り、生きている人は、物質に異化され、技術に異化され、権利に異化され、さまざまな悩みを増やしている欲望に異化されたのである。

池田氏は深く文明発展中のパラドックスを指摘し、今の現代人の心境情況の奥深い原因を指摘した。彼は、今の信仰欠乏、心境麻痺を引き起こした根本原因は、人間という視点から問題を考えた事が足りなかったからだと見ている。「人々が、酒に酔っているように『進歩主義』の夢を追い続けているうちに、『青写真』のために『現実』が、『未来』のために『現実』が、『成長』のために『環境』が、『理論』のために『人間』が、ないがしろにされてしまったという事実であります。」[16]彼は宗教や政治や経済や、全ては人の幸福を実現するための「手段」に過ぎないと見ている。「具体的人間を離れて、『抽象化された思想』が独り歩きすると、かえって人間を傷つけ、不幸にする場合がある、と。つまり、人民のため、国家のため、民族のため、自分のため、世界のために、利益があるかどうかが、抽象的な『真理』や『イデオロギー』よりも大事であるということですね。」[17]

池田氏は、この様な「神死」と「心死」という状況を変えたいのであれば、人という原点から発し、まず、人自身の革命を実現し、従って自身革命により社会革命を連動しなければならないと見ている。

仏教は人生と社会について深く洞察しており、「人人皆仏子である」であり、人には平等に「仏性」を持ち、なお、理想人格を形成する可能性を所有していると見られている。このような仏性は、感性と理性の存在を越え、宇宙生命と相互に繋がっている秩序感であり、深層意義と相互に繋がる潔白感でもあり、生存の根本標準の確信感でもある。これを顕せるとき、「自身の主人」として、人生の幸福を決定することができるのである。人間革命とは、人の生命の中に埋蔵されている「仏性」、「生命力」を覚醒させ、生老病死（四苦）の悩みから脱却し円満な喜びを得て、均衡自足な人生を実現することである。「その一人ひとりの人間に光を当て、人間に内在する善性を、創造的な生命開花させ、欲望や環境に支配されることなく、何ものにも挫けない確固不動な自己自身をつくり上げていくことを、私たちは『人間革命』と呼んでおります。」⑱

「人間革命」の趣旨は、人々を優秀な「地球市民」に変えること。つまり、生命関連性につき深く認知を所持している「知的な人間」に人種、民族、文化違いに対し恐れなく、差別しないで、逆に尊重し、理解し、この様な違いを成長資源とする「勇ましき人間」に；苦しんでいる人に対し、無差別に配慮を配り、助ける「慈悲な人間」に変えることである。池田氏は、このように人間の尊厳を重視し、この様に人間の可能性を信じ、かつ人々が自身の内在的な可能性の開発を励ましているのである。かつて、彼は釈尊の名言「以己為島、以己為帰；舎己而外、他無所依」を引用し、人に自尊自愛、自信自強、希望を抱き宇宙と人生法則に基づき生命の価値を作り出すように教えている。

当然、これだけではまだ不足で、「人間革命」から「社会革命」に向いて踏み出すことで、やっと本当の世界範囲での平和と幸福を実現できるのである。池田氏は、必ず「人間としての尊厳」を基本とした「希望」と「調和」の文明を築き、「ソフトパワー」を通じて社会を調和し世界を変えなければならないと示している。人間はいかなる困難、いかなる悪環境にあっても動揺しない心を築く必要がある。つまり、「汝自身」を築くことである。内在生命の変革、つまり」人間革命」から社会革命に踏み出すことこそ、永久平和の開拓と人の安全保障のための正確な道である。氏は、二十一世紀に向けの不可欠な思想改革を3点にまとめ、提案した。第一、「知識から智慧へ」という命題で、第二、「一様性から多様性へ」の発想の転換で、第三、「国家主権から人間主権へ」の発想の転換である⑲。彼は、一人の現実

的な実践は国家と人類の運命と一つにつなぎ、その人の体に起こった人間革命はすぐ一つの国家の運命を変革させると信じている。つまり、全てが人と言う原点から出発し、人と自身、人と社会、人と自然、宇宙の全体平衡に力入れ、最後に、人の平和と幸福を実現するのである。

人間革命であり、社会革命であり、池田氏は精神構造と仏法実践を行うとき、全て「法華経」の哲学内容を基本とし、全て「愛と美」で終始を一貫させた。氏が言うには、「法華経こそ一切の江河を摂する大海であり」、「極的なもの、他を止揚するにたる本源的な哲学の意でもあるわけです。」[20]その根本精神は宗教の「非人道化」と「現実離脱」傾向への抵抗であり、さらに、人が原点である「人」に戻ることを求めることである。「法華経」では衆生を本仏と見てブッタを迹仏とみて、神が人間より上であるという宗教伝統を逆転させ、最も徹底的に「人が基本である」事を宣言したのである。「法華経」の「空」の概念には、満ち溢れる「生命力」も含まれ、「小我」を越え、「大我」に投げ込み、有限から脱け出し無限な広大境界に飛び込むように示している。「法華経」には様々な教義があるが、最終的にいうと「知恵」と「慈悲」であり、人に生命の意味を悟らせ、積極的に生命のエネルギーを生み出させ、愛と美の花を咲かせる事なのである。

池田氏は「法華経そのものが『美の価値』を体現しているのです。その『美』の根源は何か。ありとあらゆる優れた『文化』のふるさとは何か。それは人間生命の躍動です[21]。池田氏は「美は愛の子供である」、「慈愛より強い力はない、慈愛より人を承服させるものはない、慈愛より強く、明るく、持続出来るものはない。慈愛は希望の光を生み、人の内心を照らし、本当の『ソフトパワー』である」と言っている。

このような美と愛の精神に基づき、池田氏は自分を「詩心」を持つ闘士とみなし、知恵と慈悲を世界に注いでいる。かつて、マルクスは「宗教は人の本質を幻想的な現実に変えて行く」[22]と言った。池田氏はしばしば宗教手段を通して、人の本質を発掘し、表し、強化し、昇華させ、幻想を理想に変え、理想を現実に変えることを求めているのである。

4. **池田氏は仏法民主主義の旗を揚げて、文化、芸術、教育などを媒介とし、社会政治生活に介入し、間接的に精神指導を提供しながら、国家と社会発展に大きな貢献をしている。**

同じく上層機構であるが、政治と宗教が導く理念は違うが、背負っている社会責任は同じである。それは同じく人の連合体であり、政党、国家、教会、教団の管理方式は違うが、努力し、向いている方向は同じである。かつて、孫文氏は「政治は外を治め、宗教は人心を治める。宗教は政治を補助し、政治は宗教を支持できる」と言った。実際、人の本質属性を統一し、人の原点に戻って考えると、宗教と国家、社会、政治、経済等は繋がっている。特に、人の心境を対象にする宗教は、人の全ての社会活動と繋がりがあり、宗教の社会生活への介入、国家政治への影響は僭越と視されるのではなく、不可欠であり、避けられないと見なければならない。

「有無」を包摂する仏法は、政治に対し鋭い主張だけではなく、ほかの面にも詳しい説明もある。仏法は欲望に困惑している人や、生老病死に悩んでいる人に希望を与え、人に平等な応対、慈悲な心を持つ様励まし、悟りにより知恵を生み、全ての悩みから開放させる。そのため、仏法は積極性、平等性、包容性、互摂性、融合性など特質があり、政治、経済、教育、科学、倫理道徳、環境保護等に対し、積極的な影響を与えるのである。慧遠大師は「仏道済俗、亦為要務。何則? 百家之郷、十人持五戒、則十人淳謹。千室之邑、百人修十善、則百人和睦。伝此風教、以周寰区、編戸一千、則仁人百万。夫能修一善、則去一悪。一悪既去、則息一刑。一刑息則万刑息於国、此所謂坐致太平者是也」と語った。

池田氏は仏法無辺の特性と済世功能について深く認知し、いつもいかに現実世界に「投入」し、「参与」し、それを「変革」させるかを考えている。彼は、明確に創価学会の理念——仏法民主主義、人間性社会主義、地球民族主義という「第三文明」を提出した。しかも創価学会を母体とし公明党を創立し、各種の教育、文化、研究機構を設立し、更に広く、更に深く、国家

と社会生活に介入した。

宗教政党を創立する方法を通じて政治に参与する問題については、池田は政教一体化の歴史教訓を摂取し、円滑かつ柔軟な態度を取り、間接的に精神指導を提供しながら、政党業務には直接手を出さなかった。政党には独立、自主的に展開させて、一切の業務に対応させた。彼は、「目に見えない精神的権威(宗教)をもたない人間は、目に見える権威(体制)に従いやすいものです」[23]のとおり、精神権威を立てたい時は神権や教団利益に頼るのではなく、全世界民衆の平等と幸福を重視すべきだと考えているのである。

彼は、視線を日本国内だけではなく、いつも世の中にも心掛け、全世界を注目し、面談方式を取り、各国政界要人や有名人と全世界性問題群、例えば、環境汚染、生態破壊、生物絶滅、人口急増、新ウィルス発生、淡水資源不足、異文化衝突などについて独自の見解を提出している。彼は、「これらのあらゆる世界的な危機には共通点があります、それはグローバル性と総体性です。共通の危機に直面した人類は、すでに少しずつ民族、国家、地域をこえた人類の共通の利益を意識するようになりました。人類のすることなすことのすべてが、すでに現在の人類をして文明の岐路に立たせているのです。人類はまず、人類共通の根本的な利益を守ることを出発点としなければなりません」と語った。[24]我々は「『社会の繁栄が即個人の幸福と一致する』諸政策を推進し、日本国民の真の幸福と繁栄のみならず、広い世界人類永遠の平和実現を期するものである。」[25]これに対し、彼は「国際間の問題も、一国、一民族という次元ではなく、今後の地球人類の方向をどうするかといった、視点の転換によって、各国、各民族の、共存、共栄の道が追求されるべき時代だといえます。」[26]と示した。彼はずっと国連の機能発揮を重視し、「『人類の議会』たるべき国連は、あくまで対話による『合意』と『納得』を基調としたソフト・パワーを軸にして、従来の軍事中心の『安全保障』の考え方から脱却しつつ、機能の強化を図っていくべきである」と示した[27]。

世界平和、人生の幸福の理想を実現するため、「社会投入」、「社会活動」を宗旨とした創価活動は政治面だけに限ってはいない。彼らの活動は社会全ての領域を跨いでいる。経済もその中の一つである。かつて、彼は「文化は波で、政治は船で、経済は乗せられた貨物である」と喩え、様々な方法を取り、貧しさを乗り越え、豊かな生活を開拓する様会員達を励ましている。他に、幼稚園から大学までの創価教育体系を作り、子供、若者達に活力ある教育を提供した。音楽会、文化祭、運動会など多様な文化体育活動は、会員達を交流しながら力を凝集させ、練習中に修養を高めながら、精神的な喜びを得ることができる。東洋哲学研究所、民主音楽協会、東京富士美術館など文化教育機構を設立し、また世界各地域、領域まで及んだ対話と慈善活動を含み、幅広く各種文化芸術交流を展開した。幅広い研究と交流空間を開き、学会を世界向けに、人類平和と幸福の理想の実現のために道を導いたのである。

5. **彼は学ぶことを人の本質の昇華の根本的な道として、大乗仏教と現在学術領域、各学科の間に精神的な橋を築き、仏教を更に現代化に向けた。**

創価学会の前の名前は創価教育学会で、もともと教育とさまざまなつながりがある。最初の二代会長は全て教師出身で、教育に対し深く理解しており、第三代会長が池田氏である。彼は更に教育問題を重視している。「人間は人間として教育されて、初めて人間になる。人間に生まれたから人間なのではない。人間として育てられて、初めて人間となるのです。だから、教育が大切なのです。」[29]「例えば、コマはいったん止まると倒れる。安定なスピードを保つのは快速に回転しているからだ。人は生まれてから人と言えない、一生懸命に「立派な人」に成りたいから、人に成長して行く。ローマクラブ会長との対談中、ホフライトネル氏の「『常に学ぶ』——私は、人生の意義はそこにあると信じているのです」という論断に池田氏はとても気に入っている。「時代の動きは速い、ゆえに『学ぶ』ことを忘れたら、ただちに取る残されてしまう。学ばないのは無責任に通じる」29。このことから分かるように、彼は学ぶことを人が人になれる必

要条件と見て、全ての知識修養、境界革命、仏道修行を教育の中に寄託しているのである。学ぶことは人間本質の昇華の必須ルートであり，平和の王道であり、人本主義の原動力でもあるである。

彼はまず学ぶことにより自身を潤した。少年時代から読書思考の習慣を身につけた。青少年時代に既に数千部書籍を読み、しかもいつも勉強の成果を内心の喜びに転換させることに念を入れていた。彼の人生の前半は学問研究の中で過ごし、同時に教育事業を自分人生の主要使命とし一生懸命に励んでいた。

彼の学ぶ対象は書籍でもなく、師匠でもなく、人との交わりであった。青空から真髄を学び、海から博大を学び、子供から無邪気さを学び、野草から粘り強さを学んだ。彼は、生きている教育は人と人の交流の中にあると言っている。特に、心の豊かさ、人格、人間性などは教師と生徒との交流、接触を通じてはぐくまれていくものである。もっと分り易く言うと、学ぶということは人と人の交流だけではなく、人と自然、人と社会にもあるということである。彼はいつも情熱と好奇心を持ち、他人と自然と交流し、しかも交流しながら自身を高めていたのである。このような勉強に対する情熱は周りの人を動かし、数多い会員にも影響を与えた。「信」、「行」、「学」は創価会員達が仏法に対する誠実な態度である。絶え間なく仏法を悟り、修業し、信じ、行うことは、全て生涯学習のプロセスに依頼している。

彼の学ぶ内容は、知識、技能に限らず、全面的な人生の知恵である。池田氏は、学問を政治と経済の道具にしてはいけない、しかも実利があるこそ価値があるという視点から、人を知識と技能の奴隷にしてはいけないと見ている。池田氏の心の中の教育の最大目標は医者、弁護士、経営者など専門人材を育つ事ではなく、「人間」を育ち、生命の尊厳を達成することなのである。教育の中で、最も重要なのは、人格を作り、人が人を愛し、価値を作り出し、幸福を感じさせる能力を学ばせる事である。そのため、彼は生涯学習の理念を強調し、現実と繋いだ、融通を効かした学びと知識運用を強調しているのである。「実社会での生活の基盤から離れて、ただ知識を習得し理念を学んでも、知識のための知識に陥ったり観念の世界に遊ぶ結果になりかねません。学んだ知識を現実とのかかわりのなかでとらえていったとき、知識は一時的に暗記された知識でなく、知恵への栄養源となり、その人のみについたものになっていきます。」[30]彼は外国語の勉強を重視していた、言語という道具を使い更なる世界市民の交流を実現できると見ていた。外国語を学ぶと、他の国と民族の風俗習慣を理解できるだけでなく、異文化の考え方も把握できる。従って、視野を広げ、思考を開拓できる。彼は芸術の教養も重視している。文学、音楽、美術、撮影など芸術形式は心境をゆたかに、境界を高める。従って、民族、政治、イデオロギーなど境界を越え、友好と平和の情報を伝え、戦争を収めさせ親善関係を結ばせるのである。彼は又潜在能力の開発も重視している。人の潜在能力は無限であると見ており、「全ては我々の心底にある。」としている。彼は全力を尽くし人の心を潤わせ、絶え間なく学び人の情熱を励まし、人の全面発展、自我完全を促し、自覚的に内在の知恵、慈悲を引き出せる様にしているのである。

このような学習観が彼の博大な思想体系と怒涛のごとく実践経験を成就させた。同時に、大乗仏教と現代学界領域の間に精神的な橋を築き、仏法の精神と知恵を教育学、心理学、政治学、社会学、人類学、倫理学、新聞媒介学、環境科学、及び物理学、経済学などに浸透させ、更に仏教現代化の発展を促したのである。

6. **彼は平和を未来発展の基礎とし、このため演説を行い、対話交流し、また実際の効果も得た。その形而上思想と形而下の実践は違う面でも仏教の社会機能を高めたのである。**

池田氏が一生力を入れてきたことは、仏法を基本とした平和、文化と教育運動であった。彼は地球全体を一つの生命体と見て、全ての情熱、知恵、富み、精力をこの生命体と共存共栄の実践に注ぎ、又、世界平和の実現の戦いと付してきた。「創価学会の目的はこの『立正安国論』に示されているように、平和な社会の実現にあります。この地上から、戦争を、貧困を、飢餓を、病苦を、差別を、あらゆる『悲惨』の二字を根絶していくことが、私たちの使命です。」[31]彼の平和観念は人類に幸福をもたらすための慈悲を与える仏教に深く浸透している。仏法はもともと「万物偕協」、「平等大慧」の法であり、非暴力の平和特質を持っている。仏教の「縁起観」は世の中のものは因縁により繋がっていて、相互関連していると見ている。人と人、人と自然の共生の秩序の中では、お互いに尊重し、お互いに発揮し、共存共栄しなければならない。仏法の本意は「任持自性、軌生物解」である。自然の特性を尊重し、衆生の平等を強調し、一切の暴力を反対し、世の中の貴重な調和を守らなければならない。当今の世界で人々を指導し一般政治の局限を破って、人と人、民族と民族、国家と国家の壁を越えられ、世界平和を実現できるのは恐らく仏法だけだと思われる。

仏法の本意を所持しているのであれば、「平和」を第一位に置かなければならない。池田氏は仏法の平和主義思想を受け継いだ上、また牧口と戸田先生の「利、善、美」価値論を推進した。時代の発展と実践の研究に伴い、平和主義思想は更に完全な系統と更に深い発展を得た。彼は、「新・人間革命」の表紙に堂々と心底からの声を書いてあった。「平和ほど尊きものはない。平和ほど幸福なものはない。平和こそ人類進むべき、根本の第一歩であらねばならない。」[32]彼の根強い平和観念と断固徹底的な平和活動は、青少年時代の戦争に対する残虐と苦痛の体験から始まっており、平和への深い洞察と考え方となっている。

池田氏が指導している世界平和は、まず、「戦争のない状態が未来にわたって保障されること、つまり将来にわたって戦争が起こされないような世界を築くことが大事だ」、「いっさいの常備軍が廃止される」、「人間と人間とが殺しあうような生命の傾向性を根底的に変革する」、「現代の『国家』といった概念を乗り越え、地球上のすべての民族自治体が、それぞれの特性を生かしつつ、しかも世界連邦政府を形成することによって、制度的にも真の平和が末永く保障されるような体制を築きたいものだ。」[33]彼は戦争に対する憎しみは既に極限まで達し、さまざまな方法で戦争の反人類性質、残虐と恐怖の光景を描写している。特に、非正義、侵略性戦争に対し、厳しく非難し、地球から戦争を絶滅する事を決意しているのである。

次に、平和は人権を重要視することが必要であり、人の尊厳を宣揚しなければならない。貧困、飢餓、環境破壊、人権制圧等は、戦争と同じく人の尊厳を傷つけ、人の安全など様々な形態を威嚇する暴力である。池田氏は、善いことをしないと、悪を助長させる。かならず、この様な戦争以外の暴力と戦いながら、暴力を排除する過程で自己実現しなければならないと考えている。彼は「私たち人類が取り組むべき課題は、単に戦争がないといった消極的平和の実現ではなく、『人類の尊厳』を脅かす社会構造を根本から変革する積極的平和の実現にあります。そのためには、国際協力や法制度の整備も必要となりますが、何にもまして、その基盤となるのが『平和の文化』といえましょう」[34]と語っている。

最後に、平和は「心と精神の文化的状態」[35]に達し、「人間ひとりひとりが輝いている」[36]様にしなければならない。つまり、安全、安定、豊か、相互尊重はただ部分的な平和の理想を実現したことに過ぎない。最高の平和状態は、実は、我々が唱える社会全体の調和と繁栄、人々の全面的な、自由な発展であり、成功幸福の究極状態である。

このいっそう深い平和理念を実現するために、一人一人は平和の種、幸福の種、信頼の種及び真の人間になる人類の種を撒かなければならない[37]。20世紀60年代日本創価学会の会長を就任してから、彼の平和思想は更に安定確立し、「戦争のない世界と恒久平和を築く」というスローガンを提出した。70年代には幅広く仏法を基調とした平和文化活動を展開し、何回も核兵器の廃止を呼びかけ、一切の暴力戦争を否定した。80年代から、幅広く世界各地を訪問し、国際軍縮会議に出席し、様々な文化活動を展開しながら、国際影響を高めた。90年代から今日に至って、世界平和問題について更に広く、更に深く関心を与え、影響力も日々拡大していった。彼は、毎年開かれるSGI記念日、創価学園、創価大学の入学式等、様々な場所でいつも平和思想を強調し、世界平和を唱えている。それ以外にも、1960 年代から、各国政界要人、文化、学界代表と対話、交流し、相手を自分と同等に扱う態度を取りながら、人身の平和に対する見解を述べている。互いの文化違い、及び政治、民族等壁を排除し、人という原点から発し、より多く共同価値観を建て、世界範囲内の平和を求めているのである。同時に、世界各国、各地域で演説を行い、世界平和に対する望みを唱え、世界公認の「民間外交家」、「平和使者」となったのである。池田氏は、ずっと世界平和実現の使命の道を歩んでいるといっても過言ではない。彼は「菩薩道」の何も恐れない勇気と偉大な目標と精力でもって、人類を「分裂」から「結合」へ、「対立」から「統一」へ、「戦争」から「平和」へと推し進めている。世界各国様々な機構からの200 以上の名誉勲章は、全世界から彼の努力に対する研究敬意と彼の業績に対する表彰でもある。

社会発展に伴い、人類が直面する共同な問題群も拡大し、彼の平和思想と平和活動も常に豊かになり発展している。時代がどのように変わっても、新状況、新問題が如何に多くなっても、池田氏は常に仏法の中の非暴力の平和主義を基本とし、時代の脈拍を把握し、時勢の変化を洞察しながらも、幅広い戦略思考を展開するだけではなく、数多い平和実践も展開して来た。つまり、彼の平和活動には、仏教の現代化精神も浸透しているのである。

西洋の物理学の父アルベート・アインシュタインはかつて仏教に対し高い評価を示した。仏教には人々が望む未来の宇宙宗教の特色を帯びている。仏教は個人化した神を越え、教条主義も神学も必要ではない。仏教は自然と精神二つの面を含み、その基礎は、あらゆる自然と精神世界を有意義な全体として経験した時に得た宗教意識の上に築かれたのであるとアインシュタインは語った。つまり、仏法精神は常に宇宙空間に散っているのである。仏教は、国と社会が障壁を破り融合するように促す面、人と自然との共存共栄を促す面、人々が究極な真理を求め人生を築くことを促す面に対し極大な役割を果たしている。池田氏は、既にこの役割を意識しており、有効な道も探り出している。それは、平和、文化、教育を核心とした創価の道である。非暴力の方式で権力の悪魔、暗黒勢力と徹底的に戦う道でもあり、心を開き美と愛を伝える道でもある。この道こそ、宗教による人生の慰籍、民衆教化、社会の統合及び安定、価値体系の完全、人と自然関係の調和、組織動員の展開と社会コントロールなど全て機能を高められるのである。これは理論から実践まで全面的に明確に行う仏教現代化の道である。

（本稿の執筆者は遼寧師範大学の学長であり、池田大作平和文化研究所の所長である。）

【注释】

①星雲法師　『星云法師释佛』、中国長安出版社、2005 年、249 頁。
②マルクス、エンゲルス　『マルクス・エンゲルス選集』1 巻、人民出版社、1995 年、2 頁。
③パスカル　『パンセ』、商務印書館、1985 年、158 頁。
④池田大作　『池田大作全集』6 巻、聖教新聞社、1994 年、60 頁。
⑤池田大作等　『法華経の智慧』6 巻、聖教新聞社、2000 年、358 頁。
⑥池田大作　『私の仏教観』、潘桂明、業露華訳、四川人民出版社、2001 年、4 頁。
⑦池田大作等　『法華経の智慧』6 巻、聖教新聞社、2000 年、136 頁。
⑧池田大作等　『法華経の智慧』(4 巻)、聖教新聞社、2000 年、139 頁。
⑨池田大作等　『法華経の智慧』(6 巻)、聖教新聞社、2000 年、10 頁。
⑩池田大作　『池田大作全集(私の仏教観)』、聖教新聞社、1994 年、320 頁。
⑪池田大作等　『法華経の智慧』2 巻、聖教新聞社、1996 年、58 頁。
⑫池田大作　『池田大作全集』2 巻、109 頁、聖教新聞社、1994 年。
⑬池田大作　『新・人間革命』5 巻、228 頁、聖教新聞社、1999 年。
⑭池田大作等　『法華経の智慧』5 巻、92 頁、聖教新聞社、1999 年。
⑮蔡徳麟　『東方智慧の光』、107 頁、天地図書出版株式会社、2003 年。
⑯池田大作　『池田大作全集』2 巻、520 頁、聖教新聞社、1999 年。
⑰池田大作、金庸　『旭日の世紀を求めて』、潮出版社、1998 年、66 頁。
⑱池田大作　『新・人間革命』5 巻、聖教新聞社、1999 年、19 頁。

⑲池田大作　『21 世紀文明と大乗仏教』、聖教新聞社、1996 年、66、70、74 頁。

⑳池田大作　『池田大作全集』12 巻、聖教新聞社、1994 年、363 頁。

㉑池田大作等　『法華経の智慧』6 巻、聖教新聞社、2000 年、56 頁。

㉒マルクス・エンゲルス　『マルクス・エンゲルス全集』1 巻、人民出版社、1995 年、1 頁。

㉓池田大作等　『法華経の智慧』6 巻、聖教新聞社、2000 年、172 頁。

㉔季羡林、蒋忠新、池田大作　『東洋の智慧を語る』、東洋哲学研究所、2002 年、382 頁。

㉕池田大作　『新・人間革命』5 巻、聖教新聞社、1999 年、301 頁。

㉖池田大作『池田大作全集』8 巻、聖教新聞社、1993 年、206 頁。

㉗池田大作　『21 世紀文明と大乗仏教』、聖教新聞社、1996 年、74 頁。

㉘池田大作等　『法華経の智慧』4 巻、聖教新聞社、1998 年、145 頁。

㉙池田大作　『私の世界交友録』、読売新聞社、1996 年、150 頁。

㉚池田大作　『池田大作全集』4 巻、聖教新聞社、2001 年、436 頁。

㉛池田大作　『新・人間革命』4 巻、聖教新聞社、1999 年、288 頁。

㉜池田大作　『新・人間革命』1 巻、聖教新聞社、1999 年、11 頁。

㉝池田大作　『池田大作全集』8 巻、聖教新聞社、1993 年、632 頁。

㉞池田大作　「25 回『SGIの日』記念提言　平和の文化対話の大輪」、2000 年 1 月 26 日、2 頁。

㉟池田大作　『池田大作全集』4 巻、聖教新聞社、2001 年、318 頁。

㊱池田大作　『希望対話——21 世紀を生きる君たちへ』、聖教新聞社、2003 年、328 頁。

㊲木村恵子　『私が見た池田大作』(中国語版)、121 頁を参照。

ソフトパワー——対話の力①

孫　立川（田中　秀明　蘇　暢訳）

人類が類人猿から両足で立てるようになった時代までは思想が未熟段階にあり、発声から意思の伝達までも、長い時間をかけて形成されたといわれている。対話はコミュニケーションをとる上で最もよく使われる基本的な手段である。対話は弱肉強食の行為と比較し、人類文化の大きな進歩の現われではないかと思われている。

大昔まで遡ることもなく、思想家たちがその思想の結晶を口にし始めると同時に、真理の伝達もその時からわれわれの生命に深く浸透した。史書からも分かるように文字の発達は賢人の言葉を記録するためであり、釈尊の時代でも彼と弟子達との対話は仏教の教義と道理になっていた。釈尊の死後、彼と弟子達との対話や説かれた内容などは彼の弟子達によって文字の形で記録され、仏教の教典となった。こうして、教典の中で常に「仏はこのように言っている」、また「如是我聞」といったことが書かれているのは釈尊と弟子達との対話であると見られている。弟子達が論議中に問答しならがだんだんと真理に近づいていくことは仏教の中でよくあるようである。たとえば、『維摩経』ではお見舞いのため文殊菩薩が維摩詰のところを訪問、対話をしていた場面が書いてあった。中国の伝統仏教の中でも文字より対話のほうが大事にされてきたようであり、さらに、禅宗にいたっては文字を使わないと主張したようである。即時に悟るにしても、次第に悟るにしても対話というものは人と人との心の交流であると見られている。弁論は真理の追究を呼び起こし、誤解や衝突及び戦争のような災難までもなくしてくれると考えれている。いわゆる「戦わずに勝つ」という言語というものの役割を無視してはならない。今日のチベット仏教の中でもこういった弁論の伝統はいまだに僧侶の生活の

一部と考えられている。

対話を中心とした西洋文明の中で、われわれは「聖書」から、エホバの各々の言論に触れることができる。また、牧師が聖書を伝えるということも、異なる時代の対話によって、その当時のエホバの論点を解釈することができる。昔のギリシャの哲学者であるソクラテスが弁舌の才で多くの聴衆を感心したようであり、また、彼の「対話的問答」(ディアレクティケー)が非常にすばらしい文であることは彼の弟子であるプラトンが記録した「対話録」の中で最も説得力があると説明している。中国の翻訳者・作家である楊绛先生は九十歳近い高齢の時、ソクラテスが処刑される前に弟子達と最後に対話した内容を訳した。題目は『プラトン対話録の一つ:パイドン(Phaedo)』となり、副題目は『魂を語る。あるいは倫理的問題を語る』[2]となった。この本はソクラテスが遭難した当時に、弟子達と正義と不朽について議論したものである。ドイツの有名な文学者・研究者であるモニカ(Monika Motsh)教授はこの本の訳文の序文の中にこう書いている。「西洋文化の中で、影響の広さと深さの面からみると、『パイドン』と比類される著作は一冊もない。なぜかというと、ソクラテスが信念をつらぬくためにあえてみずから死を選んだことは歴史上初めてのことだからである」[3]と書いているのである。

中国文化のプロセスの中で、象形文字とローマ字表記を中心とする西洋文字とは明らかに違うが、中国の昔の賢人たちも、やはり対話というものを非常に重視してきた。春秋時代にはなぜイデオロギーが目覚しく発展したのか、また、多くの思想家、理論家、軍事者、弁論家には対話と深く関わりがあったのか。いうまでもなく、それは孔子と弟子達との対話にあるのではないかと考えられる。こういった論語には「鲁論」が20 編、「斎論」が22 編、(「問天」、「知道」の2 編が追加されたから)「古論」が21 編ある。いわゆる「子曰詩云」というのは現在に至っても依然として興味深げに話されている。魏と晋の時代の玄学にも言語が大事にされていて、「将無同」の物語はその典型の一つである。

このように、対話はわれわれ人類の生命の流れの中で大きな役割を果たしている。現在に至っても、その対話の力は人類の平和なプロセスに影響しつつあると見られている。20世紀われわれ人類は二度の世界大戦、流血事件、人為的な災難、各宗教の衝突、人種迫害などを経験し、また、こういった災難は大量死をもたらし、人類文明の発展を非常に遅らせたのである。それによって、貧困差別、環境破壊といった新たな深刻な問題も現れてきた。今世紀初頭からその情勢は悪化される一方であり、また、9・11テロ事件の後に起こったイラク戦争、コソボ紛争、パレスチナ・イスラエル紛争及びアフリカ諸国の不安定な局面も続いている。単独主義、貿易保護の保守主義、庶民に対しての恐怖主義、南北格差及び限られている資源への略奪などといった問題は依然として続いている中で、暴力では解決できないと考えられている。

近年、多くの哲学者が救世法を提案している中に、フランスの哲学者・科学者であるアルベート・シャカール(Albert Jacquard)が挙げられる。彼は「世界を知る小哲学」という著作の中で対話の重要性を唱えている。また二十世紀ユダヤ人のヒューマニズム哲学者と呼ばれているマルティン・ブーバー(Martin Buber)は八十年代に執筆した「私とあなた」の中で、「対話」の一編をもって「世を救う治療法」へと解釈された。「IとIt」、「IとYou」という二つの異なる形を通じてわれわれが周囲の関係を区別しようとしている。「IとIt」はここで主体と客観の一般関係をいい、近代世界で最も普遍的である主客関係ともいうのである。一方、「IとYou」とは双方とも主体であり、表面的な関係を超えた人間性に関わるより深い関係だとも考えられる[④]。

最近、上記の内容に呼応する主張が出てきた。それは、長期間戦争や暴力で人類の歴史を支配してきた軍事力を代表とした「ハードパワー」(hard power)に、これからは正反対のソフトパワーが取って代わるはずであるという主張である。長い年月をかけた対話及び地域の交流こそ人類社会が期待する巨大な推進力である。では、それを提唱した人物は果たして一体誰なのか。それは、何十年もの間続いた暴力や軍事力のハードパワーからソフトパワーへと変えようと呼びかけてきたSGIの会長である池田大作氏である。ある統計によると、池田氏がここ何十年間で世界各国及び日本国内での各界の代表らと行った対話は、千数百回にものぼる。対談集は数多く出版され、その対談者は、各国の著名な人物ばかりである。なかに、哲学者、科学者、作家、詩人、政治家、宗教学者、企業家、大学の学長、芸術家、歴史家及び医者、教師、平和主義者、信仰者から学生、一般市民までが含まれている。氏は東西文明の異同、文学、歴史、科学、宗教、男女平等のほか、戦争、核兵器への反対など多岐にわたり精通している。このように幅広く全世界の人々と対話をすることは池田氏の偉大な挑戦である。ここで、その特別な対話を幾つかの部分に分け、読者に紹介したいと思う。

一、国境を越えた対話:平和社会を目指す

20 世纪 60 年代から、池田氏は冷戦時代の東西対立に氏自身の意見や見方を打ち出した。氏は六十年代末にソクラテスの「私は世界市民である」[5]を理念に持ったオーストリアの有名な政治家・EUの父でもあるクーデンホフ・カレルギー氏と会談した。クーデンホフ・カレルギー氏は早くも1923 年のときから、ヨーロッパの統一を主張していた。その後、二人の対話は『文明・西と東』の書名で出版されている。それは、池田氏の対談としての第一歩であった。また彼はローマクラブの創始者であるペッチェイ、平和学の創始者であるヨハン・ガルトゥング博士と東西冷戦を終わらせる方法について対談した。そのほか、アメリカの有名な平和主義者・国連平和賞を獲得したノーマン・カズンズ博士とも対談し、さらに、『世界市民の対話』をテーマとしての対談集を出版した。

対談のなかで最も挙げられるべきなのは、有名なトインビー博士およびポーリング博士との対談である。1972 年 5 月池田氏はイギリスの有名な歴史家であるA・J・トインビー氏と長時間にわたり対談し『二十一世紀への対話』(中国語の簡体字版『展望

二十一世紀』)という対談集で、世界の多くの人々の反響を呼んだ。1980年代、この本の中国語版が中国で始めて出版されたとき、まさに改革開放の時期であり、人々の先進なイデオロギーへの憧れにより、その本は中国でも大きな反響を呼んだ。この数年、何回も再版され、なかでも中国語版には中国大陸の簡体字と台湾の旧字体、及び香港の新しく校訂された繁体字版の三種類がある。トインビー博士及びポーリング博士との対談のなか、東西文明の重要性について「人生と社会」「政治と世界」「哲学と宗教」といった三つのテーマで対談している。金庸氏はその対談集について「その後対談の内容が実証できたことはその対談に予見性があったといえるであろう」と述べていた。この対談集では仏教とキリスト教の共通点を見つけ、その橋渡しの役目を果した。仏教の慈悲により「小我」から「大我」へと境涯を変革し、仏教とイスラム教の相互理解、儒教の「天人合一」哲理は人生の哲理に大きな貢献をもたらした。この不安定な情勢の二十一世紀の初め、この対談集を深く再読する必要がある。

一方、もう一つ有名な対談集がある。それは池田氏とノーベル化学賞と平和賞の受賞者であるポーリング博士との対談集『「生命の世紀」への探求』である。ポーリング博士はノーベル化学賞を受賞された後、核兵器に反対する平和運動に力を注ぎ、多くの平和主義者に尊敬されたことにより、ノーベル平和賞まで受賞した。池田氏はこのような偉大なアメリカの学者とすぐに旧知の仲となり、1980年代の初めに二人の対談集が出版され、その影響が世界までに波及し、英語版、中国語の旧字版もオクスフォード大学に出版されるほどであった。ポーリング博士が亡くなられた後、ご家族がそのノーベル平和賞の表彰メダルや生前愛用されていた机、書籍などといったものを池田氏に記念として贈呈している。一方、池田氏も常に彼のことを模範とし、青年たちを激励している。

池田氏は前ソ連の大統領であるゴルバチョフ、アメリカのキッシンジャー元国務長官、インド故ラジブ・ガンジー総理 、中国の周恩来総理、鄧小平副総理と対話、またソ連のコスイギン首相、ドイツのヴァイツゼッカー大統領、タイのプーミポン国王、マレーシアのマハティール首相、キューバのカストロ国家評議会議長、フィリピンのアキノ夫人、ラモス大統領とも

会談した。彼はまた、民間大使に選ばれ、世界平和のために各国のリーダー達と対話を重ね、一日も早く世界平和の日が訪れるように各方面で積極的に働きかけている。

二、宗教、人種差別の隔たりを解く:人間を本位とした未来へ

アメリカの学者ハンチントンが『文明の衝突』を提起して以来、西洋文化の代表であるキリスト教と東洋のイスラム教との衝突が日増しに激しくなりつつある。9・11テロ事件後、このような衝突は対立となり、チェチェン、コソボ、アフガニスタン戦争、イラク戦争などにより、キリスト教を代表としての西洋諸国とイスラム教の国々との間の亀裂が広がっていることが明らかになった。イスラム「聖戦」の狂信者は各種テロ手段を使い人々に襲撃するのに対し、アメリカの暴力を暴力で抑え鎮めるという方法により、その情勢がより一層悪化した。こういった矛盾や衝突は20世紀東西冷戦の西洋資本主義と共産主義の対立に取って代わり、その勢いは世界を暗闇に導くといえよう。それはまさにハンチントンの『文明の衝突』を証明しているようにみえる。無論、宗教信仰、文化の異なるほか、人種差別、貧富国間の摩擦、貿易上の保護主義など、その他の面からも世界経済発展や平和環境に大きな影響を与えたことは拒めない。

池田氏は主に二つの面からこういった矛盾、差別が解けるように努力した。氏は絶えず各宗教、異なる文化背景の学者、宗教者と対話し、わだかまりを解くために尽力した。仏教哲学者としての彼は、平等を基本とし、キリスト教、ギリシャ正教、カトリック教、ユダヤ教、イスラム教とも交流した。トインビー博士とポーリング博士との対話の中で、キリスト教と仏教には多くの共通点があると指摘した。また、9・11テロ事件後、池田氏はイスラム教の学者と深く交流し、2000年、イラン出身の平和主義者・ハワイ大学の教授であるテヘラニアン(Prof Majid Tehranian)と共同して仏教をイスラム教と比較し、それを対談集として出版した。この対談の中で、世の中のイスラム教に対しての誤解を次のように指摘した。「聖戦(Jihad)というのは人々がより優れている精神を探求するための心の中の戦いである。彼らは歴史を基にし、イスラム教が絶対に寛容なのではなく、逆に、普遍性、多様性などの美徳を持っている」[6]と。2005年2月から、池田氏はトルコ出身の文化学者であるハーバード大学のヤルマン教授(Prof NurYalman)と対談をする中で、イスラム教社会の諸問題にも触れた。彼はキリスト教、仏教、ユダヤ教とイスラム教の「四大宗教への問いという対話」を積極的に推進し、参加し、また宗教がどのようにして社会の平和に貢献できるのかをともに究明した。さらに、ゴルバチョフとの対談の中で、仏教とギリシャ正教の歴史、及び文化について論議、「二十一世紀の宗教の条件になるのは宗教のための宗教ではなく、人々のための宗教」というテーマを提起した。誰もが自分の宗教を他の民族に押し付けるべきではなく、また信教の自由という言葉も他宗の信仰者に暴力を振るう手段や口実になるべきではない。対話そのものを通じて交流、話し合いによって双方の権利の配分などを解決し、共存共栄の調和の局面を求めるべきである。

レイシズム、旧植民地主義から残された人種差別など諸問題に対して、池田氏は深く憎悪の念を禁じえない。氏は南アフリカの有名な人権活動家であるマンデラ元大統領との二度の会談で、こういった問題に触れ、アフリカのすばらしい未来への展望についても対談した。2001年国連が南アフリカで「レイシズム、人種差別、外国敵視及び不寛容問題についての世界会議」[8]が開かれた。池田氏は醜悪な行為を根絶するために、世界人権教育を続けることが必要となってくる、この世界的な計画の趣旨は世界的な公民を養成することである。それが戦争文化から平和文化へ転換させる武器ということになる。また、この計画はSGI、NGO(非政府組織)国連機構及び各国政府の協力を必要とすると指摘した。そこで2005年1月から実施された国連計画である「世界人権教育計画」(World Programme for Human Rights Education)は非常に重要なこととなっているのである。

このように、われわれは池田氏が「対話」そのものを重視していることに気付く。対話の趣旨は「人間を本位とする」ものであり、また、2005年の

SGIの日(1月26日)に発表された平和提言(毎年同じ日に発表される提言)のテーマは「世紀の空へ人間主義の旗」である。彼は『20世紀の精神の教訓』という対談集の巻末に二十世紀末の当面に当たって、われわれにとって、最大の課題は「体制危機ではなく、人的危機である」と言っている。言い換えると「人の尊厳危機のこと」だと指摘した。この観点は人権への踏みつけ、人々の生命価値への無視、貧困の人々への侮辱ということがある。まさに、氏の対談者であるゴルバチョフが言ったように、「全人類の価値は現実を基にして、異なる文明の融合と相互理解の上で作り上げられている」と指摘した。それが対話の歴史的な責任である。

三、中国の大作家、大学者との対話

池田氏の対談集の中で、内容的に最も多いのは世界の有名な学者との対話である。なかに天文学者、有名な大学の校長、哲学者、科学者、作家、詩人、芸術評論家などがある。ここで、特に注目すべきことは、中国の学者との対話が非常に重視されているということである。氏は中国大陸を十数回も訪れ、香港にも二十数回、またマカオに二回訪問した。中国の政治家の中で、周恩来、邓颖超、邓小平、廖承志、华国锋、李先念、胡耀邦、江泽民、胡锦涛と対話されたことがあり、また、巴金、冰心、常書鸿、金庸、季羡林、饒宗頤、銭偉長、方召麐などと深く厚い友誼を結ばれた。また、常書鸿、金庸、季羡林、蔣忠新などとの対談集が出版された。常書鸿は中国の有名な画家であり敦煌研究家でもある。『敦煌の光彩』は1988年からの対談をまとめたものである。この対談集は(日本語、中国語の簡体字、繁体字で出版)中国の学術界でも注目を浴びた。この対談を行う前に、池田氏により創設された日本富士美術館による「敦煌展」は、日本全国各地にわたって、敦煌ブームを呼んだ。一方、金庸との対談は一年にわたって行われた。これは香港返還の1997年のことである。幸運なことに私が翻訳の仕事に参加、その対話を「明るく輝かしい世紀を探求す

る」という題目に翻訳した。この対談集は、日本語、中国語繁体字、または台湾繁体字版、香港版の簡体字版という四種類に分け出版された。この対話は日本の雑誌に掲載された。尖閣諸島問題に触れた中で、池田氏は鄧小平が「争議を棚上げ、共同開発する」という提案に賛成したことにより、日本の右翼分子から敵視されたことがあった。それはまさに、政治が乱れ、社会が不安定な中、英雄の本質が現れたといえるのではないであろうか。また季羨林、蔣忠新との対話は「東洋の知恵の光」をテーマとして行われた。季氏は北京大学の副校長を担当されたときに池田氏と出会った。蔣教授は季氏の学生であり、中国の有名な梵語研究家である。季氏は90歳近い高齢の身をもってその対話に参加され、かつ活躍されたようである。また、蔣教授は早く亡くなられたため、この出版された対談集を見ることはできず、残念でならない。現在、池田氏は中国の国学大家である饒宗頤教授と芸術について対談している。来年、この対談集が完成されることを期待している。

四、「人との対話」から「自然との対話」へ

最後に池田氏の対話の形、及びその内包について述べたいと思っている。

池田氏は全世界の各国、各地域及び各分野の人々と対話した。その方式としては対談、筆談、文通、詩歌、あるいは講演などが挙げられる。すべての交流は心と心の交流である。中には、カメラで撮られた自然風景との対話も挙げられる。池田氏の対話は二種類に分けられる。その一つは多方面にわたって、長時間の対話である。それは連載、連続対談集の形で、一つの論点を議論、そして出版される。もう一つは一度限りの対話である。それは特定のテーマとして新聞や雑誌に発表される。こういった新しい工夫を凝らした対話は知恵の結晶のダイアローグとモノローグであり、平和への熱望でもある。

では、氏はなぜ対話によって平和かつ調和の環境を作り、世界の危険な情勢を変えようとしているのか。われわれは、氏とユダヤ人の哲学者であるマルティン・ブーバーとの対話からその真相を突き止めることができる。ブーバーは関係の世界をつくっている領域は三つあると言っている。

第一は自然と交わる生活。そこでは関係は暗がりの中で羽ばたき、言語は通じない。被造物たちは、われわれに向かって動いているが、われわれのもとに来ることはできないし、彼らに向かってわれわれが〈なんじ〉と呼びかけても、言語の入口で立ち止まってしまう。

第二は人間と人間の交わる生活。そこでは関係は明白であり、言語の形体をとる。われわれは〈なんじ〉を与えたり、受けとったりすることができる。

第三は精神的存在と交わる生活。ここでは関係は雲におおわれて見えないが、閃光のごとく自己を啓示している。言語はないけれど、言語を生み出す。われわれは〈なんじ〉を知覚しないけれど、呼びかけられるのを感じ、形づくり、思惟し、行為しながら、これに答える[8]。

池田氏はこういった論調を引用し、そのポイントを指摘した。「留意すべきは、第一にブーバーが、人間が『言語人』(ホモ・ロクエンス)であることの宿命に誠実であったことです。対話に不可欠の手段である言葉というものの位置づけ、扱い方に過不足がない。過激主義、教条主義の因となる言葉への過信はもとより、のちに構造主義の系列に属する多くの人がしたように、言葉への不信を言い募ることもない」[9]と氏はこのように指摘したのである。

氏は言葉が人類の特徴である以上、それを使い、自然や神までと共同して、「私と汝」という相互主体関係を新たに作り出すべきであると指摘している。それを通じて池田氏は次のように強調した。旧ソ連の作家であるアイトマートフが言ったように「石のなかにさえ秘められた生命が息づいている。私たち人間だけが、宇宙の森羅万象を思索と言葉によって意義づけることができる」。それが「言語人」の宿命である。

「第二に、ブーバーがユダヤ教徒として、同じ神の被造物であっても、人間と自然との間に明確な線を引き、序列づけをしてきたヘブライズムの伝統の人でありながら、人間界も自然界も一体のものと捉えなければ、『われ一なんじ』という出合い、対話的原理は完結しない、としている点です。」

ブーバーがゲーテをこのように賛美している。「ゲーテのゆたかな〈われ〉は、どんなにか美しく調和をもってひびいたことか。それは自然と純粋な交わりをなす『われ』である」。ブーバーの論調がドイツの哲学者であるマルティン・ハイデッガーの生態美学の理論と同工異曲であると思われる。

ブーバーのこの論調を引用した後に、池田氏は人権擁護を自然環境にまで持ち出した。「私も、カメラを手にした折々のスナップを心がけていますが、自然との対話にかける思いは同じであります。ブーバーの時代に比べれば、幾層倍も地球環境が悪化し、生態学的危機状況にある今日、こうした対話の要請もまた幾層倍となっており、平和という観点からも、厳に目配りを欠かしてはならない。」[10]このような論調は三十年前にトインビー博士とポーリング博士との対談の中に糸口があったようで、彼らは「人類周囲の環境」を論議した。話題の中で「人類と自然」、「天災と人災」、「地球汚染を防止するために」などといった問題に触れた。またこの対話の中で仏教の依正不二の原理を基に自然を尊重する観点を述べた。[11]それを原点としカメラを持ち世界各地を旅し、その途中、街の風景、自然の風景を大量に撮った。また、「自然との対話」と名づけ、こういった作品を編集し、出版し、あるいは、世界各地で展覧した。マカオで二回、さらに香港、北京、上海、深圳、広州、福州、アモイ、泉州、南京などで展示、何千人もの人々の注目を浴び、地球に対する思いが伝わり、非常に有意義なことを促進した。

注目すべきことは池田氏は世界との対話を通して、すべてのものに共生共存の権利があることを指摘している。氏は「『21世紀は人権の世紀』というスローガンにしても、人権を近代ヒューマニズムの系統だけで捉えていては、単なるかけ声だけに終わってしまうでしょう。個人の自由や尊厳という近代ヒューマニズムの原理は、『環境としての人間』『自然としての人間』という側面から補完されなければ、空洞化してしまう。それでは、人権の内実化は到底不可能であります。」「権利が人間固有のものではなく、動植物や無生物まで生存する権利を拡大すべきだ。」「自然はわれわ

れが奪う対象ではなく、自然そのものに権利を持っている。このことを、われわれの時代ではより真剣に認識すべきだ。」と述べている。

現在、人類は大気汚染、オゾン層の破壊、地球温暖化などの環境問題、また津波、SARSなどによる前代未聞の住居環境の危機にさらされているが、池田氏が提言した「自然との対話」ということは、まさに人類への呼びかけととらえるべきである。

池田氏は独特の対話の形によって各国国民の架け橋となった。彼は国連や世界各国及び各地域まで賞賛され、また多くの勲章を受章した。氏はそういった名誉を重視するのではなく、そういったものを通じて氏自身の平和理念をあらわし、また、文化、教育の交流によって、多くの人が「世界市民」の運動に取り組めるように期待しているようである。まさに、彼が2000年「人類の新紀元を眺める」という香港版の序文のなかで書いていたように、人間は一人では生きていけない、また、他人との交流によって新しい自分を発見することで、生き生きとするものである。同じように、文明と文明のぶつかりはより一層すばらしいものを生み出し、価値のあるかつ明るい未来へ発展していくのであろう。

モスクワ大学が彼に初の博士号を授与してから、全世界百以上もの大学で名誉博士、名誉教授といった称号が授与され、220にも上る。中に、香港大学、香港中文大学の名誉博士、マカオ大学名誉博士、マカオ東亜大学名誉教授などの称号も授与されている。氏はハーバード大学、北京大学、モスクワ大学など、世界有名な大学でスピーチを行った。このような講演は各国の大学の教師と学生たちとの対話のようでもある。

池田氏は仏教思想家、詩人、作家及び社交家とも呼ばれ、彼の良知の気高い感情や人格の魅力はこうした対話の中から生まれてきたものであると考えられる。

池田氏は思想家、詩人、作家であり、社会活動家でもある。氏の著作も数多くある。氏の対話から気高い感情および人格的な魅力がうかがえる。これは理性と平和精神の高揚であり、無形かつ深遠の力でもある。

（本稿の執筆者は香港天地図書株式会社の副編集長であり、遼寧師範大学池田大作平和文化研究所の顧問である。）

【注释】

①本稿は2005年に執筆されたものである。しかし、数字は2007年の基準で更新。

②香港天地図書株式会社、2000年。

③前掲書。

④2005年、「SGIの日の平和提言　新世紀の人間主義への対話」を参照。東京、創価学会（http://sgichn.org）

⑤ミハイル・Sゴルバチョフ、池田大作　『二十世紀の精神の教訓』（下巻）、4章を参照。潮出版社、1996年。

⑥2005年の「SGIの日の平和提言　新世紀の人間主義への対話」を参照。

⑦この会議の英語名は、次である。UN Conference Against Racism，Racial Discrimination，Xenophobia and Related Intolerance.

⑧2005年の「SGIの日の平和提言　新世紀の人間主義への対話」を参照。

⑨2005年の「SGIの日の平和提言　新世紀の人間主義への対話」を参照。

⑩2005年の「SGIの日の平和提言　新世紀の人間主義への対話」を参照。

⑪孫立川　「『天人合一』と現代のエコロジー文化理論」を参照する。この文章は2004年に行われたマレーシアSGM国際シンポジュウムで発表され、後に加筆され清華大学シンセン大学院人文所年刊（2005年）に掲載された。

池田大作世界平和主義思想の原点

崔　学森(崔　学森訳)

池田大作世界平和思想は普遍的人間性を基礎とした、あらゆる宗教、宗派、国家、民族、イデオロギーの限界を超えた。池田氏にとって、氏が信仰する宗教と戦争体験は普遍的人間性を理解する二つの出発点となっている。今までの研究の多くは主に仏教信仰の角度から池田世界平和思想を研究したが、感性としての氏の戦争体験が池田世界平和思想の形成に莫大な役割を果たしたことについてあまり言及されなかった。本稿では残酷な戦争体験こそが池田世界平和主義思想の出発点であることと同時にその不可欠な部分でもあることを強調する。

一

世界平和主義は池田大作思想の主な内容であり[①]、数多くの研究成果がある。研究者らは池田世界平和思想内容・理論の基礎(哲学の基礎)・方法論および特徴などの方面から池田世界平和思想を解明し充実させた。以上の内容をつぎのようにまとめることができる。その内容から見ると池田世界平和思想についての研究は戦争反対論・暴力反対論・核兵器反対論・民族差別反対論・平和教育論などに触れている。理論の基礎から見ると池田世界平和思想は東洋と西洋の平和思想の優れたところを汲み出し、大乗仏教の精神・宇宙生命論・儒教による「天人合一」論・「和為貴」思想および欧米の世界平和思想などが含められている。方法論から見ると池田世界平和思想は「対話」と「人間革命」による平和主義の高揚と実現が強く訴えられている。特徴から見ると、普遍性・絶対性・徹底性を指摘することができる。[②]

前述の研究の中で、理論の基礎を論ずる研究は池田世界平和思想研究の重要点と思われる。しかし、池田世界平和思想に言及すると多くの研究者はややもすれば池田氏が信仰する大乗仏教のことや彼が吸収した東西の平和思想のことなどを想起して彼の世界平和思想の理論基礎を探る。言うまでもなく、東洋文化に馴染んだ池田氏は世界でよく知られる宗教家でSGIの会長でもあり日本の創価学会の名誉会長でもある。同時に世界を回る卓越な社会活動家でもある。よって研究者が池田世界平和思想を解読するとき、以上の考えの筋道をたどるのは当然のことである。

確かに日蓮仏法の中に「救己度人」という普遍性が含められており、これが平和思想に共通するところがあることは間違いない。戸田城聖が悟った「仏即生命」という法理ほど池田氏への深遠な影響はなかった。生命（特に人間の生命）を尊ぶという信念が池田思想の中で揺らぐことは一時もなかった。池田世界平和思想は仏法に接してはじめて理論の昇華ができ、それにその理論を完璧に行動に結びつくことができたといえよう。宗教は池田氏に世界平和主義を広げる舞台を提供した。池田氏が仏法に接しなければ彼の世界平和思想に今のような影響力はなかったであろう。

池田世界平和思想の理論の基礎が仏法にあることを疑うことはない。しかし、彼の世界平和思想は仏教そのものを超えたことに注目する必要がある。それが宗教・宗派・イデオロギー・国家・民族の限界を超えたという特徴を持っている。池田氏が指導する創価学会は布教活動を踏まえて広くて多彩な教育・文化活動を展開してきた。池田時代の創価学会は次の顕著な特徴を持っている。すなわち、創価学会は単純な宗教団体から教育・文化・平和運動を推進する総合的な団体に変ったのである。今日の創価学会が大きな規模を持つことや旺盛な生命力を保ち続けることなどの原因はこの特徴からうかがえる。教育・文化・平和活動はその原動力が基本的に布教にあるが、これらを展開するとき、布教活動はもう幕の裏に回った③。特に創価学会が展開した国際教育・文化交流活動はその宗教的色彩が薄くなって、純粋な国際文化・教育交流活動となる。20世紀は「解魅の時代」と呼ばれて宗教は理性によって非理性的のものと貶られ人々に疑われるが、仏教を土台とした、池田世界平和思想は、巧みに人間の宗教への偏見と誤解を回避し、その思想の範囲を広げることによって、実践の価値をアップした。

黄順力氏が池田世界平和主義を把握するとき、仏法にとどまらず、池田世界平和主義を東洋思想と文化に入れることによって池田世界平和思想への理解を深めた。彼は池田世界平和思想は伝統儒学の合理性を吸収したと言い、「池田世界平和思想は仏教の教義にその起源が求められるが中国伝統文化からの影響も強かった」と強調した④。また、ほかの研究者は「生命尊重論」・「宇宙生命論」・「天人合一論」などの角度から池田世界平和思想の哲学基礎を探ることがある⑤。それに池田氏とドゥウェイミン氏の対談集『対話の文明』⑥からも池田平和思想に濃厚な東洋精神があることがわかる。池田氏はこの対談の中で中国の伝統儒学の平和思想・人を基本とする思想に強く同感した。

もちろん、池田氏の著作から彼の世界平和思想が欧米の平和思想を取り入れたこともうかがえる。たとえばキリスト教の平和精神などである。池田氏は平和学を開拓するノルウェー出身のガルトゥング氏との対談の中で欧米が世界平和へ貢献したことを賞賛した。

中国の学者らは池田世界平和主義の哲学の基礎を分析し、その思想の内容と特徴を解明した。しかし、以上の解釈では池田氏の世界平和思想が宗教・宗派、イデオロギー、国家、民族の限界を超えたところ、およびその思想の強い感化力と普遍性などを説明するのに不十分であるといわざるをえない。本稿では池田世界平和思想が人間性の普遍性に基づいて築き上げた理論を強調する。共通の人間性は池田氏の一切の理論の出発点となり、彼の世界平和主義の出発点ともなっている。初のソ連訪問の前、ソ連は宗教の自由が認められない国であったために、何のために行くのかとの問いに、池田氏は「そこに人間がいるからです」とはっきり答えた⑦。このことからみると、池田世界平和思想は宗教とイデオロギーの枠組みを超え、その出発点は人間性にある。

人間性を理解するのに理性だけではできない。池田氏は生命が不思議なものであり、理性だけで生命を理解するのは不十分だと言い、感性の重要性を訴えることを通じて感性と理性の統一を強調した。池田世界平和思想は感性と理性の高度な統一の結果であるといえる。よって、感性と理性の相互作用の角度から説明すれば、はじめて池田世界平和思想の本質がわかる。池田氏もヨーロッパ文明の弊害に触れるとき、理性に限りがあると言い、感性によって、理性を補うことの重要性を唱えた。

人間性に基づく池田世界平和思想は池田氏自身の戦争体験に密接にかかわっている。戦争体験は池田氏に感性と理性の二つの角度から人性と生命の尊さを深く理解させた。そして、池田世界平和思想は多くの平和主義と同じように戦争体験という暴力を背景に生まれたものであるので、具体的な時代背景を離れて抽象的にそれを分析することはできない。戦争は殺人を正当化・公開化し、人性と生命への最大の脅威である。残酷で深刻な戦争体験は感受性に富む池田氏にとって生涯にわたって影響する痛烈な経験であるに違いない。

しかし、戦争体験は池田氏の世界平和思想を研究するのにあまり語られていない領域である。本稿では戦争体験とその記憶は池田世界平和思想の出発点であると同時に氏の世界平和主義の不可欠な一環でもあることを訴え、池田氏の世界平和思想を構築する重要性を強調している⑧。戦争体験と大乗仏教は池田氏が普遍的な人性を理解する二つのルートである。戦争体験は感性の角度から、仏教は宗教理性の角度から、池田氏に人性への理解を深めさせた。戦争体験は氏に仏教信仰を導いたもっとも重要なところである。前者がなければ、後者への信仰もないかもしれない。また後者だけでも、池田世界平和主義思想は真の普遍性や実践性を持ちかねる。

なお、あらゆる平和主義は、思想であると同時に実践につながる現実の理論であるべきである。戦争体験とその記憶の角度から氏の世界平和主義を読み取ることは、その思想の実践性を際立たせて究明することができ、その思想が宗教・宗派、イデオロギー、国家、民族の限界を超えたとこ

ろ、およびその思想の強い感化力と普遍性にあることをよりよく説明できる。

二

20 世紀は池田氏のような世界識者に「戦争と暴力の世紀」と呼ばれている。20 世紀を振りかえってみると、二度の世界大戦およびその後頻繁に行われた地域紛争や衝突など、むしろ人類は平和から遠ざかったようである。特に核兵器の発明・使用と保有は人類がかつてない災難と恐怖に脅かされた。21 世紀に入って間もないが、テロ襲撃、アメリカが国連を無視して行ったアフガニスタン戦争とイラク戦争、チェチェン紛争、中東などの不安定の各要素で、新しい世紀に期待された平和の夢は打ち砕かれた。平和は永遠に美しい神話のようにみえる。もちろん、21 世紀に入ってから行われた地域戦争を世界範囲の戦争と区別すべきである。しかし、地域紛争と全世界のテロ事件は人々を緊迫させ、平和への道のりは順風満帆ではないことを語っている。

平和と暴力は反対する概念で、双生児のように見えるが、一人は天使でもう一人は悪魔の役を演じている。平和を求める、利に赴き害を避けることは基本的な人性の訴求であるが、戦争はたびたび平和を求める仮面をかぶり、鼓吹され美化される。池田氏のいうように「戦争は絶対美しい神話ではない」[9]。戦争と核兵器の使用は暴力の最高の現れとされ、人性に反する最高の現れでもある。肉体および精神にもたらした苦痛は人類が耐えるべき極限にいたっている。戦争の残酷さこそ、平和は戦争時代と戦後の人々に求められ、反省されるテーマになっている。特に戦争時代に平和の大切さが顕著である。しかし、数多くの戦争は往々にして平和の旗を掲げ、平和を求めるあたりまえの手段になってしまった[10]。さらに平和は罪悪を隠す隠蔽物になる場合もよくある。いかなる名義と口実を借りてもいかに戦争を美化しても戦争を起こす側は罪悪である。しかし、戦争と平和は永遠に絡まっているようにみえる。「平和」のための戦争が存在するので人々はコンテキストから慎重に「平和」という言語を読み取らなければならない。そのため、「平和のための戦争」と一線をかくすように、一切の暴力に反対する人々は「平和」という文字の前に「真正の」という文字をつけなければならない[11]。

戦争が勃発した時代、あるいは戦争が勃発しようとする時代に命を惜しまずに徹底的な反戦主義を掲げ、一切の暴力に反対する思想は真正的平和主義と呼ばれる。池田氏が唱えた世界平和主義は真正的平和主義である。氏は創価学会の反戦の伝統を受け継いでいる。創価学会初代会長牧口常三郎と二代会長戸田城聖は日本が起こした侵略戦争の中で軍部と戦って無実の罪で投獄され、平和の闘士となった。牧口氏は獄死し、平和のために殉難した。三代会長池田氏は先代会長の反戦気骨を受け継いで、戦争と核兵器の使用をはじめ、一切の暴力に反対し20世紀と新世紀において反戦・平和推進の旗を高揚している。1970年代から氏は民間大使の身分をもって「対話」という方法を通して人類紛争と衝突を解決する新しい方法を模索し始めた。今、世界の有識者との対談はもう1700回を超えている。その中の多くの対談を本にまとめ、人類の思惟に影響を及ぼした不朽の著作となった。氏が創始したSGIは世界平和理念を高揚し、ほとんどの国と地域において組織を持ち、世界平和運動を促す不可欠な存在となっている。池田氏が唱えた非暴力主義は世界範囲で認められた。池田氏は各国の数多くの学術・研究団体・都市から名誉学術称号・名誉市民称号を授与されている。1983年に国連から「国連平和賞」を受賞した。

池田氏の世界平和への貢献を二つの角度から理解することができる。ひとつは氏が提唱した、「対話」を基軸にする「非暴力主義」は人類の思惟を変えたことである。もうひとつは氏自身および彼に指導された組織(日本創価学会・SGIなど)が行った平和運動である。この二つのことがなぜ広い範囲で認められているかというと、池田の思想と行動が普遍の人性に基づき、普遍的人権と生命そのものに尊重するのである。大乗仏教は池田氏が人性を理解する土台で、平和を愛する人々を集める手段でしかない。宗教の魅力もこの点にあるであろう。

2001年から「ガンジ・キング・池田大作展」が各国で展示された。展示

は非暴力運動のリーダー・インド民族独立の指導者ガンジーとアメリカ公民権運動の指導者キングと世界平和運動の推進者池田氏のことを紹介する。いうまでもなく、上述の三人の指導者はそれぞれの宗教信仰をもっている。ガンジはヒンズー教の教徒で、キングはキリスト教浸礼派のリーダーで、池田氏は大乗仏教の信仰者である。学界では三人の平和思想を研究・理解するとき、往々にして三人が信仰する宗教にその理論の根源を求める傾向がある。しかし、看過できないのは歴史における宗教の二重の役割であることである。つまり、宗教は互いの愛・平和を高揚する反面、数多くの戦争と衝突の根源と背景にもなっている。よく戦争に動員し、戦争を起こす人々と参加者を麻痺する役割を果たした。「『人間』のための宗教がある。『宗教』のための宗教もある。『宗教』のための宗教は(中略)その結果、人々の精神の自由は奪われ、良識も人間性も否定されてしまう。」と池田氏は強調している。[12]

もちろん、このような宗教を真の宗教ではないと有識者は言っているが、宗教の角度だけ世界平和主義の理論を解析することは宗教が人類史上に演じた実際の役割と一致していない。20世紀はじめごろ、無教会運動の指導者内村鑑三は教会と戦争との関係は分割できないほど密接につながっていると認識し、非戦論を無教会主義と結びつけなければならないと訴えた[13]。内村はキリスト教徒として宗教(教派)と戦争の関係を深く認識した上、無教会運動を通じて宗教による戦争をなくすのを試みた。第二次世界大戦において日本の大乗仏教団体日蓮正宗も政治の圧力と権威に屈服して侵略戦争を支持する団体となった。

だから、宗教の面だけではなく、非宗教の面からも世界平和思想が成り立つ原因を探る必要がある。真の平和思想は人性への深い洞察と理解に基づいてできたものと考えられる。宗教が人性を洞察する役割を無視してはいけない。一方、残酷な暴力とその環境も人性への洞察を促すことを考慮しなければならない。平和運動の指導者たちはたいてい戦争を経験したことがある、あるいは戦争と戦後の廃墟に生きている。暴力の残酷さを体験したことがある。その痛烈な体験を後世の人々に体験させないように彼らは生涯にわたって平和運動を起こし戦争を避けようとしている。上述の非暴力運動の指導者たちは皆暴力の環境において肉体や精神の苦痛を経験した。暴力への反省は彼らの非暴力運動の原動力となった。およそ世界平和主義思想は暴力のなかで生まれ、後世の人々に受け継がれる。池田世界平和思想はその典型的な存在であるといえる。池田氏は少年時代を日本ファシズムの雰囲気の中で過し、戦争の破壊力と残酷さを体験した。彼の家族と彼自身は戦争の被害者であった。池田世界平和思想は仏法およびほかの平和思想を通して彼の戦争体験をまとめたものであるといえる。

三

池田世界平和思想には著しい特性をもっている。つまり真の普遍性である。普遍性は池田世界平和思想があらゆる宗教、宗派、イデオロギー、民族や国家の限界を超えるなどの面で現れている。根底から見れば人間の存在(人間の命)への尊重である[14]。「人間の存在」[15]への強調は戸田第二代会長が悟った「仏即生命」[16]という法理の継承と高揚であると思われる。しかし、言うまでもなく「人間の存在」への尊重は池田氏が仏法に接したあとできたのであるが、仏法に触れる前にも池田氏は人間性に深い認識を持っていたのである。これは氏の特別な戦争体験に密接につながっているとおもわれる。そして、氏の感性に富む性格はこの認識を深めた。

池田氏は生まれつき感性に富む。世界詩歌協会の会長をつとめたスリニバ氏は「池田氏の詩の一つ一つに、彼の人格の特質である卓越した敏感な感性を認めることができる。」[17]池田氏は小さいころから体は弱かったが読書は大好きで、新聞や雑誌のジャーナリストになろうという夢を持っていた。少年時代の読書リスト[18]から見ると文学を志す情熱がうかがえる。少年時代の先生や友人の話では池田氏は感性に富んだ文学的少年だそうである。

少年時代が人生の方向に影響しあるいは決定する大切な時期である。

感性に富む池田氏は少年時代を戦火と戦後の廃墟の中で過した。戦争体験は彼の前面に渡り深刻な影響を及ぼした。まず、池田氏は戦争のなかで家族の愛情の暖かさと貴さを感じた。池田氏にとって、家族の愛情が彼を死から救い、耐え難い戦争の歳月を過すことができた。

池田氏(1928年生まれ)の少年時代は日本軍国主義が権力の魔性を振るって他国を侵略する時代である。軍部は国民動員のために力の限りを尽くして戦争を美化し、あらゆる宣伝手段を最大限に動かした。軍部の天地を覆い隠すような世論操作のなかで池田氏は親にだまって航空志願兵を申し込んだことがあるが最終的に父親に拒まれてやめた。父親が拒んだのは4人の兄がみんな出征した(あるいは出征しようとする)からである。親は離別の苦を耐えられなく軍部の要求を拒否したのである。池田氏は後年、深い愛情をこめて「息子四人が次々と出征していくときの父母の淋しそうな顔を覚えています。おもてでは『軍国主義の母』といわれてましたがね。かげでは非常に淋しそうでした。(中略)そのときの印象は、生涯忘れられない」と語った[19]。太平洋戦争の後期に軍部は特攻隊——神風隊を編成した。飛行機の質が保障できない、燃料不足、飛行訓練が足りないという状況のなかで、航空兵をすることは犠牲を意味している。航空兵をやめさせられたことは親が池田氏を死から救い出すことに等しい。池田氏は後年多くの場合でこのことを口にして親に感謝した。

同時に池田氏は兄を失った苦痛を感じ、別の角度から家族の愛情や命の大切さを体感した。長兄喜一がビルマで戦死したことは池田家に莫大な打撃を与えた。母は長兄の戦死通知書を受け取ると、すぐ体を背けた。池田氏は母の後姿を直視できなかった。氏は長兄を追悼するために「一枚の鏡」という文章を綴った。その中で長兄からの深い影響うけたことを語って戦争がもたらした莫大な災難を語った。

さらに、池田氏は戦時において身体と精神の面で多大な苦痛に耐えた。池田氏は戦争がもたらした感情と肉体の傷および人間性のねじれを身をもって体感した。侵略戦争において日本国内の雰囲気は尋常ではない。政治の高圧・思想と文化のコントロール・非人間的政策などがもたらした異変は池田氏の胸を苦しめた。すべてが戦争と国家に奉仕するスローガンは池田家をも苦しめた。池田家の住宅はある軍需工場に近い。その工場を守るため住宅はよぎなく壊された。壊されたとき、両親は涙をこぼし近くで見守ったそうである。

家が壊されたあと、身をよせるところもない池田家は母の妹の家の庭に臨時の家を増設したが、東京大空襲ですべての家具は家とともに焼き払われてしまった。氏が手放さない書籍も灰燼に帰した。氏は未来が見えないと思っていた。家族は臨時の住宅に苦しい日々を送っていた。苦しい生活の中で体がもともと弱かった父親は再び病気になった。

池田氏ももともと体が弱かったうえに、結核になった。厳しい経済と医療の環境で、いつも寒風の中に立つような苦しさを感じたといった。

言うまでもなく、池田氏自身は戦場に赴いたことはなく、戦場での残酷さを体験したことがない。しかし、尊敬する長兄が言った戦争の体験から戦場での残酷さと日本軍国主義の情けないところを間接的に感じた。出征の途中から一時復帰した長兄池田喜一は「中国人はとてもかわいそうだ」と言った。この話は池田氏の心につよい印象を残した。後年の池田氏は中国人に、たびたび日本が起こした侵略戦争の問題で誠意をもって謝った。これは長兄から聞いた話と無関係ではない。ここから見ると戦時中の池田氏がもう国家や民族の限界を超え、まったく共通の人性の目から被害を蒙った中国人を認識した。

実は、池田氏もアメリカの兵士が日本人に殴られる場面を目撃したことがあるそうである。それはアメリカ軍機が撃墜され、パイロットがパラシュートで降りてきたことである。アメリカの兵士は殺到した日本の憲兵や普通の国民に囲まれて、すさまじい暴行を受けた。半殺しといっていい状態であった。池田氏はこのことに印象深かった。「それは私と年の変わらない青年でした。私は本当に息苦しかった。戦争で傷つくのは敵も

同じだった。米兵も、同じ人間だ。遠く米国の故郷にわが家と同じように、今も無事を祈る母がいて父がいるのです。私のような弟もいるかもしれない。いったいなんのための戦争ですか」と池田氏は言った[20]。

池田氏は米軍の兵士が暴行をうけたことからも敵と味方の限界を超え、人間性の普遍性に立って戦争の目的を考えた。「これまでの人生を振り返って、何を一番強く思い出すか」と聞かれると、池田氏は思索を加えないで「やはり、戦争の悲惨さです。真夜中の空襲で、年老いた夫婦が恐怖に怯え、狼狽して逃げ惑っていた気の毒な姿など、決して忘れられない」とかたった[21]。

日本が敗戦したことは17歳になった池田氏に衝撃を与えた。池田氏は敗戦を予想していたが敗戦になると感慨は深かった。「不安と期待を交錯させていた」と語った[22]。敗戦後池田氏は敗戦がもたらした精神の空白を補い、精神の戸惑いを解消するため、よく古本屋に行った。精神の空白と戸惑いとは戦争はいったい何のためか、人性をいかに理解するかという問題であろう。池田氏はかつてベルクソンの「生命哲学」に興味をもっていたそうである。友達に創価学会の座談会に誘われたときもベルクソンの「生命哲学」のことを思い出したそうである。池田氏が創価学会と仏法に接する動機は個人の精神的戸惑いをなくすことにふかくつながっていると考えられる。

終戦したが、戦争の影響はいたるところに及んだ。戦争はもう生活のいかなる面においても深くなじんでいたのである。戦争が人々の価値観をつよく左右していたので、池田氏はある人物が信じられるかどうかはその人が戦争に反対したか、あるいは反戦で投獄されたかによっていた。池田氏は最初座談会に行ったとき、仏法に魅了されたわけではなく、戸田城聖の個人の人格的魅力と反戦で投獄された経験に惹かれたそうである。創価学会に入ったこともそうであった。戸田城聖の人格魅力が池田氏に仏法信仰の道をあゆませたことは看過できない。多産的著作からみると池田氏が「師弟不二」の精神を強調し戸田城聖への敬意と感謝の気持ちをもっていることがわかった。池田氏が必死に戸田城聖のことを守ったことは仏法そのものだけではなく、戸田城聖の人格の偉大さにもよると考えられる。

上述のことからみると戦争がもたらしたことは、池田氏の心の奥にまで刻印されている。戦争と戦後の廃墟の中でうけた肉体と精神の二重の苦痛は、池田氏に暴力の残酷さと友情・生命の尊さとを同時に体感させた。創価学会に入信し、仏法に接する前にも、感性に富む池田氏はもう戦争の目的に疑問を投じ、人性の生命の本質を思索し始めていたのである。彼の心の奥に反戦の種がまかれていたと思われる。戦争体験は池田氏にとって、生涯忘れられない思い出であって池田世界平和思想の原点となっている。戦争体験こそ池田氏を仏法信仰に導いた。池田氏は自分の戦争体験を氏の世界平和思想に完璧に取り入れ、生き生きとした個人体験として人々に語った。だから、戦争体験は池田世界平和思想に不可欠な部分ともなっている。

四

池田世界平和主義思想が目指したのは戦争と核兵器使用をはじめとする一切の暴力をなくすことである。対応性と現実性を持っている平和思想である。そもそも平和思想の生まれは個人や団体が模索した成果であると同時に、たえず暴力に抗争しつつあったものでもある。池田世界平和思想は深刻な戦争体験に基づき、戦争の根絶を目指している。氏の世界平和思想は戦争に対する反省であって、現実において暴力を防ぐことにつながっている。

ところが、いかに理論と実践の間に橋をかけるか、あるいは直接理論を実践に移すか。これはある理論の普遍適用性や実践性を試す重要な条件である。池田世界平和主義思想は棚上げにした華麗な言葉ではなく現実において現れた原則であり、世界平和を愛する人々に実践された思想である。池田氏自身は現実に向いて積極的に氏の思想や主張を実践させている。「大切なことは、過去の反省に立って、私は今何を成すべきかを明確にすることであり、英知を結集して将来への確たるビジョンを打ち出すことであります」と直言する[23]。戦争の経験がない人々に戦争を経験させな

いように戦争体験を語ったことは平和主義宣揚の絶好の方法である。それは感情の面で生き生きとした実例で人々に戦争の恐怖や戦争がもたらした破壊力や人間の心身の苦痛を感じさせた。

池田氏は空理空論というより、彼自身の体験をよく語った。数多くの対談や各大学・学術機構において氏は労をいとわずに頻繁に氏の戦争体験を語った。とくに平和時代における子供や青年に池田氏は戦争を体験させないように感情をこめて自分の戦争体験を語っている。

いうまでもなく、戦争体験をよく語るのは師匠の戸田城聖の影響をうけたからである。戸田は初代会長牧口常三郎が投獄されたことをたびたび繰り返してかたった。牧口のその経験を記録した目的は牧口を模範として真の平和のため悪勢力と最後まで戦うことにある。同時に平和を求めるため、莫大な努力と犠牲が避けられないと人々に警告した。「師弟不二」という言葉には濃厚な実践の意味が現れている。弟子として池田氏は死を顧みないで反戦して、平和を守る伝統を守っている。池田氏は自分と恩師とは「不二」であると感情をこめてよく繰り返した。

池田氏は自分の戦争体験を語る一方、創価学会の初代と第二代会長が戦時において遭った苦難をも語った。氏は反戦は創価学会の誇りであると思っている。前二代会長は反戦のため投獄され、初代会長の牧口常三郎は獄死にいたり、反戦への殉難だと見なされた。戦争の経験がある相手と対談するときに、戦争体験は常に共通のテーマとなった。世界大戦を2回にわたって経験し息子を一人失ったイギリスの歴史家トインビー博士との対談には戦争についての内容は相当な紙面を占めている。

戦争体験とその記憶は時間とともに風化されやすく人間の視野から遠ざかる傾向がある。いかに戦争を経験しない多くの人々に、戦争がもたらした苦痛や恐ろしさを語るかは戦争の終結とともに重要なこととなっている。池田氏は創価学会が国民の戦争体験や戦争の控訴の資料整理をすることを大切している。創価学会の青年部は『戦争のわからない世代へ』を80巻、婦人部は『平和を心より祈る』を20巻、反戦シリーズで出版した。いずれも自伝や口述などのかたちで歳月がたつにつれてもっと貴重な戦争体験を後世に残そうとする書物である。創価学会によるこのような草の根レベルの平和運動は池田世界平和思想の具現化であり、その思想の理論と実践の間に距離間がないことを意味している。

池田世界平和主義思想は理論や思想の次元にとどまらず、人々の心に浸み込み、時々刻々と実践された思想である。池田世界平和思想は基本的な人性に基づき、真の普遍性を有するだけではなく、実践の面においても切実な道を示している。池田氏自身の戦争体験は理論と実践の間にかけたひとつの橋であると考えられる。

上述の戦争体験が池田世界平和思想の重要なところであることを分析したことを通して、この思想の原動力を見出したうえに、この思想の普遍性を証明し補完して、この思想にある実践の面の意義を説明した。

（本稿の執筆者は遼寧師範大学池田大作平和文化研究所の副所長である。）

【注释】

①筆者は幸福論と世界平和主義が池田大作の世界平和主義思想の中心内容で、互いに補完する二つの理論であり、一体化する理論でもあると考える。幸福論は個人の次元で人間の精神を構築する理論で、世界平和主義は社会や全人類の次元で人間の精神を構築する理論である。世界平和主義は個人の幸福に密接にかかわる理論である。逆に、個人の幸福が世界平和に依拠し、世界平和がなければ個人の幸福もない。

②王新生編　『東洋思想の展望』、北京大学出版社、1995年。なお、贾惠萱、张可喜編『池田大作研究論文集』、124～132頁、香港社会科学出版社株式会社、2004年、160～167頁。

③前原政之　『池田大作　行動と軌跡』、中央公論新社、2006年、118頁。

④黄順力　「池田大作の平和思想と孔子・孟子の学説」、『厦門大学学報』（哲学社会科学版）、2005年6期、100頁。

⑤王新生编　『東洋思想の展望』、北京大学出版社、1995 年、160～167 頁。

⑥池田大作・ドゥウェイミン『対話の文明　平和の希望哲学を語る』、三文明社、2007 年。

⑦前原政之　『池田大作　行動と軌跡』、中央公論新社、2006 年、190 頁。

⑧言うまでもなく、池田世界平和思想は戦争を単純に対立面とするのではなく、あらゆる暴力に対立する思想である。しかし、戦争は最大の暴力で、池田氏に言わせば「戦争ほど悲惨なことはない。」戦争は物質の面はもちろん、精神の面においても人間を苦しめた。

⑨池田大作　『万里長空　池田大作随筆集』、(香港)天地図書株式会社、2001 年、245 頁。

⑩入江昭は「多数の論者にとって、戦争中においても平和があるのではないか。平和への憧れがあるだけに戦争は正当化されているのでないか」と言っている。入江昭　『20 世紀の戦争と平和』(李静閣など訳)、世界知識出版社、2005 年、120 頁。

⑪石田雄　『政治と言葉』(下)。東京大学出版会、2000 年、5 頁を参照。

⑫池田大作　『新・人間革命』1 巻、聖教新聞社、1998 年、62 頁。

⑬石田雄　『政治と言葉』(下)。東京大学出版会、2000 年、9 頁を参照する。

⑭ある研究者は池田世界平和思想に三つの特徴があると力説した。まず、あらゆる暴力を根絶し、積極的に平和主義を唱えること。次にあらゆる戦争に反対し、絶対的な平和主義を求めること。最後に、生命の尊厳を高揚し、徹底的な平和主義を貫くこと。楊君遊、蘇衛平、蔡徳麟　「池田大作の世界平和観論」、『江淮論壇』、2005 年 2 号。なお、王新生編　『東洋思想の展望』、148 頁、北京大学出版社、1995 年、49 頁を参照。

　筆者は池田大作世界平和主義思想には以上の特徴のほかに実践の精神が含まれていると強調している。

⑮ここにある「人間の存在」という言葉を「そこに人間がいる」と解釈してよい。難解な哲学の概念ではない。

⑯戸田が悟ったこの法理は創価学会第一代会長牧口常三郎が主張した「唯一な価値といえる価値は生命の価値である」という原理から影響を受けたであろう。戸田が獄中で悟った「仏即生命」という法理は直接仏法と生命とを緊密に結びつけた。

⑰前原政之　『池田大作　行動と軌跡』、中央公論新社、2006 年、203 頁。

⑱前掲書 41 頁。

⑲前掲書、29 頁。

⑳前掲書、37～38 頁。

㉑前掲書、219 頁。

㉒前掲書、38 頁。

㉓「20 回『SGIの日』記念提言　不戦の世紀へ人間共和の潮流」、『池田大作全集』2 巻、聖教新聞社、1999 年、232 頁。

東洋文化の「平和の精神」と池田大作

暴　景昇（内田　雅幸　徐　娟訳）

池田大作氏は日本生まれの著名な思想家である。池田氏は儒教文化と大乗仏教が流行する東洋文化の中で育ってきた。池田氏の思想の母体は東洋文化にあるといえよう。本稿では東洋文化の「平和の精神」が氏の思想の形成に基礎を定めた役割を果たしたことを論じ、氏の平和文化思想の普遍的意義を述べようとしている。

一

中国は世界で唯一文化断層のない5000年の文明を有する国家である。だからこのように、地理環境、交通条件、文化心理、政治制度などの諸方面の影響があり、一回又一回の武装蜂起、戦争、民族同士の殺し合い、宮廷闘争なども経てきたが、軽視できないのはその文明形成と発展過程の中で、一貫した精神要素——平和理念がその中をずっと貫かれていたのである。

政治統治者、または普通の平民に拘らず、通常の状況では、大部分の人々が戦争、争い、混乱や無秩序を好まず、その基本価値の訴求は平和であったのである。武力と戦争は一つの諸刃の剣であり、たとえそれが平和を手に入れる手段になりえたとしても、自身を滅ぼす武器にもなりかねない。いわんや、武力を用いて奪取した政権は、武力のみに頼って維持することはできず、コストが高いのは当然のこと、通常長くは持たない。これは歴史によって数え切れないほど証明されてきたことである。今日に至り、平和は依然として理性ある人が向かう世俗的理想の一つであるが、目下の世界は依然として度々戦争の勃発や武装衝突、テロ襲撃など各種の平和とは矛盾した行為が存在し、これらを見るに、平和への道のりはまだ長いようである。

世界東洋の中国では、春秋戦国時代、深刻な社会変動のため、神権政治が衰退し、世俗政治が勃興した。これには二つの理由がある。一つは政治の盛衰は神が決めず、人心に背向くかもしくは君主の品質や政策がそれを決めていたこと。もう一つは最高の人格神「天」としての神秘主義の性質が薄れてしまったことである[①]。ある学者の分析は、伝統の周朝の礼は天神崇拝と先祖崇拝の宗教儀式が変遷して来たものであり、原生性宗教の範疇に属すると示している。文化意義以上から言えば、周代の文化は神聖と世俗と渾然と独占している一体の構造であったのである。天命は政治、自然、人の行為を指導するものである。そして、後者は前者の体現であり、彼らの間には神秘的なつながりがあったのである。天命神学は政治礼儀のために合法性の依拠を提供しながらも、国家の礼儀は天命神学の制度性が手配していたのである。自然秩序と社会秩序の理性原則は整合により天命の範疇の中に至り、経験世界に属する内容を超験的、神聖的な信仰の領域の中に転化したのである。神聖の形式は主導する地位にあり、統率し世俗の内容を支配していたのである。明らかに、この文化体制の中で、ある神聖な力と世俗的な力をつかの間のバランスを維持しつつも、このバランスは極めて脆弱なものであった。一旦人と神の関係に変化が発生すれば、人が主宰となり、そのような政治の合理性は二度と神の支配の助けを借りる必要がなくなる。神聖秩序と世俗秩序は断裂が発生し、人文理性の方へ発展するのである。

中国の世俗主義文化の中でところどころに平和主義の精神が体現されている。梁漱溟氏の研究によれば、中国伝統文化の中には核心のもの——「調和」があるという。これは「周易」、「陰陽五行」の思想に十分に体現されている。その中心観点は宇宙の中には絶対的、単一的、極端的、不調和的なものはない。たとえあったとしても隠れて現れないものである。およそ現れたものはすべて相対であり、中庸であり、バランスであり、調和的である。[②]この調和の趨勢は事物の変化の過程の中で実現され、いわゆる変化とは調和から不調和へ、もしくは不調和から調和への過程

なのである。一切の事物は相反しながらも成り立たせる調和の関係上に成り立っているである。この思想の中では、調和が成功であり、不調和が失敗であるとして、調和が生を代表し、不調和が死もしくは死の傾向を意味しているのである。これも孔子の一貫した思想である。孔子の言論の中で、多くの「生」について語られている言葉がある。たとえば「天地之大徳曰生」、「致中和、天地位焉、万物育焉」である。だから私たちは、儒家学説の一つの重要な特徴が積極的な人生態度を持っており、自然に任せた生活が「和」であると言っている。

この「和」の文化観念は現在の中国人の生活にも体現されている。儒家の生活要求は決して高くなく、「仰足以事父母、俯足以蓄妻子、楽歳終身飽」さえ達せられれば、こと足りて満足でき、更なる過分な望みはないのである。中国には多くの「鹿裘帯索，鼓瑟而歌」の人がおり、生活の貧困と死の脅威は決して人を深く不安がらせることもなく、解脱を求めさせることもない。これは、中国人の物質生活レベルが西洋には及ばないものの、中国人の物質上で享受する幸福は西洋人より多いという原因である。これは主に中国人が享受する一種の楽しみであり、享受する物質対象上にはないのである。儒家の世俗要求が、仏教の現世生活、自身の運命、家庭の前途への関心、自己およびその家人の来世運命の憂い、ひいては衆生、国家を含めての希望などと類似するところが非常に多いと思われる。これが「和合」の基本前提である。東洋人もよく美しい願望を自分とは無血縁の衆生にまで拡大させていくことがあるが、これは他人の身になって考えることであり、慈悲の心を人の心情にまで広げているのである。これは「和」の実現の基本ステップである。東洋人はよく解脱を得る宗教信仰と世俗の政治的希望を一緒に繋げており、この君臣関係、君民の調節に対して多大な助けとなっている。これらの政治関係を上手に処理しているのが「和」の核心内容なのである。このように、個人の人生における苦難の解脱、自身と身内に対する憂い、各種政治関係の関心はすべて仏教の要素の中に溶け込んでおり、このため、仏教も「和合」と平和を推進する重要な文化の力となっているのである。

「和」の観念は思想文化の方面だけに体現されているのではなく、文化の物質方面にも体現されている。中国の古代建築の中でもところどころで「和」の観念が体現されており、釣合いを重んじるのが「和」の観念の具体的運用なのである。宮廷建築中にも「和」の文字を用いて命名されているものも多く、たとえば清代の宮廷中の三大殿、すなわち太和殿・中和殿・保和殿などはすべて「和」の字で命名されている。これは中国の最高統治者の価値志向を表しており、「和」は「以他平他」である。すなわち各種の異なる事物の協力と協調を指しており、物事が互いからみ、協調協力し、長所を取り入れ、短所を補うことが最もよい効果に至ることができるのである。それは温和・円融・合致・平穏、むつまじく楽しいなどさまざまな肯定的な言葉を持っている。「和」の観念は最も音楽の方面に突出して反映されている。なぜなら「声無一聴」で、トーンがないといい加減な音楽になってしまうのである。これは「和則多益、同則不継」の道理である。当然「和」の価値志向は料理や服装など、多種の文化形式の中でも体現されているのである。

二

近代以来、世俗戦争は戦争の主要形式となり、戦争の惨烈、人類発展の前景に対する影響の深さは20世紀が最も甚だしかった。その多災多難の世紀に、昔以来の二度の世界大戦が起こり、数十カ国が戦争に巻き込まれ、数千万の人口が戦争で死んだ。それが人類に与えた肉体の傷と精神の破壊は、他に匹敵するものがないほどである。池田大作氏とソ連前ゴルバチョフ大統領の対話はまさにこの話題を中心に展開されており、彼らは20世紀の精神的教訓をまとめ、私たちのこの新世紀の平和の前景を展望したのである。

池田氏とゴルバチョフ氏とは同一時代の人である——30年代前後の生まれであり、彼らは異なる国に生まれながらも、彼らは互いに戦争の痛苦および精神上の困窮を経たことがあるのである。苦難の時代であれ、彼らは落ち込むことなく、未来への「希望」を膨らませていったのである。平和な生活がまざまざとばらばらにされ、食物を探す生活需要が少年らを急速に大人にする触媒になったのである。青少年時代に経た戦争の困苦が、ゴルバチョフ氏がスターリン主義との決別の主要な理由だったのである。人類の歴史の発展の角度から見れば、ゴルバチョフ氏も20世紀末に世界平和の模索に努力した主要な政治家の一人と言わなければならない。もし当年ゴルバチョフ氏とアメリカのレーガン大統領の核会談でなければ、もし核不拡散条約の調停が促進されていなければ、今日の世界は未だに核競争のどんよりとした空気に覆われていたかもしれない。

ゴルバチョフ氏と池田氏は対話の中で多くの共通の認識に至っている。例えば、「平等」、「同苦」、「共生」などであるが、これはまさに大乗仏教の基本思想なのである。「共生」は21世紀新天地のキーポイントであると言わなければならない。仏教の観点に基づけば、世界上のあらゆる変化は縁に因りて起こり、まったく何の理由もなしに起こることはありえないのである。その中の人、自然、宇宙の三者間は一種の共生共存の関係であり、小宇宙と大宇宙の調和のとれた関係であり、共生は一つの秩序なのである。これは世界が元々互いに関連し、互いに依存しているものであることを説明している。ゴルバチョフ氏も平和の認識に至っている。それが国内政策の基本出発点だけでなく、国際政治の出発点でもあると。現代にあって、宗教の働きは主に人類の精神生活を促進し、更にこの基礎上にこそ平和の価値を取り戻すことができるのである[3]。ゴルバチョフ氏の「人間に内在する価値を信じ、人が本来持っている倫理性および社会性の存在価値を認めること」と「すべての人が仏性備えている」と説く大乗仏教の平等観は互いに合致し、人類は本来、理想的な人類になる可能性を備えていることを表したのである。人それぞれが仏性を具えていることは、「人人皆堯舜」ように人の本性は平等であることに対する一種の位置づけなのである。この前提を具えてこそ、世界平和の実現の基本前提を具えていることなのであり、主にいかなる手段や方式を採るかはその次なのである。池田氏の理論と実践経験に基づいて、彼はある一点をはっきりと認めている。それはすなわち、対話が世界平和実現への有効な武器であるということである。

平和は人類共通の願望でありながら、歴史の発展は絶えず戦争に巻き込まれている。これは矛盾した論理である。池田氏から見れば、この矛盾した論理を作り出している原因は人の「生命」の問題に帰結する。戦争を失くそうとすれば、根本から人の魂の深部の生命を変革するしかなく、それこそが真正な世界平和の哲理を打ち立てるのである。これが日本の創価学会の絶対信仰であり、またその実践目標なのである④。

平和は良き願望である。しかし消極的に座して待っていては実現できない。平和実現への最も重要な前提は世界平和に取り組む実践である。しかも、世界平和は決して一部分の人の努力だけでは実現されるわけではなく、世界各国の人々の思想を統一し、絶えず世界平和の実現を宣伝する必要があるのである。しかも非暫時的な平和である。暫時的な平和、池田氏はこれを「一瞬の平和」と呼び、これは決して「真の平和」ではないとしている。すなわち永遠の平和である。しかし「一瞬の平和」とはフォーブスの言う「戦争状態」であって、「戦争状態」は決して真の戦争というわけではなく、いつでも戦争が起こる可能性のことなのである。

平和——この人類の理想の目標の一つは、多かれ少なかれ政治思想家、政治家、宗教界の人士、学者ら共通の関心を寄せているテーマの一つである。文明および文化の衝突、経済およびイデオロギーの紛争、領土の紛糾、ひいては宗教紛争など、一体どの方法が平和実現への道なのか、ずっと思想家たちが思索しているテーマである。現代の著名な平和主義者として池田氏は、対話が平和へ通じる一つの重要な道であり、平和実現の問題上で比較的現実的かつ理知的な選択であると考えている。彼は長年ずっと世界中の多くの国のリーダー、政治家、学者らとの多次元、多領域な対話に力を入れ、併せてその展開を人類の平和事業を推進する主要方法としてきた。

第一に、現今の世界は多文明、多文化の共存である。対話を通してこそ異なる文化、異なる文明間の真の了解を得て、意思の疎通ができるのであり、武力、戦争などの方法を通してでは異なる文化間の受け入れ、理解することはできず、更に相互の支持や協力については言うまでもない。対話を通してこそ異なる文化間の共通点を探し出せるのである。

第二に、対話という方式は国家、民族、地域、経済の発展レベル、宗教信仰の境界線を超え、人類共通の関心事である平和の問題を共同で模索することができる。このため根本から国家、民族、地域、宗教などの方面の私利を無視し、人類の共同利益から出発し、隔たり、衝突や戦争の可能性を失くすための模索ができるのである。

第三に、文化、宗教の差異がどれだけ大きかろうが、それらの理論基礎としての人間性の部分は互いに通じている。それらの間の差は人間性の異なる側面から各自の主張を詳しく説明したものにすぎない。たとえば、キリスト教の罪悪感の文化は人類自身の欠陥を基にしており、その本性が侵されてしまった侵食なのである。仏教文化は人生の本質に対する無知の状態であることを基とした認知である。儒家文化は利害計算を脱した精神の喜びを基にしているが、その出発点はみな人間性である。たとえその病根が人間性の問題上にあったとしても、それならば「人間革命」の実現を通してこそ戦争を産み出す種々の根源をなくすことができるのである。

第四に、池田氏が力を注ぐ平和の創造と営みの方法——対話は、すでに国際社会にも次第に受け入れられ、国際交流の中の重要な交流方法となっているのである。それは政府間の交流とは異なり、有形無形の各種要素の制限を受けずに、地道で深い民間交流であり、コストが低いだけでなく、しかも基本上国家間の関係による影響を受けない。対話の主体は国家のリーダー、政治家、宗教界の人士、学者などでよく、対話のテーマも比較的弾力的で多様である。しかし多くは平和、環境保護、教育、文化、人の健康など共通で関係しているテーマに関連する。池田氏は人との対談集もすでに多く出版しており、世界平和に対してすでに重大な影響を産み出しているのである。

つまり、21世紀、科学技術の発展にともない、物質の豊かさは日増しに豊かになっており、社会も次第に多元化している。宗教も人類の精神的素質の修養、人間性革命実現に対して取って代わることのできない働きを具え、その働きは日増しにはっきりと現れているのである。もし近代以来、とりわけ工業化以来宗教が次第にフェード・アウトした時代であったのならば、この新世紀はおそらく宗教振興の時代になるであろう。仏教は世界的宗教であり、しかも人間性に対して掲げられている最も深い宗教である。このため、人間性革命の方面で必然的にその優勢振りを発揮し出してきている。対話は人間性の改造をもって基礎とする恒久平和を実現する基本となる道なのである。

三

1.『妙法蓮華経』およびその意義

池田氏は仏教の性質を概括して、かつてこう述べた。「インドに生まれた釈尊の仏教というものは、単にインド民族だけの狭い民族宗教ではなかった。国境を越え、民族の違いを超えて、全世界へと広まりゆく世界宗教、いわば『人類の宗教』ともいうべき性格、普遍性をもったものであった。」[⑤]宗教の性質はその生命力と影響する範囲を決定する。仏教は古代インドのカピラ国太子シッダールタが創ったものであり、尊ばれて釈尊とも称される。釈尊入滅後、その遺法は彼の弟子らによって結集され伝持されたのである。紀元前三世紀アショカ王が仏教に帰依し、仏教を全インドおよびその隣国へ伝播させ、世界宗教へと発展させたのである[⑦]。

「仏」(buddha)は、「佛駄」、「浮屠」、「浮図」とも訳され、意味は「覚者」、「智者」である。「覚」には三つの境界があり、すなわち自覚、覚他(衆生に悟らせる)、覚行円満である。成仏は仏道修行の最高の位である。原始仏教の基本経典『阿含経』の中で言う「仏」とは教主釈迦牟尼仏を指す。釈尊死後の一、二百年の間で、仏教僧団は原始教義に対して伝承、見解の異なりから、「大衆部」と「上座部」の二大部派に分裂してしまった。前者は原始教義

および戒律の改革を主張し、後者は現状の維持を主張した。その後、二大部派はまたも多くの分派へと分かれていった。紀元一世紀ごろには、「大衆部」の部派仏教の中で「大乗仏教」が生まれた。「大乗」派は原始仏教派およびその他の部派を一律貶して「小乗」と呼んだ。大乗仏教の主要経典は、『般若経』、『維摩経』、『大般涅槃経』、『法華経』、『華厳経』、『無量寿経』などがある。小乗の仏教の経典は主に『阿含経』である。小乗と大乗の区別は主に、「灰身滅智，捐形絶慮」をもって「阿羅漢」の証を得ることが最高の目標とし個人の解脱を求めるのに対して、後者は大慈大悲を喧伝し、衆生に普く広げ、生死の大河の此岸から菩提涅槃の彼岸へ至り、成仏し、仏国浄土を築くことを最高の理想の境地としている。

仏教は世俗社会および人生の一切すべてを「色」、「受」、「想」、「行」、「識」のこれらの「五蘊」が集まって出来ていると考える。その特徴は無常であり、宇宙の一切はすべて因縁によって形成されており、縁生縁滅、本無実性であるとしている。世界の本質は「空」であるが、一般の民衆は決して理解せず、往々にして「空」をもって「有」とし、「幻」をもって「実」として、様々な人生の痛苦を招いている。この根源は「無明」にあり、すなわち痴と惑である。無明より愛の貪りが生まれ、愛の貪りより執着がおこる。求めても得られず、煩悩と痛苦が生まれるとされる。

「衆生輪回、生生不已。」善悪はすべて因果応報を得、一律平等である。仏教の修練方法は主に人に生死の輪廻の苦しみの海から救い出すことを教え、人々に「苦、集、滅、道」の四聖の道理を教え、修練の方法が八正道であることを教えるのである。仏教各派はこの基本教理に対して大体同じであるが、「空」、「有」、「四諦」、「五蘊」などに対する解釈は異なる。

大乗仏教は衆生は平等であると主張したため、衆生の間で広まり、下層民衆の支持を得、急速に発展した。インド仏教の外への伝播は主に南北の二方向に分れ、南にはスリランカに伝わり、タイ国、ミャンマー、カンボジア諸国に至った。北方向はまた二つに分かれ、一つはカシミール、中央アジアを経て、中国新疆へ至り、シルクロードを通って内地に伝わり、のちに中国から朝鮮、日本、ベトナムへと伝わった。この流れは「漢地仏教」を呼ばれた。一方は中国チベットに伝わり、雲南、四川、甘粛を経て、内モンゴル、モンゴル人民共和国に至った。この流れは通常「蔵伝仏教」と呼ばれ、また「ラマ教」とも呼ばれた。南伝仏教は小乗派を主とし、北伝仏教は大乗派を主としていた⑦。

中国を淵源とする日本の仏教は、紀元前 6 世紀以後、日本文化の一大特色となった。日本の推古天皇の時代、摂政の聖徳太子が大いに仏教を宣揚し、日本で大きな発展をした。奈良時代(紀元 710～784 年)には、中国から六つの教派が伝わった。すなわち、三論宗・法相宗・華厳宗・律宗・成実宗・倶舎宗である。平安時代(紀元 794～1185 年)には、中国で留学したことのある二名の僧侶——最澄、空海が二つの宗派を創った。すなわち天台宗と真言宗である。中国南宋時代は日本では鎌倉時代に当たり、仏教は日本では大衆化の傾向にあった。中国から伝わった禅宗や唐朝の善導の念仏法門によって形成された浄土宗、および天台法華教義から展開された日蓮宗が盛んに興り始めた。

日本の鎌倉時代(紀元 1192～1333 年)、一般民衆の大乗仏教に対する需要に応えるため四つの宗派が興った。すなわち浄土宗・浄土真宗・禅宗・日蓮宗である。日蓮宗はその創始者が命名したものである。日蓮(紀元 1222～1282 年)はかつて比叡山で天台宗でしばらく修行したのち、仏陀の真意が『法華経』にあると深く信じ、漢訳された『法華経』を捧持しつつ、南無妙法蓮華経の題目を唱えることを基として、日蓮宗を創始したのである。彼の『法華経』に対しての情熱は、他の宗教団体との激しい衝突を招いた。彼から見れば、その他の教派が尊崇する教義と修行方法は国家の福利に危険をはらんでいたのである。このため日蓮はひどい迫害を受けたである。しかし彼はずっと持ちこたえ、当時の一部の皇族はその挑戦の勇気と不撓不屈の信心を賛嘆し、かえって彼の信徒となったのである。日蓮宗は唯一無二の日本形態の仏教である⑧。これは池田氏の言うところの、「インドに生まれた釈尊の仏教は、それが中国や日本へ伝えられると、それぞれ独自な発展を遂げているということです。もちろん仏教の根本の法理は変わらないけれども、やはり中国や日本は、インドとは違った民族性や文化をもっている。そのため、中国には西域諸国からの影響が強い中国の仏教が、日本には日本独自の仏教が、それぞれ開花し、展開していった」[9]ということなのである。明治維新後の60年間で、日本の仏教は十三宗五十六派になった。戦後、日本の新興宗教は大いに発展し、統計によれば、日本の20人に一人は信仰宗教に入り、そのうちの70%は日蓮系であるという。

日本の創価学会の創立は1930年であり、日蓮大聖人が尊ぶ『法華経』すなわち『妙法蓮華経』をもって基本経典とする仏教団体である。池田氏から見れば、日蓮仏法は「人のための宗教」であり、「平和、文化、教育」を推進するための宗教なのである。日蓮の名前は太陽と純潔さの意味を含んでおり、日蓮大聖人の理想は「世界平和」と「人類の幸福」であり、また創価学会第二代会長戸田城聖の理想でもあった。池田氏は道義のままに全地球を駆け巡り、世界中の無数の平和愛好者と心を合わせ協力し、この理想を実現するために全力を尽くしている。

中国、日本、朝鮮の仏教は基本的に北伝の仏教に属し、中でも中国語に翻訳された仏教経典はとても多い。その中の『法華経』が最も流布された経典のはずである。日本の多くの古代文学作品、『源氏物語』や『梁塵秘抄』などは『法華経』の影響を大いに受けている。この『法華経』は主に鳩摩羅什が訳した『妙法蓮華経』を指しており、日蓮聖人もこの経典から多くを引用し、自分が悟った法理を喧伝し、日本の創価学会も『妙法蓮華経』を当宗教組織の基本教義としたのである。池田氏は自分の行っていることはまさに『妙法蓮華経』の現代の意義を新たに詳しく説明していることであると考えている。経典の翻訳の仕事は大変な困難を要する仕事であり、大志を抱きつつ、しかも相当高いレベルの語学の天賦の才と学術の教養がいり、また仏教伝播のための献身の精神を持ち合わせていなければならない。鳩摩羅什から見れば、真丹（中国）へ行き大乗仏教を広めることが彼の生涯の使命であったのであろう。

鳩摩羅什は早年に小乗を学び、のちに大乗仏教の修学へと切り替えた。『法華経』には六種の訳本があるが、なぜに『妙法蓮華経』が他の訳本より大きな影響力を具えていたのか。これは主にその訳者鳩摩羅什が如実に釈尊の精神を伝えたからである。これに対して、日蓮大聖人は「月氏より漢土へ経論わたす人百七十六人なり其の中に羅什一人計りこそ教主釈尊の経文に私の言入れぬ人にては候へ」[10]と言っている。仏教の目的は人類に衆生を救う使命があることを悟らせることであり、これは精妙な法理が具わっていなければならない。さもなければ仏教のこの種の精神は発揚できないのである。だから、日蓮宗およびその創価学会も『妙法蓮華経』こそが仏教真理の働きを詳しく説明し、宣揚している働きを具えていると認識している。

2. 仏教の平和主義理念

仏教は人に関する宗教である。釈尊は人の内在する生命の試練を非常に重視しており、外在の宗教形式は内在する生命の意義に役に立たなければならない。池田氏は創価学会が従うのはこの精神であり、その目標は自己の価値を発見し、他人の尊厳をも発見、尊重しなければならないことにあると考えている。仏教の教えによれば、「あなたの身体は汝の感覚と尊厳の殿堂であり、そこはあなたが、人間の普遍性と普遍的な人間像を求めるところなのです。内に目を向けましょう。あなたは仏なのです」[11]と。自己実現こそが仏法の真髄である。仏は決して天地万物創造の神ではなく、ただの真理の発見者であり、その真理でもって衆生に自己の価値を実現するよう導こうとしているのである。その基本方法は戒、頂、慧の三つの措置を通って智慧を得て、得た智慧をもって成仏する。これがひとつの自己完成のプロセスである。自己実現は観念のものではなく、また一種の自己満足の状態でもない。現実世界にあって自身の条件をもとに人の価値を体験しようとすることであり、他人に貢献することによって人の価値観を理解することでもある。ここでは、自身に対する発見を含み

ながらも、他人に対する尊重も含んでいる。仏祖の著名な「七不退法」には——人間性と付き合う七項目の原則がある。すなわち、会議と協議・協力と団結・法律と伝統・年輩者・女性と幼女、宗教と精神、文化と哲学人士との交流、である。これは釈尊が弟子にいかにして没落する方法を防ぐかについて答えたときの回答である。池田氏も人々に自身の力を信じるように何度も呼びかけた。しかし、超人的な「神」になることを願ってはいけなくて、人は蓮華のように、堂々と自らの才能を発揮しなければならないのである。自己を尊重する人こそ、人を尊重することができ、人の尊厳を発見することができるのである。なぜなら何が尊厳なのかをその人は知っているからである。外在する権威は人の存在することを軽視してしまうであろうし、同様に、傲慢で尊大な人も重い「権威」の負担を背負い、自己の「権威」を守るため、往々にして利己主義の奴隷に自ら落ちてしまうのである。仏教の説く菩薩道は、つまり他人から尊厳を発見しようとすることである。そして人々の間の関係は彼我の対立関係ではなく、一つの環境の中にいる自分たちであり、この協力の人間関係の中でこそ、自らを高め、更に高い段階の共存状態を図り、それによって自身を超えるという目的に達するのである。

自身を尊重し、他人の尊厳をも尊重する宗教、おそらく誰もそれが平和的な宗教ではないと言うことはできまい。このため仏教は平和を提唱する宗教であり、それは人々に平和の享受と繁栄をもたらすのである。このため仏教は、民衆に希望と勇気を与え、奮って前進させることができる宗教なのである。それは慈悲の心で人の生存を配慮しているだけでなく、同様に、この慈悲の心でもって世界の一切の生命にも配慮しているのである。これが仏教の人道主義である。日蓮仏法は日本の仏教の主流であり、日蓮の二字の意義は、「日」は太陽、光明の意を表し、「蓮」には純潔、静かであることを表している。日蓮大聖人はかつて「日蓮となのる事自解仏乗とも云いつべし」と述べている[12]。ある人は太陽を「般若」と訳し、蓮華を「波羅蜜」と訳し、「智慧」と「実践」を象徴しているのである。では何を実践するのか。それはつまり苦難に満ちた社会を仏教の言う理想社会——繁栄、幸福、平和な世界へと転換することである。日蓮仏教は普遍的な人類の尊厳、人々の成仏の可能性を主張している。人の社会責任を重んじ、個人の救済に関心を寄せるだけでなく、大切なのは社会全体の救済なのである。立正安国、この世俗社会の上に、まず実現すべきもの、それが平和なのである。

池田氏はまさに日蓮大聖人の精神を受け継ぎ、長年宗教活動を基礎として、宗教文化、国際平和などの活動に大量の心血を注ぎ、尽力している。氏は世界が恒久平和になるため、各国の文化教育事業の交流と発展を促進し、他に比類のない貢献をしており、1983年には「国連平和賞」も受賞している。彼の平和思想は偏狭な国家主義観念や民族主義観念ではなく、各種団体の狭隘な観念を超えた人類平和主義なのである。彼の思想は東洋文化の基礎の上に築かれており、古代インド、古代中国などの古代文明の精髄を融合し、現代の観念と世俗的な方法でもって世界各地に伝播している。彼の平和への努力は全世界あらゆる平和愛好事業の人々より賞賛を得ているのである。

世界三大宗教の中で、キリスト教とイスラム教は一神教であり、各自の信仰による衝突は特に珍しくはなく、各教派の間でもよく頻繁に戦争が起こっている。しかし、キリスト教とイスラム教の間では更に頻繁な紛争があり、中世期においては、十字軍の東征が十回にもおよび、その毎回の紛争の原因はキリスト教対イスラム教のものであった。西洋近代は政教の分離に伴い、カトリック教は大きなレベルの上では個人の私事となってしまい、世俗政権も個人の信仰や内なる心の自由については関与しなくなり、宗教紛争もそれに随い減少していった。しかし、西洋人が世界の発展の前景を評価するときはいつもあの種のキリスト教徒の薄暗い意識が表現されてしまう。19世紀末、シュペングラーが『西洋の没落』の一書を発表し、20世紀末の1993年にはアメリカの政治学者サミュエル・ハンチントンが著名な『文明の衝突』の一文を表した。ハンチントン氏は21世紀はまさに文明の間での対立と衝突の世紀であり、この衝突は20世紀の政治、経済、イデオロギー衝突より更にもうワンランク上のものになると予言している。しかし文明の衝突の根源は宗教にある。なぜなら「宗教は常に文明の源泉であり、創造性の原動力である」からである。

中国の儒教は一種の世俗的説教である。もしそれを一つの宗教とみなすならば、それはただ道徳と政治の教化の「宗教」にすぎないと説明するだけである。それは世俗的追求を満たすが、世俗的幸福の前提は安全と平和の生存条件なのである。中国文化が独自の体系をもっており、歴史上、中華帝国がほとんど外に対して植民地拡大の野心をもっていないのは、歴史が中国が平和愛好の国家であることを証明している。これは主に中国の伝統文化の面から説明できると思われる。一神教でない、世俗傾向を持つ仏教、とりわけ大乗仏教はその純超越した形式を改変したあと、さらに中国人の平和理念を強め、世俗的な面目でもって中国伝統の儒教と道教を互いに結合させ、共同で中国文化の伝統を形成したのである。中国歴史上、数え切れないほどの戦争が起こったが、宗教教派間の戦争はほとんどなく、更に宗教名義での宗教戦争はなかった。ある意味で、儒家の「皆尭舜になれる」ことができたのである。——人々が善の人間性に位置づけし、ぜいたくでもない世俗追求の希望と、仏教の「皆成仏できる」という衆生をあまねく済度する仏教理念は互いに表裏であると言うことができる。

新世紀において、平和はすでに人類の共通の認識になった。近代以来ずっと西洋文明は世界を支配し、比類なき物質の豊かさを創り出し、また人類の科学、技術の巨大な進歩を推進し、大いに人々の物質生活の条件を改善した。しかし、この文明は一連の弊害をもたらした。人間はある意味では、権利を持ちつつも物質主義の奴隷の道具と変ってしまったのである。現代社会の人類が直面している諸問題の解決に対して、各国は政治的解決の段階に留まっており、まだ内在する精神面からの根本的な解決方法には至っていない。東洋文化は異なる性質のものも吸収する多元化の特徴を持っており、強大な包容力と寛容精神を具えている。このため、それは人類の平和事業を推し進める方面に多大な貢献をすることができるのである。「東アジア人が文明と平和に貢献できる道は哲学、宗教の分野であり、なかんずく仏教思想であろう。」⑬中国の「伝統的、文化的な影響力は計り知れないものがあります。」⑭考えてみるに、積極的人生態度で此岸——世俗的幸福——を求めることを価値指標とした儒家文化と人類の精神の超越を追求する自身の価値と他人の価値の発見を強調する宗教的配慮の創価文化および深い基礎、義理の深く不思議さを具えるインド哲学との不思議な結合ということは人類平和に対する貢献は言うまでもないことである。この平和的東洋の価値観は西洋、いたっては全世界に受け入れられ、認められているのである。

（本稿の執筆者は遼寧師範大学池田大作平和文化研究所の研究員である。）

【注释】

①劉澤華　『中国政治思想史』(先秦巻)、浙江人民出版社、1996 年、50～63 頁。

②梁漱溟　『東西文化及びその哲学』、商務印書館、1999 年、123 頁。

③ゴルバチョフ、池田大作　『二十世紀の精神の教訓』(上)。潮出版社、1996 年、247～249 頁を参照。

④池田大作　『池田大作全集』8 巻。潮出版社、1996 年、626 頁を参照。

⑤池田大作　『池田大作全集』12 巻、聖教新聞社、1994 年、407 頁。

⑥仏教は紀元前 4 世紀にギリシャまで広がり、約紀元 4 世紀にヨーロッパに広がった。

⑦謝承仁　『中国伝統思想文化の淵源』。人民出版社、2004 年、478 頁を参照。

⑧程剛　『仏教入門』。宗教文化出版社、2001 年、214～215 頁を参照。

⑨池田大作　『池田大作全集』、12 巻、聖教新聞社、1994 年、408 頁。

⑩池田大作、チャンドラ　『東洋哲学を語る』。三文明社、2002 年、153 頁を参照。

⑪前掲書、184 頁。

⑫前掲書、295 頁。

⑬池田大作、A・トインビー　『二十一世紀への対話』(中)、聖教新聞社、2003 年、184～185 頁。

⑭前掲書、192 頁。

池田大作の教育目的論

朱　俊華(朱　俊華訳)

池田大作氏の教育思想の研究に関して、これまでの研究ではいくらかの成果が見え始めている。黄富峰の『池田大作教育思想基礎的研究』[1]には池田氏の教育思想に関する教育の目的、内容、作用、また教師、学生、教育方法、及び教育と社会などの方面の問題が述べられている。賈蕙萱の『池田大作の教育思想』[2]は池田氏の教育理念と幅広い教育実践を述べ、池田氏が唱えている教育界における四つの関係(家庭と子供、学校と学生、教師と学生、教育と社会)などを取り上げて、池田氏が教育界に貢献していることを明らかにした。曽崢の『池田大作の現代教育観について』[3]には教育目的観、現代教師観、現代大教育観のあり方について三つに分別して池田氏の現代教育観を論じた。これまでされた研究では池田教育思想を全般的に研究しているが、一つの方面を深く掘り下げて研究したものはあまりなかった。

黄富峰は池田氏の教育目的観を述べながら、教育の目的は功利を超えるべきであり、教育の根本的な目的は人間の道徳能力や品性のためであり、知識を授けることを基礎として潜在能力を引き出すことであり、健康的な人格を養うことでもある、と強調した。池田氏の観点は、教育は人間を育成するものであり、人間主義を出発点とするものとしており、また教育の目的は一貫して「子供の幸福のため」という牧口、戸田の信念をあくまで主張する、ことであると曽崢は強調している。また、曽崢は教育は実利的な動機と目的から解放されるべきであり、命の尊厳という普遍的な立場に帰すべきであるという池田氏の考えを明示した。これらの研究成果は池田氏の教育目的に関して、価値のある論説を打ち出し、大いに研究の参考にはなったが、池田氏の教育目的論に関する体系構成、形成されたプロセス、また実践的な意義などは論じていなかった。

本論はこれまでの研究を基礎としながらも、その不足を補うため、縦横に比較しながら池田教育目的論にある理論的、実践的な価値を論議するつもりである。

一

一つの完成された体系からなる池田氏の教育思想を、本論文はその目的論から着手していく。本文が目的論からとりかかる理由は、目的論にきちんとした理論体系と実践における地位と作用が見られるからである。

「目的とは主体活動に対してその意識上に建てた到達したい結果のことである。それは主体活動を引き起こし、導き、コントロールするなどの自覚的な動因である。」そして、目的とは「決定性と支配性の要素としておかれているものだ。」[④]以上からわかるように、何をするかにかかわらず、よりよい効果を得るためには、その目的を明らかにしなければならない。理論体系上では目的論も決定性と支配性の立場を擁するのである。

教育活動における教育目的も統率と支配的役割を担っている。「教育の目的は教育者と教育を受ける者その個人だけに影響するのではない。教育活動の出発点と落ち着き先として、全般の学校教育と社会教育の発展にも影響しているのである。いかなる時代にも、いかなる国や地域においても教育制度と政策の性質、教育の構成と配置、教育の内容と組織形式、教育方法これら全てが教育目的の影響と制御を受けるものである。」また、「国家の教育目標の制定から、個人の教育目的の選びにいたるまで、系統化した教育目的論の指導を切り離すことはできない」[⑤]とされており、教育目的論についての研究が非常に重要なことは顕著である。だからこそ、池田氏の教育思想に関する研究において教育目的論の研究が最も重要なのである。

「手段」との比較をすることも、「目的」の重要性をより明らかにすることができる。

ある目的の達成には何かしらの手段を講じる必要があり、手段とは目的を実現するための経過である。「手段は目的を実現するための方法であり、経過である、それは主体と客体の間にある一切の仲介の総和なのだ」。[6] 目的と手段の関係には、目的は決定性と支配性の要素であることに対して、「手段は目的の変化に従って変化し、決定され支配される要素におかれ、非確定性あるいは非唯一性を持つ。その目的に到達できるよりよい手段があれば、元の手段がそれにとって代われる」。[7] だから、手段より目的がより重要であるといえるのである。

しかしながら、実際には目的と手段の位置は逆に置かれがちである。ある人はアリストテレスに、「あなたと平凡な人とは一体何が違うのでしょうか」とたずねた。アリストテレスは「彼らにとっては生きることがご飯を食べるためで、ぼくにとってはご飯を食べることが生きるためなのだ」と答えた。アリストテレスが言うように、人間は生きる目的と手段を逆にしがちなので、最初から最後まで明確な目的を徹底することができない。教育もそれと同じように、ただの道具や手段としてだけでなく、自らの目的に従うべきである。教育において目的と手段とが転倒しないよう、教育目的を明らかにし、始終、その目的を目指して教育活動を繰り広げなければならない。

事実、教育現状は憂慮にたえない。『中国教育新聞』の記事によれば、北京のある有名大学四年の男子が夜中、寮の十二階から飛び降りて自殺した。彼は大変優秀であったため、学校から特別な奨学金も受けていた。彼の同級生は彼の自殺は就職や恋愛などがうまくいかないことによるストレスが原因ではないかと話していた。ある中学校で実施した生徒を対象とする調査によると、ある年齢期に家出と自殺を考えたことがある子供は八十～九十パーセント近くいるという。この調査結果は実に恐ろしいものではないであろうか。[8]

教育の問題は国によっても違うであろう。日本においても、不登校やいじめ、学生の自殺などさまざまな問題がある。

他の問題も自殺ほど深刻ではないにしろ、私たちが軽視してはいけない問題である。「私たちは自分の教育経歴と周りの教育状況を省みて、ある時には、教育が教師や生徒の心と生活から離れた異質のものとして存在しているということに気づく。われわれは理想や崇高さ、よき言行などを追い求めると同時に、逃避、冷淡さ、隔たり、無頓着、欺き、抑圧などを生み出している。私たちが教育の中で長い間に形成された任務の認識は、(すなわち教育をその目的を実現するための上から下へ指示する教育内容として、教育は任務とされている。)社会の進歩や文明の伝承、子供の将来のためなど、これらの崇高な理由の下においても、学校という教育現場に逃避、隔たり、欺き、抑圧、暴力などの問題を起さるせのである。[⑨]

これらはいったい教育のどの部分に問題があるのであろうか。教育目的にどのような関係があるのであろうか。

「教育危機の本質は教育の中における人文価値の欠落であり、それは教育が徹底的にツール化されたことによって得られた必然的な結果である。」[⑩]ここで言う「工具化」は言い換えれば「手段化」であり、教育を手段とすることである。教育において目的と手段との立場をあべこべにした結果、これらの問題を招いたが、問題を解決する唯一の方法は教育そのものを目的とすることである。教育の目的を明らかにし、教育活動が教育目的をめぐって行われる以外になく、このような教育をしてはじめて工具化、手段化の悪運から逃れられるのである。

二

教育目的がこれほど重要である以上、教育目的とは何かということを明瞭すべきである。

教育史において、多くの専門家が教育目的に関心を持ったが、時代や、それぞれの理論体系によって、その観点は様々である。桑新民の言葉で、「私たちは教育目的論の王国に踏み入ると、さまざまなガイドと出会うことになる。同じ教育目的を各人が違った立場から見たとき、見方が一様でないばかりか、抽象的から具体的にいたるまであらゆるレベルがあるのである。教育者達と教育を受ける者達は皆自分の求める教育目的がある。

(時には、意識的ではなく、また盲目的である場合には、周りで流行している目的論に左右されがちである。)」[11]また、「異なるレベルと学派によって、教育目的論には、一致するものもあるが、対立や衝突もある、そこに多くの思想的な落とし穴と誤解が潜んでいる。それゆえ、もしも教育者と受教育者が経験における具体的な教育目的を追い求め、哲学的なレベルの教育目的論の紛争を知らなければ、間違いに陥ってしまうであろう。教育目的論による落とし穴とは教育観念と方法論のレベルの存在であるので、複雑で難しく、いったん深みにはまれば容易には答えを見つけられない。むしろ、絶対に上手くいくと信じてしまいやすい。気づいた時には、学生からすれば、青春は帰らぬものとなり、教師からすれば、すでに子弟にとりかえしのつかない損害を与えてしまった、ということになる。」だからこそ、「教師にせよ、学生にせよ、親にせよ、教育にたずさわる者たちは追求によって一種の教育目的を選ぶ時、教育目的論の領域を全般的に考察する必要がある。世界で最も影響のある教育目的論を学派別に主な観点のながれを理解するため、教育目的論の王国の案内地図を手にすることがふさわしい」。[12]本論文は読者を明確に案内してみるつもりである。

具体的に言えば、教育史において、多くの人はどんな人間を育成するかということをめぐって教育目的論を述べている。たとえば、ロックの『教育漫談』の中には教育の最高の目的は紳士を培うこととしている。[13]マルティン・ルターの教育目的論は宗教と国家とが関わるものとしており、教育を通じて青少年の敬虔な信教を培うことができると考えている。彼は「真理を伝え、人を諭す勇気を持っている若者こそ、邪悪な勢力に打ち勝つことができる」と言った。彼はまた教育は国家政権に奉仕するためのものと考え、「都市にはよい教育を受けた者が存在すべきだ」と述べている。[14]これらの教育目的は教育そのものを原点として導き出されたのではなく、教育が社会にどのように貢献すべきかということを研究しているのである。つまり、「私たちは長い間、教育を一種の社会現象としてとらえ、社会政治、経済、文化の需要と要求を教育が生ずる原点とし、知らず知らずのうちに、教育の本旨と離れてきた」。[15]このような教育は道具となり、社会目的を実現するための手段となった。「教育とは人間の教育であり、社会の教育ではない。教育は社会に作用するが、この作用は培われた人間が社会での実践に関わることを通じ実現される。」[16]だからこそ、人間は教育の出発点であり、教育とは人に関わる教育であり、教育は人間によって目的とされるべきである。

人文主義教育思想と呼ばれている教育目的観は前述の教育目的観よりも更に人間そのものに近づいている。コメニウスは学識、徳行、敬虔を教育目的とし、[17]ロジャースは教育とは完成された人間(すなわち肉体、知能、情感、精神力と心を一体に兼ね備える人間)を育成すべきものであると考えている。[18]前ソ連教育家のスホムリンスキーは個性が全体的に調和のとれた発展できる人間の育成を主張した。[19]これらは確かに教育にとって詳細に考えるべき問題であり、やり遂げるべき教育の任務であるが、それは本当の教育目的なのであろうか。もしこれらが教育目的であるとしたら、これらの目的を実現するのは一体何のためであり、その目的の背後にどんな目的が隠れているのであろうか。

前文で述べたように、目的と手段を逆に置きかえるべきではない。しかし、ある条件によっては、目的と手段はお互いに置き換えることができる。ジョン・ワイトはかつてこのような目的と手段との間の転化には、ある鎖を形成することを我々に教えた。また、「考察によれば私たちは、手段と目的との間の鎖が永遠に存在することは不可能であると気づくことができる。ある主導的な目的は更に奥深い目的ための手段にならない。それが真の目的である。」[20]

私たちはこの「真の目的」を「最終目的」と呼ぶのである。

教育を手段としないために、教育の最終的な目的を明瞭しなければならない。教育の最終目的を明確にするからこそ、その目的を目指す過程の上で方角に迷わずにいられるである。なぜならば、教育の最終目的は元々その背後にある別の目的の手段とはならないからである。

以上の分析から私たちは、結論を導き出せるが、それらの教育目的はすべて教育の最終目的となりえない。前述したとおり、それらの教育目的の背後にもかならず真の最終目的があるのである。ならば、それを探さねばならない。

まず、教育とは人間の事業であることを明確にし、それから、教育目的は人間の目的によってなされるべきであることを明確にしなければならない。このような考えに照らし合わせながら、教育の最終目的を探ったところ、池田氏の教育思想に満足のいく解答を見出すことができる。彼は「教育は人間の幸福のため」のものであると述べている。このフレーズには一見すると軽いうわべだけのものとされがちであるが、実際には深い哲学と巨大な智慧を含んだ言葉であろう。

教育は人間によって目的とされるが、人間の目的とは一体何であろうか。どのような国や異なる民族でも、性別や能力や志向や生活習慣が異なっていても、人間の追い求めるものは人生の幸福であり、それが人間の目的である。考えてみれば、「幸福」を除いて、人間がこれ以上に重要な目的とするものがあるであろうか。他の目的、例えば、理想の大学に進学することや、良い就職先、良い結婚相手を見つけることなど、これらの類は人生の幸福という大きな目標の下にある小目的であり、人生の幸福を実現するための手段ともいえるであろう。だから、人生の幸福こそが人間の最終目的なのである。

教育は人間によって目的とされ、池田氏は人間の最終目的を教育目的としており、これによって教育の最終目的は解明された。

三

教育の目的は人間の幸福のためであるが、真の幸福とは何であろうか。幸福を構成する主な要素は「幸福観」、「幸福品質」と「幸福能力」である。「幸福観とは幸福とは何か、幸福の標準などについての基本的な見方であり、幸福品質とは人々が幸福を感じる基礎的な素質である。また幸福能力とはすなわち幸福を追い求め、幸福を創造し、幸福を享受する能力のことである」。[21]三者の関係はきわめて密接したものであるが、幸福観は幸福へと導くきわめて重要なものである。

幸福観が浅ければ、真の幸福をつかむことはできない。ある人は幸福を快楽、または享楽と同じように考えている。浅はかな感覚の幸福の裏には隠し切れない空虚、つまり言い表せない苦しみがともなう。そのような人は真の幸福を得られないであろう。ある人は自分の欲望を満たすのみが幸福だと考える。しかも、欲望には終わりがないので、このような幸福を追い求める人は終わりのない欲望の中で足掻いている。このような人も幸せとはいえない。ある人は金銭と権力があれば、幸福になると考える。しかし、それらは環境に左右されるもので、失ってしまえばとたんに、苦痛に落ちいることであろうし、それでは幸福と言えない。

これらの幸福観は人を真の幸福に導くことはできない。ではどのようにすればよいのか。

実際、誰もが幸福を追い求めている。しかし、幸福の見方は同じではない。これはその人の人格に関連している。人格のタイプは六つあり:「理論型の場合は事の合理性と科学的探索を重視している。経済型は効率と経済的功利を重視している。審美型は美と調和及び芸術的活動を重視している。権力型は他人を指導すること、管理することに興味を注ぎ、権力を得ることを重視している。社会型は利他傾向と帰属感を持ち、社会福祉と社会奉仕にはげむ。宗教型は宗教活動と神秘体験を重視する。」[22]これらは個性の範疇によるものなので、それぞれの幸福はその個性と一致するべきである。しかし、我々は共通性を研究するので、別々の個性を持つ人間であっても幸福を追い求める過程において共通点を持つはずである。この共通の幸福とは、一体何であろう。

デモクリトスは「幸福は家畜群の保有いかんによるわけではない。幸福は黄金の保有いかんによるわけではない。幸福は我々の心にあるのである」[23]と言った。人間の幸福は外界からの条件によるものではなく、人間自身によるものであると池田氏も強調している。

池田氏は、「幸福は、外からやってくるものと思いこんではいけない。」[24]

「幸福はけっして山の彼方にはない。自己自身の内にある」[25]と言った。幸福は外界の物質的な条件によって決まるわけでは決してない、これは金持ち、物質的に恵まれた人が幸福であるとは限らないからである。幸福は物質的なものによっても決められないし、他人によっても決められない。「幸福というものは、けっして他から与えられるものではない。自己の生命の内に築いていくものでもある。人生には、嵐の日もあり、雪の日もあろう。だが、自己の胸中の大空にはつねに希望の太陽が輝き、青空が美しく広がっていればよいのである。」[26]

幸福を生む「内面」とはなんであろうか。池田氏の観点としては、「幸福は自分自身のなかにあるということは、現在の自己のなかにあるということだ。それはけっして、幻想の未来にあるのではない」というものである。[27]

またその「内面」の条件について、池田氏はこう言った。「幸せになるためには、強くならなくてはいけない。強いことが幸福なのです」。[28]つまり、幸福になるために、人の「内面」は「強いこと」という特質を持たなければならない。そして、積極性のある人生の態度を持たなければならない。「崩れることのない、本当の幸福の条件は何か。その第一にあげられることは、あくまでも主体的に積極的に人生の問題に取り組んでいく生命自体の姿勢である。客観的状況だけに支配され、受動的に運命を考えるのではなく、どこまでも主体的に、自分の力をそうした状況や運命にぶつけて、少しでも切り開いていこうとする意欲である。」[29]

幸福に関する論議は昔の賢人たちがそれぞれの見解をしている。その中に、価値に富む見解は少なくない。例えば、ドルバックは、「幸福とは連続している快楽にすぎない。私たちがそれを疑う余地がないのは人間は何時でも幸福を追いかけているからである。そこからもわかるように、最も長い間持ち続けることができ、最も着実な幸福は人間こそが最も適する」[30]と言った。

そのほか、ウイリアム・ゴドウインも「人間にとって、一番或いは最初の快楽は外部感官の快楽である。それを除いて、人類が感じられる二番目の快楽は、精神的な、同情する快楽と自分を誇る快楽。二番目にあたる快楽は一番目の快楽より更にデリケートである。それらの快楽の源に接近し、絶え間なく続く様々な幸福を楽しむことは人類の最も理想的な境地だと言えるであろう。この境地は高度文明の境地である」[31]と我々に教えてくれた。

では、一体どうすればこのたえまない高境の幸福を手に入れられるのであろうか。昔の賢人たちはその参考になる答えを我々に提供していないが、それについて池田氏は我々にその方向を指してくれている。

池田氏の理論によると、幸福の追求は明確な目標に向かう努力の過程において生命の充実を感じるということであり、単純な欲望を満足させることとは違うということである。氏は「欲望の充足という次元で感じられる幸福に対して、もっと広く社会的視野にたって自分自身の目標を定め、それに向かって主体的に自己の生命を燃焼させることによって生命の充実を感じていくのが真の幸福である。前者が他に依存した受動的な幸福であるとすれば、後者はより積極的であり、主体的であり、より永続性のあるものになると思う。」[32]また、明確で大きな目標を持つほうがいい。なぜならば、幸福は「あくまで、彼方にあるものをめざして、険しい尾根に挑戦し、障害を一歩一歩、克服して進んでいる『戦う自分』の生命の躍動の内にあるのである。」[33]

そして、幸福は簡単に手に入れるものではなく、努力によって得られるものであり、頑張る過程においてこそ幸福を得ることが確かにできるのである。「現実の生活は、苦悩や悲しみに満ちているかもしれない。そのなかにあって自分らしく、精一杯努力し、そこに自己の生命を燃焼させていく、その人生のなかに、じつは無上の幸福があることを知っていただきたい」[34]と池田氏は言う。また、「何の苦労もない白紙のような状態のなかに、幸福があるのではけっしてない。詮ずるところ厳しい現実のなかで、自分らしく精一杯努力し、生き抜いていく一瞬一瞬に生命奥底から湧き出てくる歓喜、充実感こそ、幸福の本体なのではないかと考える」[35]と述べ

ている。

幸福を追い求める中で、不幸を知ることも必要なことである。「不幸を知らないで幸福がわかるはずもないのである。人生のさまざまな苦労というものは、すべて幸福へのためにある。苦労が多ければ多いほど、やがてくる幸福感も大きいにちがいない。たとえばどんなに絶望的に思われようと、不幸を克服するには苦労をいとってはだめである。このときほど逞しい生命力が必要なときはない。」[36]

これは池田氏の幸福論である。つまり、幸福の追求には、強く、楽観的に生活と向き合い、なおかつ、明確で大きな目標をかかげ、その目標に向かって努力し、困難に打ち勝つ中で生命の充実を得るのである。

不幸を生む根源については、池田氏はこう指摘している。「幸福の本体は、結局、自分自身の中にある。この自分自身という問題と物質的、環境的要素との関係を思い違いしていくところに、不幸を繰り返していく根本的な原因があると、私は考える。」[37]なお、幸福観の誤りについて、池田氏はこう述べている。「『幸福』を『快楽』とはき違えたところに、教育をはじめとする戦後の日本社会の最大の迷妄があったと、私は思っております。そのはき違えの赴くところ、『自由』は『放縦』や『勝手気まま』に堕し、『平和』は『怯懦』や『安逸』に堕し、『人権』は『独り善がり』に『民主主義』は『衆愚主義』にと堕してしまう。」[38]これらは真の幸福をさまたげる障害にほかならない。

それゆえに、子供に真の幸福を授けさせるためには、独立的、楽観的、かつ強く、健全な人間に成長させなければならない。

四

事実、池田氏は教育の目的をこう述べた。「教育の目的は、あくまでも『人間の幸福』であり、『世界の平和』です」。[39]往々にして皆はその前半の「人間の幸福」を重視し、池田氏の教育思想を「幸福教育」と名付けるが、後半に強調された「世界の平和」という理念をあまり重視していない。

人間の最終の目的は幸福である。その幸福を求めていながら、幸福を保障する基本的なものを忘れがちである。ドルバックは「生きるということは幸福になるための第一条件である。だからこそ、本能によって自身を守るべきである。命を脅かし、生存を苦しくさせる一切を避けるのである。それで、人はさまざまな快楽の中から幸福になれるものを選択すべきである。幸福になれる快楽とは存在ということを絶対に損なわない快楽のことである。その損害とは現在の損害と、遠い将来の結果が引き起こした損害をも含む」[40]と私たちに教えてくれた。

「幸福とは何であろうか、生活の一切は幸福である。もともと生活と幸福とは一つのものであるからだ。（その生活が健康的、正常的な生活というものなのは言うまでも無い。）一切の追求、少なくとも一切の健全な追求は幸福を目指した追求である。命の或いは体の必要なすべての肢体と器官である。ムダでない、無益でないそのような器官は全て幸福のための器官である。しかしながら、全ての器官は同じように重要なわけではなく、同じ価値を持つのではない。円満で、完全な幸福のために、円満で、完全な身体を持たなければならないのである。しかし、奇形で、不完全な幸福も幸福そのものである。」それゆえ、「命を持っている生物はどんなに悪運や不幸に遭っても、まだ生きている、もしくは生きたいと願っていれば、徹底的、極端的不幸ではない。たとえこの存在には多くの自分自身を喜ばせる（幸福を追求する火がその心の中に輝いているから）日常に欠かせないものが乏しいとしても、ただ存在するということだけで、その命にとっては一つの喜びなのである。」このゆえに、「障害者さえ、自分が幸福であるとして、十分に権利を有する。障害者になっても、命の喜びを感じられるのである。『もしあなたが四肢の一つを失ったとしたら、火が激しく燃えている地獄に全ての身体を投げないかぎり、あなたにとっては非常に幸いであると考えればいい』」[41]とフォイエルバッハは教え諭してくれた。

この二人の先哲はどちらも生命の存在の意義を強調しており、幸福を手にするためには、少なくとも生きる力を身につける生命を持たなければならない、とも強調している。しかし、無情な戦争が命の尊厳を無視しているである。

ある意味から言えば、人間が幸福になるかどうかは平和であるか否かということによって決まるのである。平和は幸福を組織する重要な一部分である。教育は人によって目的となされるため、人は平和教育を断じて行わなければならない。

通常、「平和」は戦争のない状態だと認識されているが、「平和」は単に戦争のないことを意味するわけではない。池田氏は戦争のないことは消極的な平和で、積極的な平和とは「『人間の尊厳』を脅かす社会構造を根本から変革する積極的平和」[42]であると述べている。さらに真の平和とは、「お互いに何の恐怖も与え合うことなく、心から信頼し合い、愛し合っていける状態のことです」[43]と考えている。真の「平和」は個人の内在における調和と世界の外在における調和を含んでいるものであり、前者は心が穏やかであることを指し、後者は世界が太平であることを指している。後者の世界の太平はまた前者の心の調和により決まるである。考えてもみれば、心の中に敵意があるかぎり、お互いに尊重や理解などできるはずもなく、戦争は避けられない。

事実、あらゆる非平和的要素は人の心によるものであり、心を主として考察した平和教育は人類の生存状態に関係するのである。心からの平和教育によって根本から戦争を回避できる可能性がある。このような平和教育は命の尊重を原点とし、人によって目的とされる教育の重要な内容であり、当然教育の目的にするべきである。

池田氏は「今、世界的に『教育の危機』が叫ばれています。このままでは『武器のない戦争』が始まると指摘する人もいました。軍服を着たり、兵器を使う戦争ではなく、陰湿な憎悪と嫉妬がぶつかり合う戦争です。」そして、「そうさせないために教育はあるのです」[44]と明確に指摘した。

また、池田氏は「平和とは、おとなしく、のほほんと暮らしていくことではない。人を苦しめる『悪』と、敢然と戦っていく。非暴力で、戦っていく——その行動の中に『平和』がある。否、そこにしかないのです。」なおかつ、「その『悪と戦う心』をなくして、皆が無気力、無関心——『どうでもいいや』という風潮になったとき、それはもう、社会は『戦争』の方向に大きく傾いていると言っていい」[45]と考えている。

だからこそ、教育は内心と外界の平和を掌握する能力を子供達に身に付けさせるべきである。

要するに、平和は幸福にとって避けて通ることのできない道であり、平和が人間の目的にならなければ、人間は幸福になれることはできない。平和が教育の目的にならなければ、教育は人間によって目的とされないのである。

五

池田氏の教育目的論は一文のみで語ることのできない、すっかり完成された体系と言える。この体系の最高原則、そして教育目的の総論は「人の幸福のため」、「世界の平和のため」であり、この総論の下に教育の各部分に対しての教育目的論がある。

教育について池田氏は広義的教育を特に強調している。「現代の人間が落ちいている状況、すなわち、一方で本能的欲望にふりまわされ、他方で理性に支配されている状況から人間が抜け出すためには、広い意味での教育が根本的に必要であると思うからです。」[46]

広い意味での教育とは家庭教育、学校教育、社会教育などの各部分を含めたものである。どの部分の教育も最終の教育目的を目指さなければ、教育成果を上げることはできない。

では、池田氏の教育目的論である「人間の幸福のため」、「世界の平和のため」の総論の下に家庭教育と学校教育についての教育目的各論とは一体何であろうか。

家庭教育というと、多くの人は早期的な知力開発に注目する。確かに、子供にとって知力の開発は重要ではあるが、最も重要なことではない。知力開発に重点をおくことは学業の成績を追求する思想により生み出されるである。学業の成績は人生の目的ではなく、人生の手段である。われわれは人生の最終目的を目指して、家庭教育のすべきことはなんであう

か、ということを考えるべきである。

家庭は人が成長の基礎を固めるところとしても、教育の出発点としても独特な意味を持っている。学校教育と違い家庭教育は専門的な教育形式を通じることなく、ごく自然な家庭生活を通じて子供に影響を与える。子供に教えることも学業の知識を主とするものでなく、個人の成長においてかかせないものである。家庭教育が特別であることにより、「なによりも家庭教育は、知的陶冶よりも情意の教育、遠大な期待よりも、基本的な生活習慣の形成に重点をおき、子女の基礎的な社会化を図ることこそ、その独立な任務である。」[47]

家庭は人が成長する上で最も重要な環境であり、教育の体系においても非常に重要な部分である。親は子供にとって最初の教師とみなされるので、家庭教育の重要性と最も重要な任務を明確にしなければならない。それでこそ、不重視を重視へと変えていけるのである。

池田氏は家庭教育を非常に重視し、家庭教育に対して一つの目標をも明確にこう指摘している。「家庭教育の根本は、「自立させるための教育」にあると言えるのではないでしょうか。」[48]考えてみると、自立できない子が人生を把握することなどできず、意思を主張できない子が世界の平和を守ることなど絶対にできない。それで、真の幸福を得ることはできるであろうか。だからこそ、自立させることは教育の最終目的をめざす家庭教育の達成すべき目標になるのである。

学校教育というと、人々は知識についての学習に固執しがちである。しかしながら、知識学習にばかり重きをおいた学校教育は偏りがあり、欠陥が存在するのである。

学校教育について、池田氏は「読書が学校教育にとって大切なのは、読書経験を通して、子供たち自身の『問いかけ』を大切に育みながら、時間をかけて自分を見つめなおし、自分の力で『答え』を探し出す力を育んでいくことにある」[49]と認識している。

「魚を与えるより魚を捕るやり方を教えるほうがいいのである」。と言われるように、知識より方法を教えたほうがいい。知識は一時の得で、方法は一生の得である。それゆえ、学校教育は子供に学習の方法を教え、子供に自主的に学習する精神と能力を育成してこそ、彼らが学校を出てから効果的に身に付けたものを生かして、人生の幸福を追い求めることの手助けになるのである。

学校教育における大学教育について、池田氏は「大学教育の目的も、まず、なによりも全き人間としての力を養うことにあると思う。」「更に教育の内容を掘り下げれば、『知性』と『心情』の教育であるといえよう。知性とは、本源的には、人間として、人格的知性ということであるが、更に敷衍して言えば、社会人、職業人になっていくための、知識と知恵を与え、学び取る教育ということである。さらに『心情』と申し上げたのは、人間的な心の豊かさの意味であり、これもまた人間の条件であるからである。」[50]しかしながら、現代教育は『情感』や『心』を無視した教育であり、青少年の成長において冷淡さ、堕落、暴力などの多くの問題をもたらしている。これらの問題をもたらす原因は教育の産業化なのである。「今日の大学教育のマスプロ化は、この人間的な触れ合いを失い、心情教育は皆無といっても過言ではない。知性の教育の面でも、それは単なる知識の詰め込み教育であって、全人格的な知性の錬磨はなされていないといえよう。」[51]

社会教育について、池田氏は社会が教育を支持し、教育に力をあわせ、家庭教育と学校教育とが一致性を持つべきだと強調した。池田氏はイタリア人のアウレリオ・ペッチイと会談した時に指摘したように、家庭教育と学校教育以外の社会教育からたゆまぬ教養を得られるように、図書館や博物館などの教育関連施設の充実の必要を強調した。また、科学者、哲学者、宗教者などがこれらに出向き、講演、対話そして教育を通じて市民を啓発することが大切だとしている[52]。

つまり、生涯における教育の各部に関する池田氏の教育目的論は、総論が各論を導き、各論が総論に基づいており、総論と各論とが緊密につながっている。このような池田氏の目的論はいささかもおろそかでない完成された体系であるにとどまらず、あらゆる目標が人に目的とされ、教育の最終目的を目指す。こうすることで、すべての教育の実施にはっきりした方針があるので、あらゆる教育は方向を逸脱しないと言えるであろう。池田氏の教育目的論は教育実践と結びついており、理論的意義と、さらに実践的意義さえも現しているのである。

六

以上の論述を通じて、池田氏の教育目的論の体系を明らかにした。次はその論述に基づき、池田氏の教育目的論の特性と、根源及び徹底分析の成果について論じたい。

まず、池田氏の教育目的論には人間性が体現されている。「いかなるもののためにも、人間を手段化すべきではないのです。」[53]「現代の教育界は、あたかも、人材の生産部門といってよいものです。戦争をしている軍隊において、兵士たちがほとんど手段となってしまうように、現代の社会は人間を手段化します。教育は、そうした社会の各ポジションにはめこまれうる、そして、そのかぎりで役に立つ人間の養成を分担しているのです。」[54]池田氏の目的論はこの点を是正して、人間をめぐる教育、人によって目的とする教育を強調した。そして、また彼は「人間の生命には『善』もあれば『悪』もある。ゆえに人間は教育によって、善にもなれば悪にもなれる。日本の軍国主義教育はそうでした。悪を引き出し、戦争の道を進んだのです。ゆえに徹して、『人間のための教育』でなければならない。『人間の幸福と平和と自由のための教育』でなければならない」[55]と指摘した。教育が人によって目的とされ、人間の目的を目的にするという点は人間性の体現である。

まさに、池田氏の教育目的論は目的の本質性と最終性を持っているということである。本質性とは、事物の目的がその事物自身にあるということである。その目的が事物以外にあるなら、本質性を逸脱しているである。教育の目的は教育及び人間そのものにある。人間や教育を手段にしてはいけない。池田氏の教育目的論は人間の目的、さらに最終目的にしているので、本質性と最終性を備えているのである。

池田氏の教育目的論の実践的意義はわれわれに基準原則をあたえてくれただけでなく、思考の方法と問題を解決する方法を教えてくれた。その方法とは何事も何の目的のためであるかを考え、目的と離れてはいけないということである。「これだけ科学や技術が発達している。これだけ知識や情報が増大している。にもかかわらず、それが地球社会の全体の幸福と平和に、そのままつながってこない。それは『何のため』という根本の一点を見失ってしまったからです。ここにこそ人間の愚かさの根があり、狂いの因があるのです。」[56]実践において、理論上の目的が徹底されなければ、現実の益を獲得することはできない。

目的と手段とがお互いにおきかえられることの問題について、池田氏は「確かに、人間はなにかの目的をもたないでは、充実した人生を生きることはできません。その意味では、自らをその目的のための手段とせざるをえないのかもしれません。しかし、それにもかかわらず、自己の人生を充実したものとすることが目的であって、それ以外のなんらかの目的をもったとしても、それは、人生充実のための手段にほかならないことを知るべきでしょう。」[57]また「自らを手段化するといっても、それは、ただ命令されて動く兵士のようであってはならず、自らの意志で、自ら決定してそうするのでなければならないでしょう。そこにのみ、自らを手段化しつつも、自らの人生の充実が目的となってあらわれてくるのです」[58]としている。教育問題を解決するときにも、池田氏の提案するこのような原則に従い守るべきであろう。

「生命の尊厳」を根源としている池田氏の教育目的論は創価教育体系における「子供の幸福のため」という初代会長の理念を受け継ぎながらも、発展されたものであり、現在の「人間の幸福のため」、「世界の平和のため」という教育目的論はさらに普遍性と時代性が備わっている。

スホムリンスキーは「教育は幸せな人を育成する」と言った。名教育家ウシンスキーは「教育の主な目的は学生を幸福にさせることである。他の無関係な利益のために、この幸福を犠牲にするのは許せないことである。これは疑う余地がないのである。」[59]幸福教育を重視するのは、池田氏ただ一人ではないが、幸福教育と平和教育とを一同に重視するのは池田氏ただ一人だけであるに違いない。池田氏は教育の最終目的を明らかにし、それを強調して、実施し、それを完備する体系にしたと同時にそれを教育実践の基準にしたのである。

国連ユネスコの環境人口と持続発展教育委員会のかかげるスローガンに「あらゆる教育活動はすべて学生の成長と発展のため、子供の一生の幸福のためである」[60]とある。世界中が幸福教育を重視している現在、まずするべきことは池田氏の教育目的論を解釈することである。これが第一歩である。最もよい教育効果を得るため、真の幸福を得るため、われわれは池田氏の教育目的論を知ってから、提供された考え方と科学的処理の方法を応用するべきであろう。

（本稿の執筆者は遼寧師範大学池田大作平和文化研究所の研究員である。）

【注释】

①冉毅、曽建平編集:『人間性を重視し命を大事にする池田大作思想研究』、香港公開大学出版社、2006年、63頁。

②賈蕙萱、張可喜編集:『池田大作研究論文集』、香港社会科学出版株式会社、2004年、182頁。

③王新生編集:『21世紀の東方思想を展望』、北京大学出版社、2005年、175頁。

④http://myy.cass.cn/file/200512177079.htmlを参照。

⑤桑新民、陳建翔:『教育哲学対話』、河北教育出版社、1996年、52頁。

⑥http://myy.cass.cn/file/200512177079.htmlを参照。

⑦http://myy.cass.cn/file/200512177079.htmlを参照。

⑧『中国教育新聞』、2004年3月3日、2面、http://www.jyb.com.cn/gb/2004/06/07/zy/home.htmを参照。

⑨楊旭東、蒋凱:『教育危機新論』、北京大学教育学院、http://www.edu.cnを参照。

⑩前掲書。

⑪桑新民、陳建翔:『教育哲学対話』、河北教育出版社、1996 年、52 頁。

⑫前掲書、52、53 頁。

⑬単中恵編集:『西洋教育史』、山西人民出版社、1996 年、185 頁。

⑭呉元訓編集:『中世紀教育文選』、人民教育出版社、1989、671、676 頁。

⑮馮建軍:『生命と教育』、教育科学出版社、2004 年、8 頁。

⑯前掲書、2 頁。

⑰趙同森:『人本主義教育思想を解読』、広東教育出版社、2006 年、61 頁。

⑱前掲書、114 頁。

⑲前掲書、131 頁。

⑳ジョン・ワイト:『教育目的を再論』、生活読書新知三聯書店、2002 年、32 頁。

㉑陳玉琨編集:『教育——人間の幸福のため』、教育科学出版社、2005 年、27 頁。

㉒陳玉琨編集:『教育——人間の幸福のため』、教育科学出版社、2005 年、24 頁。

㉓北京大学哲学学部外国哲学史研究室編訳:『古代ギリシアローマ哲学』、北京商務印書館、1961 年、107,113,115 頁。

㉔池田大作:『人生抄』、聖教新聞社、2003 年、83 頁。

㉕前掲書、81 頁。

㉖前掲書、82 頁。

㉗前掲書、80 頁。

㉘池田大作:『母と子の世紀(2)』、三文明社、2002 年、53 頁。

㉙池田大作:『人生抄』、聖教新聞社、2003 年、81 頁。

㉚孫英:『幸福論』、人民出版社,2004 年、211 頁。

㉛前掲書,212 頁。

㉜池田大作:『人生抄』、聖教新聞社、2003 年、84 頁。

㉝前掲書、81 頁。

㉞前掲書、80 頁。

㉟前掲書。

㊱前掲書、82 頁。

㊲前掲書、80 頁。

㊳池田大作:『人生の座標』、株式会社グラフ社、2001 年、150 頁。

㊴池田大作:『教育の世紀へ』、三文明社、2003 年、196 頁。

㊵孫英:『幸福論』、211 頁、人民出版社,2004 年。

㊶前掲書、212 頁。

㊷池田大作:25 回「SGIの日」記念提言『平和の文化対話の大輪』、2000 年 1 月 26 日、国際創価学会ホーム頁 www. sgi. org

㊸池田大作、アーノルド(中国员)トインビー:『二十一世紀への対話』、聖教新聞社,2003 年、117 頁。

㊹池田大作:『教育の世紀へ』、三文明社、2003 年、175 頁。

㊺前掲書、203 頁。

㊻池田大作:『池田大作全集』5 巻、聖教新聞社,1989 年、203 頁。

㊼教師養成研究会:『教育原理』、学芸図書株式会社、2000 年、140 頁。

㊽池田大作:『教育の世紀へ』、第三文明社、2003 年、30 頁。

㊾前掲書、96 頁。

㊿池田大作:『人生抄』、聖教新聞社、2003 年、208 頁。

51前掲書。

52池田大作:『池田大作全集』4 巻。聖教新聞社、2001 年、431 頁を参照。

53池田大作:『池田大作全集』5 巻、聖教新聞社、1989 年、204 頁。

54前掲書、第 205 頁。

55池田大作:『教育の世紀へ』、第三文明社、2003 年、166 頁。

56前掲書、第 192 頁。

57池田大作:『池田大作全集』5 巻、聖教新聞社、1989 年、205 頁。

58前掲書、第 205 頁。

59鄭文樾編集:『ウシンスキー教育文選』、人民教育出版社、1997 年、213 頁。

60霍勇凭:「幸福教育を実施し美しい人生を作る——幸福観教育理論研究と実践探索」『現代教育科学』、第 24 頁、2005 年第一号。

「人間」の為の芸術

——池田大作の美学思想について

趙　慧英(朴　峰梅　朱　园园訳)

『五灯会元』には、青原惟信禅師のこのような言葉が記載されている。

老僧三十年前未参禅時、見山是山、見水是水。及至後来親見知識、有個入処、見山不是山、見水不是水。而今得個休歇処、依然見山只是山、見水只是水。

この言葉はまさしく池田大作氏の芸術活動における二重の境地を概括することができる。第一に超越的境地である。仏眼をもって三千大千世界を見、宇宙や人生の神秘とこの上ない真理を知り、これにより、些細で平凡なこと、騒がしい紛争、欲望や煩悩から離れることができた。よって氏の芸術活動は形式や流派、時代や生死、また、国家、民族、種族、イデオロギー等を超越し、渾然と闊達という真如の状態に達しているのである。第二に回帰の境地である。即ち、「仏即生命」であるという徹底的な自覚により、「空」から生を探し求め、瞬間の中で永遠を営み、審美と創造の源に戻ることである。これにより、氏の芸術活動は質朴な人間性、人生の原点に戻り、仏法の限りない希望と繁栄を世間に見せている。実は二重の境地はまた一重でもある。芸術作品の創作であれ、評論であれ、氏の美学思想と芸術に関わるすべての活動はみな「人間」と密接な関係を持っており、すべてが人間の平和や、人間の幸福の実践を求めるものであり、その根本は「人間」のための芸術なのである。

池田氏はある詩歌の中で芸術を「人類の光」、「時代の鏡、未来の花」と喩えたことがある。氏の芸術における成果は主に三つの方面から見られる。第一は氏の創作である。文学面においては、創価学会のことを素材とした小説『人間革命』、『新・人間革命』、『さくらの木』、『雪ぐにの王子さま』などを代表作とした童話、および、幅広い素材を使った詩歌、散文など、氏は数多くの優秀な作品を創作した。よって、1981 年に「桂冠詩人」、1995 年に「世界桂冠詩人」の称号を贈られた。また、撮影においても数多くの写真集が出版され、世界各地で写真展が行われた。氏の作品は人々に「心の詩」、「人間本位の傑作」と言われており、国際的にも認められる写真家である。第二に「自分と他人とが同時に幸せになることを目標とした」、さまざまな芸術活動である。たとえば、創価学会の鼓笛隊、音楽隊、合唱団、芸術祭、および、民主音楽協会を土台とした文芸演出、東京富士美術館の名目のもとに行われたさまざまな展覧会、創価学会博物館のさまざまなコレクションなどがそれである。第三は美学思想の体系を構築したことである。こういう美学思想は世界的に有名な人々、特に文化界、芸術界の代表的な人々との対話や世界各地での講演、および、氏の書いた文章から見られる。芸術の創作、鑑賞、および、役割などについての見方により、独特な宗教的、人文的美学思想の体系が構築され、感性と直感を重んじ、「主客不二」、「内外円融」の「生命詩学」が構築された。

日本最大の宗教団体創価学会の最高指導者である池田氏は、芸術と宗教は一致しており、偉大な芸術や文化は必ず哲学、宗教の精神を根本としていると主張している。そこで、氏はすべての芸術活動を仏法実践に欠かせない一部としてとらえている。したがって、芸術の想像力と宗教の世界観を、芸術家の現実世界への直感と宗教家の本質世界への探求へと結び付け、一生をかけて推敲し、宣揚している。このようなことにより、美学思想に生命力が溢れ、芸術作品は多様多彩で、実践活動も巨大な力を世に見せているのである。

一、大感情の「感動」——池田大作の美学思想の真髄

おお芸術/おお芸術/汝は永遠の光彩/文明と文明の消えざる碑銘//おお芸術/おお芸術/汝は生命の凱歌/「自由」と「創造」と「歓喜」との//おお芸術/おお芸術/汝は深き祈り/根源なるものへの聖なる合体[1]

古代中国の哲学著作『周易』の「咸」の卦に次の名句がある。「天地感、而万物化生。聖人感人心、而天下和平。観其所感而天地万物之情可見矣。」咸は感なり。つまり感応や相互に感動し合うことである。芸術の創造と鑑賞において、感動することは大変重要な意義を持っている。心に「感」があってこそ、情が「動く」のである。真心から出た感情こそ、天地を感動させる力があり、自分が感動してこそ、他の人を感動させることができる。これが芸術の神秘なのである。

池田氏は感動できる心を持っており、そしてその心をすべて芸術の活動に注いできた。「人の心を揺り動かすのは、道理や大義名分ばかりではない。作者自身の内面にたぎる『大感情』のほとばしりだということです。」[②]「個人の中に自由な創造的精神が生み出されるためには、人生に対する真摯な姿勢、人間の苦悩に取り組む何らかの動機がなければなりません。こうしたものが作者の心にあって初めて、それが作品として外に発現するのであり、そしてその時、万人の心を打つ、偉大な有用性をもった文学が生まれてくるのだと思います。」[③]と池田氏は言っている。

氏の言う「大感情」とは、抑圧された寂しい心の独白ではなく、ロマンチックな恋の物語でもない。そして団体、国、社会への反省や描写でもない。それは、有限を乗り越えて無限を追求する度量である。『法華経』には、民衆の声に耳を傾け、人々の境遇や運命を変えるための、智慧の文字がある。

「彼の人は、無数の人々の声を聞いてよく理解し、天の声、妙なる歌声を聞き、男女の声、幼い子供たちの声を聞く。山や川、険しい谷の中の鳥の声までも聞く。地獄の諸々の苦しみの声や、飢えたる人々の飲食を求める声を聞く。そして菩薩や仏の声を聞く。下は阿鼻地獄から上は有頂天に至るまで、あらゆる音声を聞いて、しかも耳根は壊れることがない。」[④]

池田氏は、この言葉は単に宗教という目的だけでなく、政治、経済、文化、教育などの指導もできると言っている。氏の心はよくこういう民衆の声、生き物の声に感動する。池田氏の芸術活動は豊かで誠実な感情をもとに、「人間」を中心にしている「民衆史観」のもとに行われている。よっ

て、広く、深い美学思想の真髄が蓄積されてきたのである。

1. 芸術は生命の至高の境地を描き、自由で創造的な歌を世に聞かせるべきである。

境地は東方哲学と美学の重要な理論的範疇に属している。「境地とは人間がその中で活動する時間と空間のことを指している。境地が映したのは人間がこの世界の概念を把握し知識を積み重ねることではなく、人間のこの世界における境遇や体験であり、これによって形成された審美の超越や人生の感慨や人格の啓発や性格の薫陶である。」「境地が映したのは知識のことではなく、人間の生命の息吹である。」[5]芸術の境地は直接、人格的境地と心の境地を反映し、またこれらは審美的な活動と創造的な活動を通して一体となり、「生命の境地」をなしている。芸術は生命のメッセージの現れとして、人間性を表現し、人に生命力を与えるべきである。またこういうことによって人々に最高の人生を楽しませなければならないと、池田氏は主張している。したがって、芸術家も自分の成功した経歴を以って、芸術をもっと輝かせるべきであろう。氏はこう言った。「優れた芸術は、人間性の発露であり、人間性の表現であると思う。ゆえに、自由であり、多様性をもっている。」[6]自由で創造的な歌を世に響かせる芸術家は必ず生命を深く愛している芸術家で、自分の人生を成功させることにより、自分の芸術を輝かせているのである。

人生は多彩で、知恵は奥深く、限りがない。芸術家であっても真に迫る描写はできないし、またする必要もない。芸術の筆がどこへ向くか、どのように表現するかは、創造者の生命に対する態度に関わり、創作主体の「情」と「精神」に関わる。「芸術は人間性の自然な現れである」という思想に基づき、池田氏は輝かしい感性や理性、すぐれた精神性および執着する心性を作品の中で思う存分発揮した。氏は、基準も障害もない多種多様な芸術作品をつくりだし、自由で創造的な歌を世に響かせている。中国の古人は曰く、「一流の度量があってこそ一流の芸術が出来上がる」。王國維の『人間詞話』にも「境地に達すれば自然に上品なり」という名句がある。池田氏の境地はまさに慈悲・知恵・勇気・高尚・平和・幸福と緊密につながっている境地である。よって、氏が主張している芸術観は、最高の生命の境地を描き、実践しようとしている芸術観である。

2. **芸術は永遠の文明の石碑になり、愛と希望の光を放つべきである。**

「一粒の砂から海全体が見え、一輪の野の花から全世界が見える。手のひらに無限を握り、一瞬の中に永遠がある」イギリスの詩人ウィリアム・ブレイクのこの詩歌は、常に永遠と瞬間との関係について考えさせる。この詩歌はまさに仏法の「依正不二」、「一念三千」をはっきり示している。宗教と同じように、どんな芸術の形式でも、現象を越えて本質をさぐる目標を持っており、永遠と無限を倦まず弛まず追求するところがある。「詩人は宇宙の法則の探求者であり」、「私は思う、詩人は永遠を見る人である。全身で永遠を感ずるゆえに、彼は諸行の無常を観ずる。諸物の止まらない流転が目に映るゆえに、この一瞬一瞬のかけがえなさを知る。この『今』充溢の『今』。生命にあふれた『今』を愛おしみ、詩人は歌わずにいられない。」[⑦]写真家も詩人と同じである。池田氏はこう述べた。「写真は哲学の絵である。生命の事象、生々流転のドラマを伝えるのが写真の芸術である。『瞬間』の生命には『永遠』が凝結している。瞬間の中に、その人の人間性、過去と未来、宿命、人生のドラマなどの実相が鮮やかに映し出されていく。」[⑧]芸術家は自分の作品の中で「現在」と「永遠」との関係を見事に表現し、1尺の紙面に、僅かな文字と音符だけで、奥深い生命の体験と神秘的な美学を表現した。それ故に、芸術は人類の精神の発展の指標で、縮図となる。人類の進歩に伴って、歴史を高度に概括した芸術は、文明の永久記録となる。

もちろん、文明の歴史を示す石碑であったとしても、芸術がその生活を忠実に表現しているとは限らない。ほとんどの場合、芸術は、平常の生活を適当に削除したり昇華させたりしたものである。よって、現象を越え、論理的な真実と生命の本質を把握することができる。芸術家は雑然とした生活の素材を処理する際、悩みや苦しみを避ける必要がなく、現実を美化する必要もないと池田氏は主張している。しかし、必ず心に慈悲と希望をもって、芸術作品を通して人々に励みと啓発を与えなければならないと言っている。氏はいつも革命詩人への敬意と賛辞を忌避せずに述べ、また自分が「志士型」「事業家型」の芸術家であると認めている。氏はいつも人々に希望の光をもたらす芸術を賞賛し、「美」を「愛の子供」に喩えている。創作しているうちに、自分の生命の中から慈悲は湧いてきて、鏡のように万物を観照し、人生に希望をもたらしていると思うようになった。「真摯な魂にとっては、生きることそのものが『希望』への道程です。『希望』への間断なき、限りなき前進です。現実のカオスに身を投じ、苦闘しながら、そこから自分自身の人生の軌跡を切り開いていく——その意味で、人間のあらゆる営み、人間の生活、人間が生きるということそれ自体が、価値創造への闘争だといえるでしょう。ペンをとるということも、その例外ではないはずです」[9]と池田氏は語る。美と愛、勇気と希望は、氏が芸術作品を評価する際の尺度であり、また氏のいつまでも変わらない追求でもある。

3. **芸術は世界をむすぶ力を発揮し、宇宙と人生との距離を埋め合わせるべきである。**

芸術は本来は趣のある活動であり、その価値は実用を超えたものである。芸術には心を潤し、思想を深め、現実の足りないところを補い、理想を昇進する役割がある。これは人々が長い年月の中で芸術の実践と理論の研究を通して分かったことである。無論、芸術の作用は、「心から心への呼びかけ」であり、強制的な傾向は一切ない。しかし、その力は政治の権力、道徳的な説教、物質の誘惑などより、ずっと深くて永久なものである。池田氏は芸術の平和を推進する作用を見抜き、芸術の力を借りて人類に平和と幸福を与えようとしている。

「現代の悲劇は分裂による結果である。それは自然と人間の分裂、民族と民族の分裂および人間と人間の分裂などのことがふくまれている。善の本質は結合のことであり、悪の本質は分裂である」と池田氏は指摘した。また、善の本質は融合することであり、それに対し、悪の本質は分裂することであるという。芸術は善という特性があるので、創作者と鑑賞者両者とも政治、経済、文化、習慣などを乗り越えて、共感を持ち、深い感銘を受けることができる。音楽、美術、写真などは、心の扉さえ開ければ釈明しなくても誰でも分かる芸術の形式である。詩歌は各国の言葉が異なるため、お互い理解できないが、「詩の心」は「時代を超え、人と人を結び、宇宙的な啓示と直感をもって、語りかける。」[10]さらに、氏はこう言っている。「有限なるものは無限なるものへと、また体験の個別性は、『意味論的宇宙』ともいうべき普遍性の世界へと開示されていく。そこに芸術特有の『結合の力』の生き生きとした発動があると私はみたいのであります。」[11]したがって、芸術作品は誰でも理解できる世界共通の言語であり、美は人と人、人と社会、人と自然を結ぶ架け橋である。池田氏は、美に対する共感を通じて、全世界を一つに結ぼうとしている。

広い意味でいえば、美は論理的な意味を帯びている。つまり、善は美の一種である。池田氏の美学思想において、善と美はお互いに転化し合え、一体となっている。芸術には生命の意義が含まれている。美こそ生命のとるべき姿勢であり、生命力の現れで、「衆生」の目的である。多種多様な芸術の活動は人と人、心と心の距離を近づかせ、異なる国や文化の人々が美に対して共感を持ち、よって分裂とトラブルを避けることができる。そこで、池田氏の芸術観は、氏の平和観と幸福観が有機的に結合したものであると言える。また、池田氏の芸術活動は各種の宗教活動、社会活動、文化教育活動と共に、価値を創造する実践的なシステムを構成している。

二、大境地の美——池田大作の芸術作品の特徴

幽遠なる海底には深く深く/噴き上ぐる大いなる泉あり/それは湖よりもなお広く青く/清冽なる水脈滾々と溢れ溢れ/そこには妙なる琴の音が/静かにまた静かに漂い響く//この太古の初めより尽きせぬ真清水に/人もし触るれば/永遠なる生命の力は洗われ出で/人もし汲めば/自在無碍なる創造の力を養う/内なる宇宙をひたしゆくこの泉は/大いなる生命の海へと流れゆく[12]

美学家朱光潜氏は次のように述べている。「芸術を一つも知らない人は美の話をする資格がない」。また、美学の理論と芸術の実践は密接に関わっており、単純な鑑賞と理論のまとめに比べれば、実践のほうがずっと難しいと思っている。「『創造』の中に『鑑賞』が含まれているが、『創造』は『鑑賞』だけではない。『鑑賞』によってある境地を見出すことができるが、『創造』はその境地を映し出し具体的な作品につながる。このようなものは簡単なことではなく相当の知恵と力が要る」と朱氏が述べた[13]。

独特な美学観を持っている池田氏は、名実ともに作家であり、写真家である。氏の作品は、古今をつなぎ、神聖へと昇華する過程であり、その深い思想と豊かな人間性は、このうえない芸術の張りをつくりだしている。氏の文学作品と写真は、力強く、質朴で情熱で溢れており、日本文化にあまり見られない大境地を表現した。広大な視野の美、広い度量の美、超絶した趣の美、奥深い哲学の美を持っているのである。氏は縦横無尽に古今を行き来し、はるか遠くまで見渡し、広大な芸術の域で生命の本質を探り、仏眼で世界を観照しすべての人間を愛する。創作する過程において、感性と理性、芸術と意志はお互い促進し合い、心の喜びと感動、心からの愛と賛美はすべて撮影の瞬間にできた感性、詩歌と童話、すぐれた精神性、小説と対話に含む心に表現される。

まとめていえば、池田氏の作品は次のような特徴がある。

1. 歓喜と慈悲

『法華経』の中の『随喜功徳品』は、信徒に楽しく仏法を、信じ広げることにより、最大の功徳を積むように教えている。日蓮仏法は「自他ともに、智慧と慈悲をもっているのが、本当の『喜び』である」[14]と解釈している。池田氏は更に「随喜」を、使命を自覚してからの感激、確信、喜びと解釈した。慈悲と同じように、喜びの心も「自覚覚他」、「自度度人」という仏教の精神から生まれる。大乗仏教に詳しい池田氏は、いつも喜んで自然と対話し、世界の人々と対談している。どんなことであっても、どんな人であっても、喜ばせ、楽しませ、寛容し、励ますことができる。氏は入世の仏教観を基礎にし、人間を中心にし、文学、写真を手段として、仏法の人道主義精神をよく表現し、作品に慈悲と喜びが溢れるようにしている。

写真を例にとって見よう。『法華経』には多くの喩えがある。その中に慈悲の雨が大地を潤し、さまざまな草木が生き生きと成長していく場面の描写がある。池田氏の撮影作品はまさにこの風景を再現した。大地は暖かい光に照らされ、そこに万物が共に成長している。すべての生き物は縁があって、この大地で自分の美しい姿を世に見せ、共に有機的な生命体となる。氏の作品の中の物はすべて活力と希望に富んでいる——朝の太陽が今昇りつつあり、朝焼けが空を赤く染めている。海の波は激しくぶつかり合っており、空は青く、晴れている。若者は元気いっぱいで、子供たちは無邪気である。枝先の花は満開で、樹木は空高くそびえている。宇宙の法則や時空の神秘、そして生命の本質はみなこの風景に集まり、歴史と未来を貫き、平和と幸福を願っている。——池田氏はまさにこのような光と影で人間の繁栄と万物の喜びを説明している。即ち、『周易』に述べたとおりに「保合太和」の境地である。

エジプトのピラミッドからフランスのエッフェル塔、香港の町から日本の田舎、アメリカ、ヨーロッパの風情のある建築から変化に富んだ四季、昼夜の対比、花と木、鳥と海……というふうに池田氏の作品が触れる時空の範囲は非常に大きい。足が届いたところには心も届いている。後で、見たもの、考えたもの—の紙の上に再現することにより、人類の平和と幸福のために仏法を宣揚してきた氏の努力が見られる。と同時に、氏の人類社会、自然環境への愛と配慮も反映される。自然を撮った作品が多く、人だけを撮った作品はごく少ないが、しかし、すべての撮影作品に人間が暮らす形跡や人間世界に対する反省がいたるところに見られ、池田氏の唱えた「芸術は『人間』のための芸術である」ことを表している。

池田氏の芸術作品はどれもバランスのとれたものである。バランスというと、調和、公平、均衡を意味していると思いがちであるが、簡単に数の平均やありのままに書くことや、創作の態度における中立などだと理解

してはいけない。物の性質や意味に着目し、物事の本質に平等の権利と配慮を与えるべきである。池田氏の見える万物は千差万別であるが、それらはみな差別なく平等に仏に愛され、各自のプライドと力を表している。

2. **童心と質朴**

現代社会において、人間の異化はもう事実になっている。したがって、人類の精神世界を直接反映している文学作品および他の芸術の形式も、ある程度概念の迷宮に陥っており、空しさ、煩悩、欲望の深淵に落ち込んでいる。それでは、その根源はどこにあり、どうやって救い出せばいいのであろう。池田氏はこう言う。「言葉と人間は切り離せません。『言葉は人』であり、『言葉は心』です。言葉の荒廃は人間の心の荒廃であり、言葉の堕落は人間の堕落にほかなりません」。「人間は『健康な言葉』を取り戻すことで、『健康な心』を取り戻さなければなりません。」[15]ここで言う健康の心というのは、カルチャー・ショックや混乱の中で人々が強く求めている自発的な自己規制と自己制御の心であり、人情的に物事を観察し、想像と実物をよりよく融合させせることができる童心であり、また宇宙に扉を開け、創造性に富んだ心であり、常識から、人間の本質から出発して物事を考え、人間を正しく、強く、賢くすることができる素朴な心である。

池田氏はまさに芸術創作中にこのような「心」を込めたので、氏の作品は素朴で、純潔で、霊性に富んでいるのである。写真であれ文学作品であれ、どれも華麗だが、また平凡なもので、色彩も多様と同時にまた単純なところもある。氏は子供のような純粋な目で世の中を見ること、細部と瞬間の美をとらえることが得意で、大と小、虚と実、明と暗、簡潔と繁雑の関係をうまく処理できるので、氏の作品には童心と質朴の風格が見られる。

童話作品を例にあげると、池田氏の童話作品はまず人間本位、平和と幸福を求める人間主義のテーマを引き継ぐ。子供たちに、人間の尊厳を守ること、暴力や戦争に反対すること、友情と平和を大事にすること、善の心を身につけることを教育している。そのため、氏の童話作品は「教育童話」と呼ばれている。「ここで正義、真摯、堅靭、無私、寛容、善良の人格は心の奥から賛美されている。一方、邪悪、虚偽、気が弱いこと、私利私欲、狭隘、無情の行為が厳しく鞭打たれている。博愛、平等、平和を主導とした倫理価値システムと理想的人格を培うシステムになった。」[16]文学作品にはテーマが一つだけのものとたくさんあるものがある。池田氏の童話作品のほとんどが一つのテーマを強調したものである。テーマを表現するにあたり、修辞に凝らず単刀直入に述べたものもあれば、婉曲に述べたものもある。池田氏の作品は多くが率直に胸の内を述べ、立場が鮮明であるため、人々の共感を呼びやすい。この点からも、作者の広い度量と丁寧な態度が見られる。

人物や場面、プロットの配置において、池田氏は想像を馳せ、巧みに構想を練り、多くの個性があって現実を超越した人間像を作り出した。そこには人や動物、機械や物がある。このような主人公たちは現実と幻想の中で自由に転換し合い、筋の込み入った物語の中で起伏が多く、変化に富んでいる。スーパー・パワーを持っておりながら生活のロジックにも合う。フィクションの美も持っておりながら、また芸術の真実も持っている。子供たちの心に善の種を蒔くにはずば抜けた技術がなければならない。池田氏は簡潔で生き生きとした、すばらしい童話で子供たちの心の世界を耕しており、一番簡単で本質的な哲学の思想を彼らに教え、子供たちに美を楽しむ中で倫理、道徳、意志、品格などの薫陶や啓発を受けるようにしている。

言葉の運用において、童話ばかりでなく、詩歌、散文、講演、小説などの作品には池田氏の独特な個性が現れている。氏の作品は清浄で優雅な、簡潔で明快な、質朴で洗練されたスタイルを保っている。たとえ華麗な修飾があるとしても、決して気取った言葉ではなく、濃厚な人情味の中に自然のさわやかな風が感じられ、すべての作品に「質朴」と「純真」に回帰する美学への願望が見られる。

スタイルから人が分かる。「古来、芸術とは、人間の精神性のやむにやまれぬ発露であり、さまざまな具体的「かたち」として結晶しつつ、そこに巧まずして、一個の『全一なるもの』を表象するものでありました。確か

に、個々の芸術活動は、限られた空間内での営みであります。しかし、芸術に参画する人々の魂には、自らの活動という回路を通じて、宇宙的生命ともいうべき『全一なるもの』とつながり、一体化せんとする希求が脈打っております。」[17]池田氏はこのような考え方と希望があることで、すべての作品に童心と質朴の特徴があるのである。

3. 博大と調和

宇宙や生命に隠されている具体的な法則に対する人間の認識と把握は、常にミクロからマクロへ、またマクロからミクロへと繰り返す過程にある。「大道朝天、仏法無辺、窮理尽性以通天下之志、見微知著以成天下之務、出神入化以求天下無上之功。」これはすべて、使命感のある人の理想である。池田氏も例外ではない。このような広い度量があるからこそ、氏の芸術はすべてのものを寛容できる、広くて深い美学の特徴を持っているのである。

「縁起観」は人間と自然界のあらゆるものに因縁関係の中で各自の特質を互いに尊重し、発揮し、共存するように促している。このような関係は疑いなくすべての宇宙の生命への直観からくるものである。そこで、仏法は暴力を一切否定し、さまざまな調和が破壊されることを決して許さない。池田氏はこれについて深い認識を持っている。「あらゆる人々が、それぞれ一個の人間生命として尊極の本体であり、平等に冴えゆく栄えゆくべき存在だという。」[18]氏は人の性格および社会、自然環境などはみな「桜梅桃李」のように、各自独特の豊かな個性を発揮し、また互いに性格を合わせながら存在している。生命だけでなく、芸術もこうあるべきである。政治家、社会活動家としての理想と信念は芸術家の抱負と完全に一致しているのである。わが身に置き換えて考えてみれば分かるように、氏の作品において、至るところに見える繁栄の光景は、万物が宇宙の中で生き生きと生きていることを表し、これはまた、調和の取れた社会はまさにこのような光景ではないかと人々に示している。

詩歌を例にあげてみよう。池田氏は「詩人の魂を持っている闘士」と呼ばれており、詩歌の創作は氏の芸術創作の中で非常に大きい比重を占め、生命の体験や仏法精神を述べることや、また自分と友人を励ますことなど、詩歌は欠かせない手段となっている。「人間」、「物事」、「感情」、「道理」、「経典」は文学創作によく使われる要素であるが、その中でも池田氏は人、情、理をより多く使っている。特に理に対する強調は、氏の詩歌を根源や実体と緊密に結び付かせ、生命の奥深い道理と究極の真理を明らかに示すことができ、哲学の詩と言えるであろう。

広い空間は、草木の芽、ごく小さい存在から宇宙全体へと発展し、しまいには時間と一つに織り成す。

空には鳥が飛ぶ道がある/海にも魚の通るみちがある/(中略)人間が他の天体にまで/行ける時が来ているのに/ちっぽけな地球で/いがみ合う必要はないはずだ——『大いなる希望』[19]

牽牛は歩み/織女は相寄る銀漢の恋/(中略)人間を荘重に懐く不可思議の空間/明滅の高座のかなた/過来如来未来と/縦に悠遠はてなく/幾重の次元にも交わりながら/横に広大極まりない冥界の調べに——『宇宙』[20]

活気溢れる生命には母親、子供、花、木、朝日、夜明け、泉、海などが含まれており、これらには美と愛が溢れ、調和のとれた関係をなしている。

やがて地平線のかなた/夜明けの空/一条の閃光が走る/最高の芸術/名画を描いた/太陽は昇る——『黎明』[21]

生気溢るる/庭がある/道がある/丘がある//誰も知らない/満月に照らされた/おとぎの国がある/美しい川がある/水晶の宮殿がある/わが胸の底に/常に金色の太陽が眩い——『生きる歓び』[22]

知恵を与え、心を清めてくれる哲学思想は、至るところに影響を与え、世の中の人々に万事万物の中に隠されている法則を教えている。

時に詩人は草木と語り星星と対話し/太陽とあいさつを交わす/万物を友として/そこに生命を見出し吹き込み/変転する現実世界の事象を貫く/大宇宙の不変なる法則を見詰める」——「詩——人類の展望」[23]

因果の瞬間は倶時と映じて/有限は無限をはらみ/刹那は悠遠をいだく/自我と宇宙の交叉の活動——/それぞれが/円融の大音声の曲に合わせながら/万有の流転は停滞を知らない——『宇宙』[24]

池田氏は以上のような筆鋒と思いで自然と緑を賛美し、母親と生命を賛美してきたのである。すべてのイメージと哲学思想が博大で調和のとれた審美の特徴を反映している。現代社会が主張する調和とは人と人、人と社会、人と自然の調和である。これは東洋の伝統的な文化の中で言う「达致中和」と一致している。『中庸』の第一章にはこう書いてある。「中也者，天下之大本也。和也者，天下之达道也。致中和，天地位焉，万物育焉。」儒家の「天人合一」の思想に深く影響され、仏法の平等精神と慈悲精神を持っている池田氏は、このような意味深い東洋の知恵を自分の詩歌の中で明らかに示した。

三、大乗の使命——池田大作の美学の実践的価値

確信をもって言えることは/我らには/永遠なる/勝利と栄冠と/幸福の宮殿が/完成して待っている[25]。

美は形式と内容、感性と理性、法則性と目的性の統一として、人々の生活の中で欠かせない作用を発揮している。池田氏の芸術創作は、感情と思想のある生物の、自然、社会と人生に対する感銘、発見と抽出である。また、個体の陶酔や人生の境地の現れで、これにより芸術化の人生を実現する。さらに，平和の理念、調和の思想、幸福観を中心に、世間に仏法を宣伝し、使命を達成する。氏は愛と希望、美と善で人を引きつけ、感化し、教育し、鼓舞する。多くの作品は胸の内を述べ、人道的配慮に富んでおり、巨大な「ソフト・パワー」を形成する。池田氏はこう述べている。「芸術家が言語や抽象をもって作品を発表する行為は、たとえばそれが直接的には現実の時代状況にかかわるものでなくとも、そのまま社会への意思表示であり、それは当然、政治や社会に何らかの影響を与えていきます。」[26]氏は多彩な芸術活動を用いて、このような「ソフト・パワ

一」を 徹底的に発揮している。

1. **心を動かすこと　感情を楽しむこと　心を澄ませること　志を正しくすること**

宗教の指導者、民間の大使、時代の巨頭である池田氏は、別に高いところに立っている「カリスマ的な人間」あるいは「神」ではなく、上から下まで全身質朴な人間性の輝きが満ち溢れている。氏は敏感できめ細かい心を持っており、喜びや怒り、愛や憎しみ、恐怖などに対する感受性が人以上に鋭い。特に戦争に対しての体験は平和主義の原点になっている。氏は人情を重んじ、やさしく、ユーモアを持ち、家族と友達に適切な配慮を配っている。悪に対しては鋭く非難し、戦い、追撃の手をゆるめない。これが慈悲を主旨とした仏法の実践の起源なのである。氏は物質生活より、精神生活の大切さを強調している。多くの文明成果に対して深く研究した後、世界的範囲で文化教育活動を始めた。

人間の豊富性は芸術の豊富性をなし、芸術の端雅は立派な人格境地を鋳造した。池田氏は芸術活動を生活の一部、仕事の一部とし、芸術活動を通して感動し、心を楽しませ、正しい志を立てている。氏はこのように述べている。「難解な教学の勉強も必要だが、たまには星を見たり、月を見たりして、一句でも詠もうかという心のゆとりが大事だ。心広々と、大宇宙を見つめることは、自分の人生を見つめることにもなる」[27]。氏は、詩歌は想像力、創造力の源泉だと思っている。多種多様の芸術活動は氏の精神的目標に符合し、人生の中でストレスの解消、心の陶冶、境地の昇進などの作用を発揮していると言えるであろう。氏は自然、社会、人々から感じた内心の喜び、驚異、報恩、尊崇、震撼、熱愛を写真あるいは著作で表している。宇宙と人生に対する自分の深い理解と優れた技巧で調和の取れた芸術の世界を作り出した。もし価値を創造するすべての事業に人格的魅力がなくてはならないとすれば、この人格的魅力の形成は当然芸術の啓発を必要としている。

2. **喚呼　感化　啓発　激励**

芸術家には冷静家と情熱家がいると言われている。池田氏は情熱家である。その熱と力は至る所に巨大なエネルギー場を形成し、審美の対象

をも引きつけて、共に熱と力が発散する。氏の芸術活動は決して自己の範囲に留まらず、審美の範疇だけに限ることもない。無限に広がっていき、愛と希望、美と善で人を引きつけ、感化、教育、鼓舞する。また、率直に胸の内を述べている多くの作品で民衆を啓発し、人々の心を激励することにより、衆生に対する人道的配慮が見られる。そこで、「芸術頌」で述べた通り、芸術は「友愛の広場/万人が相集い握手し笑みを交わす。」[28]芸術は人を傷つけず、悩みの多い人生に活力を与え、人生に希望をもたらすことができるのである。

池田氏はこのように芸術の役割を重視しているのである。人々の心を蘇らせるのは詩歌の力であり、幅広い文化の力、美の力であると氏は強く信じている。「歌には、『人を前向きにする』力がある。」「時に、それは、太陽のごとく、人々の心の大地を照らす。大いなる勇気と希望を湧き立たせてくれる。時には月光のごとく優しく人を包み、その心を癒し、明日への活力を静かに蘇らせていく。一曲の歌が持つ力の大きさは、時として計り知れない。」[29]池田氏はよく詩歌で妻子を激励し、同志を鼓舞している。また友人に写真を送ったりもする。長年ずっと『聖教新聞』に励ましの詩歌を発表し、長い年月にわたって数多くの著作を創作し、高齢になった現在でも元気よく創作に力を注いでいる。さらに、最近は生涯の活動を整理し、社会に価値を創造しようと励んでいる。

3. 伝道広布交流共鳴

池田氏にとって芸術は非常に重要なものである。これは『旭日の世紀を求めて』の中の対話記録から読み解くことができる。

金庸:池田先生の詠まれる詩歌には、詩心があふれていますが、先生ご自身の個性は、どちらかといえば、志士型、事業家型です。たとえていえば、日本の徳川家康や、中国の陸游、辛棄疾に似ておられるのではないでしょうか。

この矛盾は、先生の仏教に対する信仰、および戸田先生からうけられた感化と後継の使命、つまり、創価学会の発展のために重責を両肩に担われていることからくるのでしょうか。

池田：私は若いころ、作家になりたいと思った時期があります。しかし運命は、違う方向へ行ってしまったようです。

そのころ、特に「革命」と「情熱」の詩人バイロンは好きでした。その生き方をたたえる一文を草したこともあります。彼が若くして才能を開花させた天才詩人であることにとどまらず、すすんでギリシャの独立戦争に身を投じていった、その革命児としての側面に共感を覚えたのです。

しかし、金庸先生がお感じになる志士型、事業家型の性格が形作られたとすれば、おっしゃるように、SGI（創価学会インタナショナル）のような大きな組織の責任ある立場にあり続けているということが、あずかって力あったと思います。

大乗仏教の菩薩道は、必然的に民衆による平和運動を要請しますし、常に組織を活性化させ、着実に前進させていくためには、「一人の百歩前進」よりも「百人の一歩前進」を心がけていかなければなりません。……私は「百人の一歩前進」という「平凡にして非凡」なる道のほうが、大乗仏教の精神にもかなった、健全なる歩みであると信じています[30]。

かつて詩人と作家になろうと志を立てた人にとって、芸術活動は一生の宿願になるに決まっている。多彩な芸術活動は平和と文化教育などのための社会活動の場を提供した。よって、人々の交流のために共通の出発点を見つけ、交流の形式と中身を豊かにし、異なる国や地域のいろいろな領域の交流を促した。一方、価値を創造する仕事にしっかりした基礎を築き、人間性の共鳴を引き起こし、人々を団結させ、士気を鼓舞した。よって、大乗仏教の「済度」、「利楽有情」の仏法実践と全人類の「人間革命」が有力に推進されるようになった。

池田氏の作品を感性の花、人間性の花に喩えると、氏の芸術活動全体はまるで清らかな水のようにこの花に養分を与えると同時に平和の船、使命の船を乗せ、世界の隅々へと走っている。慈悲は源泉であり、英知と果敢は動力であり帆である。池田氏は希望と人間愛に向かって一生を駆け回り、奉仕し、また大きな成果を上げた。

（本稿の執筆者は遼寧師範大学池田大作平和文化研究所の研究員である。）

【注释】

①池田大作　『21 世紀文明と大乗仏教』、聖教新聞社、1996 年、141 頁。

②池田大作、金庸　『旭日の世紀を求めて』、潮出版社、1998 年、376 頁。

③池田大作、アーノルド・トインビー　『二十一世紀への対話』（上）、聖教ワイド文庫、2002 年 161 頁。

④池田大作　『21 世紀文明と大乗仏教』、聖教新聞社、1996 年、365 頁。

⑤朱良志　『中国の美学講座十五編』、北京大学出版社、2006 年、281 頁。

⑥池田大作　『新・人間革命』5 巻、聖教新聞社、1999 年、44 頁。

⑦池田大作　『私の世界交友録』、読売新聞社、1996 年、392 頁。

⑧池田大作　『人生の座標』、ブラフ社、平成 13 年、179 頁。

⑨池田大作、金庸　『旭日の世紀を求めて』、潮出版社、1998 年、378 頁。

⑩池田大作　『人生の座標』、ブラフ社、平成 13 年、183 頁。

⑪池田大作　『21 世紀文明と大乗仏教』、聖教新聞社、1996 年、131 頁。

⑫前掲書、128 頁。

⑬朱光潜　『無言の美』、北京大学出版社、2005 年、83 頁。

⑭池田大作　『21 世紀文明と大乗仏教』、聖教新聞社、1996 年、372 頁。

⑮池田大作、金庸　『旭日の世紀を求めて』、潮出版社、1998 年、159 頁。

⑯喬麗媛　「池田大作の童話創作論」『21 世紀の東方思想の展望』、北京大学出版社、2005 年、300 頁。

⑰池田大作　『21 世紀文明と大乗仏教』、聖教新聞社、1996 年、130 頁。

⑱池田大作　『池田大作全集』8 巻、聖教新聞社、1993 年、207 頁。

⑲池田大作　『心の交響詩——池田大作写真詩集』、聖教新聞社、平成 12 年、29 頁。

⑳前掲書、108 頁。

㉑前掲書、80 頁。

㉒前掲書、32 頁。

㉓前掲書、6 頁。

㉔前掲書、109 頁。

㉕池田大作　『池田大作全集』46 巻、聖教新聞社、2007 年、469 頁。

㉖池田大作、アーノルド・トインビー　『二十一世紀への対話』(上)、聖教新聞社、2002年、177頁。
㉗池田大作　『法華経の智慧』4巻、聖教新聞社、1998年、77頁。
㉘池田大作　『21世紀文明と大乗仏教』、聖教新聞社、1996年、142頁。
㉙池田大作　『人生の座標』、ブラフ社、平成13年、184頁。
㉚池田大作、金庸　『旭日の世紀を求めて』、潮出版社、1998年、113～115頁。

后记

期盼大地回春的季节，这本酝酿了两年的《回归与超越》终于付梓。它凝结着我们对池田大作和平文化思想的感悟与思考，也承载着我们与众多关心支持者的友情和希望。

以曲庆彪校长为所长的辽宁师范大学池田大作和平文化研究所成立于2005年年末。成立伊始，本书就被列为研究所重点科研项目。出版计划几经讨论修改，确定了以研究池田大作和平、文化、教育思想为主，不设樊篱，广泛涉猎，各尽所长，突出特色的指导思想。在两年时间里，研究所成员以各自原有学科知识体系为基础，研究了大量与池田大作和平、文化、教育思想相关的文献典籍、图片和影视资料，从理论层面进行深入思考、归纳总结和提炼生发；与相关人士特别是创价学会会员进行了多次座谈，并于2007年2月和10月访问了创价学会本部、创价大学、民主音乐协会、创价学园、东京富士美术馆等机构，咨询请教，探讨交流，搜集了很多充满人性色彩和生活气息的宝贵资料，从实践层面进一步把握池田大作思想的实质，充实了研究内容。

书中除曲庆彪、孙立川（研究所顾问）、崔学森、刘爱君、暴景升、赵慧英、朱俊华等几位研究人员的思想结晶外，也辑录了2001年曲庆彪所长访日时与池田大作的精彩对话。所长自识先生后，与先生的思想产生了强烈共鸣，一直以其为师为友，今日终于夙愿以偿。在崔学森副所长的译著《池田大作——行动与轨迹》顺利出版、《池田大作与中国》主题展览成功举办之后，研究所成员倾心合力，再次推出这本研究文集，欢喜欣慰之情油然而生。

与我们一同分享喜悦的当然还有关心支持研究所发展的众多

国内外友人。创价学会的个人和团体代表多次访问研究所。香港天地图书副主编孙立川先生与香港创价学会会长李刚寿先生一道，在研究所成立之初就给予多方面支持，免费提供大量汉语版图书，为译著出版创造便利条件。以日本海国际交流中心理事长古贺克己先生和大阪的高桥美子女士为首的日本友人，不但为研究所捐赠了数目可观的研究资料，而且在资金方面予以扶持，在研究方面进行指导、切磋，与我们建立了深厚友谊。特别是创价大学，以项目资助的方式，使本书得以顺利出版，我们深表谢忱！

本书是研究所策划出版的第一部研究论著，也是第一次尝试使用汉日双语出版。日译过程，崔学森副所长和朱俊华研究员负责翻译工作的整体协调。他们二人除了翻译自己撰写的内容外，还对所有译稿进行了多次校对，并对引用文和专有名词进行了认真核实。刘爱君研究员给日译稿提供了宝贵的建议，并翻译了前言和后记。

日本友人古贺克己先生、高桥美子女士、河野时江女士、梅山一信先生及其夫人梅山智子女士、高桥明日香女士、田尻真起仁先生、内田雅幸先生在日文校对方面付出了大量心血。辽宁师范大学外语学院学生田雪、葛宁同学也在日语文字处理方面付出了努力。

此外，辽宁师范大学政治与行政学院和宣传统战部为我们的研究提供了诸多方便。在文稿审定方面，张广鑫先生付出大量心血，责任编辑刘月娜、责任校对张晓芳也为本书的出版不辞劳苦，我们一并表示深深的谢意。

限于能力和水平，书中难免会有遗珠之憾，肯定也还有很多不足之处，愿就教于方家。

2008 年 1 月 2 日是池田大作先生 80 华诞，值此佳日，研究所谨以此书之出版，奉上我们衷心的祝福。

理解产生热情，友爱催发动力。和平、文化、教育是人类走向幸福繁荣的共同事业，也将是研究所长期关注的课题。我们愿与各方人士一道，进一步深化和拓展研究成果，开创美好的未来。

辽宁师范大学
池田大作和平文化研究所
2007 年 12 月

あとがき

春を待つこの厳冬の季節に、二年前から計画を立てたこの論文集がいよいよ出版の運びとなりました。この書は、池田大作先生の平和文化思想に関する我々の思考と感想の凝結であり、またいろいろご関心とご協力を下さった皆様の友情と希望の賜物でもあります。

学長の曲慶彪教授を所長とする遼寧師範大学池田大作平和文化研究所は、2005 年の年末に設立されました。設立当初から、この書の出版を研究所の重点プロジェクトに決めました。その後幾度もの検討を繰り返し、主に池田大作先生の平和、文化、教育思想を中心に、枠の制限をせず、幅広く特色のあるものを目指すことを編集方針として確立しました。二年の間、研究所員は各自の専門知識を基礎として池田先生の平和、文化、教育思想の関係書及び関連資料、文献、写真、ビデオなどを研鑽し、理論的に思索を深めながら整理と分析をしました。また、関係者の皆様、特に創価学会員との懇談会を回を重ねて行ったほか、今年の2 月と10 月に2 回にわたって創価学会本部、創価大学、民主音楽協会、創価学園、東京富士美術館など学会の機関を数多く訪問させていただきました。学会の皆様より多くのご指導を伺い、思い出の深い交流をすることができました。そして、机上の勉強と違う人間味溢れる、温かい雰囲気の中で貴重な資料を収集し、体験と実践面においても池田思想を一層深く把握でき、研究の内容を充実させる旅となりました。

この書の中に曲慶彪先生、孫立川先生（研究所顧問）、崔学森研究所副所長、研究員の暴景昇氏、趙慧英女史、朱俊華女史の研究が掲載されたほか、2001 年曲慶彪学長が池田大作先生へ名誉教授授与のために訪日した際、お二人の立派な対談も収録されています。曲慶彪学長は池田先生と出会って以来、先生の思想に強く共鳴し、先生をわが師として、また友人として深く尊敬の念を抱いております。研究所では、『池田大作の行動と軌跡』（崔学森訳）の翻訳と出版をはじめ、大連市における『池田大作と中国』の巡回展示会を主催いたしました。さらに今回この書の出版を含めて、研究所一同にとってこれ以上の喜びはありません。

このような大きな喜びを、これまで研究所の発展に対して多くのご支援を与えてくれた国内外の友人と共に分かち合いたいものです。香港天地図書出版社副編集長の孫立川先生と香港創価学会理事長の李剛寿先生より、研究所設立当初から多方面にわたる大きな支持をいただきました。中国語版の図書のご贈呈、翻訳出版の斡旋などたくさん便宜を図ってくれました。また、日本海国際交流センター理事長の古賀克己先生と大阪の高橋美子女史をはじめ、日本の友人の皆様に、大量の資料を贈呈していただき、研究の面においても多くご指導を伺い、お互いに深い友情を結びました。特に今回は本書の出版に当たり、創価大学より研究出版助成金まで提供していただき、茲に深く感謝を申し上げます。

本書の出版は、当研究所編集の第一冊目であり、中日の二か国語対照の形式で出版する初めての試みでもあります。全書の翻訳において、崔学森副所長と朱俊華研究員は全体の編集を担当しました。二人は自分の原稿を翻訳した上、すべての翻訳文に対し校正を繰り返し、引用文と固有名詞についても一つ一つ真剣に確認をしました。劉愛君研究員は貴重なご意見を提供してくださって、なお、「前書き」と「あとがき」を翻訳してくださいました。

古賀克己氏、高橋美子女史、河野時江女史、梅山一信、智子ご夫妻、及び高橋明日香女史、田尻真起仁氏、内田雅幸氏は、日本語翻訳の添削訂正におけるご尽力は並大抵のものではありませんでした。学生の田雪女史、葛寧女史は日本語入力においてご協力をしてくれました。

また、当遼寧師範大学政治行政学院と大学宣伝部からも研究のために便利な条件を提供していただきました。原稿の審査において労苦をいとわず責任を持ってチェックし、監修者として大きな心血を注いだ張広鑫先生と劉月娜女史と張暁芳女史にもお礼を申し上げます。

当研究所の能力やレベルの届かぬことでこの書の中には不十分なとこ

ろが多々あると思いますが、読者の皆様にどうぞご了承とご指摘をくださいますようよろしくお願いいたします。今後ともより一層研究を深め、皆様と共に素晴らしい明日を創っていこうと思います。

来る2008年1月2日に池田大作先生の80歳のお誕生日を迎えます。この佳日を記念し本書の出版をもって衷心よりお祝いの言葉と無限の祝福を申し上げます。

理解からは情熱が生まれ、友情からは原動力が生まれます。当研究所は、池田思想の研究と実践を通して平和、文化、教育という人類共通の事業のために、人々の幸福、繁栄という目標の達成のために寄与していく所存でございます。

遼寧師範大学
池田大作平和文化研究所
2007年12月